Como construímos universos

FUNDAÇÃO EDITORA DA UNESP

Presidente do Conselho Curador
Mário Sérgio Vasconcelos

Diretor-Presidente
José Castilho Marques Neto

Editor-Executivo
Jézio Hernani Bomfim Gutierre

Superintendente Administrativo e Financeiro
William de Souza Agostinho

Assessores Editoriais
João Luís Ceccantini
Maria Candida Soares Del Masso

Conselho Editorial Acadêmico
Áureo Busetto
Carlos Magno Castelo Branco Fortaleza
Elisabete Maniglia
Henrique Nunes de Oliveira
João Francisco Galera Monico
José Leonardo do Nascimento
Lourenço Chacon Jurado Filho
Maria de Lourdes Ortiz Gandini Baldan
Paula da Cruz Landim
Rogério Rosenfeld

Editores-Assistentes
Anderson Nobara
Jorge Pereira Filho
Leandro Rodrigues

Montserrat Moreno Marimón
Genoveva Sastre Vilarrasa

Como construímos universos
Amor, cooperação e conflito

Tradução
Silvia Massimini Felix

© 2010 Editorial Gedisa S.A.
© 2014 Editora Unesp

Título original: *Cómo construimos universos: Amor, cooperación y conflicto*

Direitos de publicação reservados à:

Fundação Editora da Unesp (FEU)
Praça da Sé, 108
01001-900 – São Paulo – SP
Tel.: (0xx11) 3242-7171
Fax: (0xx11) 3242-7172
www.editoraunesp.com.br
www.livrariaunesp.com.br
feu@editora.unesp.br

CIP – Brasil. Catalogação na fonte
Sindicato Nacional dos Editores de Livros, RJ

M31c

Marimón, Montserrat Moreno
 Como construímos universos: amor, cooperação e conflito / Montserrat Moreno Marimón; Genoveva Sastre Vilarrasa; tradução Silvia Massimini Felix. – 1.ed. – São Paulo: Editora Unesp, 2014.

 Tradução de: *Cómo construímos universos: amor, cooperación y conflicto*
 ISBN 978-85-393-0584-1

 1. Psicologia do desenvolvimento. 2. Psicologia cognitiva. 3. Comportamento humano. I. Vilarrasa, Genoveva Sastre. II. Título.

14-17393   CDD: 155
                                                      CDU: 159.92

Editora afiliada:

Asociación de Editoriales Universitarias
de América Latina y el Caribe

Associação Brasileira de
Editoras Universitárias

Sumário

Agradecimentos 9
Introdução 13

PRIMEIRA PARTE: AS ORIGENS DO AMOR E DO CONFLITO

1 – Amor e sentimentos 21
   1. O amor não é um sentimento 21
   2. Emoções e sentimentos 28
   3. O amor como base da sociedade 31
   4. O amor como necessidade 33

2 – A cooperação primigênia 35
   5. Epopeia microscópica 36
   6. O triunfo da cooperação 42
   7. No início era o amor 47
   8. A inteligência da vida 53
   9. Rumo a uma psicologia dos seres vivos 59
   10. O conflito, consequência da cooperação 66

3 – Os modelos organizadores do pensamento 71
  11. A importância do referente 73
  12. Representações que podem salvar vidas 82
  13. Dicotomias enganosas 86
  14. O que não sabemos que vemos 88
  15. Características dos modelos organizadores 93
  16. Como construímos universos 97
  17. As armadilhas do inconsciente 108
  18. Dinamismo e funcionalidade dos modelos organizadores 112
  19. Os modelos organizadores e os sentimentos 114

4 – A diversidade do amor 117
  I. A diversidade no espaço 117
  20. Amar em diversos lugares 119
  II. Diversidade no tempo: o amor ao longo da história 124
  21. As fantasias que se tornam realidade 126
  22. Mais acordos entre patriarcas 135
  23. O amor rompe algumas cadeias 139
  24. Da repressão exterior à autorrepressão 144
  III. As novas formas do amor romântico 147
  25. A paixão romântica 150
  26. Características e consequências do amor romântico 153

5 – As formas do amor no século XXI 161
    27. As expectativas amorosas 164
    28. Os limites do amor 177
    29. O ciúme 182
    30. O significado do ciúme 185
    31. O que resta daquele amor? 188
    32. Mais além do amor romântico 195
    33. Mudança e permanência 200

SEGUNDA PARTE: O AMOR E OS CONFLITOS

6 – O conflito 205
    34. O conflito como oportunidade de crescimento pessoal 205
    35. A força dos sentimentos 209
    36. O casamento: um modelo social e um modelo organizador 217
    37. Vínculos amorosos e criatividade 223
    38. Um significado particular do amor 226
    39. A complexidade dos conflitos amorosos 229
    40. Da "verdade subjetiva" à "verdade compartilhada" 233

7 – O ciúme como eixo de conflitos 239
    41. O amor romântico e o ciúme 239
    42. Um conflito de ciúme: "Ele era devorado pelo ciúme" 249
    43. Considerações gerais 258

8 – Conflitos em torno de amizades 265
    44. O controle dos afetos 265
    45. Primeiro conflito: "Você estava me deixando de lado" 268

46. Segundo conflito: "Queria assumir o risco" **270**
47. Terceiro conflito: "Acho que esse é um conflito permanente" **278**
48. Quarto conflito: "Nunca fui uma pessoa intransigente" **283**
49. A abertura de novos espaços relacionais **289**

9 – Do amor ao desamor **291**
50. A divergência de expectativas relacionais **291**
51. Primeiro conflito: "Eu me preocupava em me aprimorar" **292**
52. Segundo conflito: "Queria marcar o dia do casamento" **299**
53. O compromisso social **308**

10 – A violência nos conflitos **311**
54. A violência amorosa como uma problemática psicossocial **311**
55. Primeiro conflito: "É uma pena não conseguir se livrar dessa situação" **315**
56. Segundo conflito: "Para mim, ele era como uma droga" **321**
57. Terceiro conflito: "Era como se ela não estivesse ali" **326**
58. A violência nas relações amorosas **330**

11 – Cooperação e conflitos amorosos **335**
59. Autoafirmação e reconhecimento **335**
60. Ética e conflitos **338**
61. Sexo/gênero e conflitos **342**

Referências bibliográficas **349**

Agradecimentos

Assim como os seres humanos, todo livro tem uma aparência externa e uma velada, que conserva uma importante estrutura de ideias e ações que fazem que ele seja visto como realmente é. A pessoa que o lê pode verificar, por meio das palavras escritas, algumas dessas opiniões subjacentes e concordar com elas ou não. É escolha dela. Certas ideias são muito evidentes e quem lê este livro sem dúvida perceberá uma delas que encabeça, com um provérbio, a introdução. É um apelo à cooperação no mundo científico.

Em um momento no qual o volume de conhecimentos que a ciência alcançou é tão grande que nem sequer dentro de uma mesma disciplina é possível conhecer tudo, podemos cair na tentação de nos limitar à nossa especialidade e fechar as portas a outras áreas. Ir além da própria especialização é incorporar outras maneiras de ver o mundo, que requerem o compartilhar conhecimentos. Isso não pode ser efetivado sem a cooperação, que, como mostraremos nas páginas seguintes, gera sentimentos amorosos e de generosidade. No interior deste livro ficam guardados esses sentimentos, ao lado do agradecimento das autoras pela generosidade manifestada por aquelas pessoas que nos presentearam com parte de seu tempo de descanso para ler diversos trechos desta obra. Essas leituras nos forneceram pontos de vista tão diferentes – como o da Biologia, da História ou da Psicologia – e um exercício de crítica construtiva que enriqueceu muito o texto.

Portanto, queremos testemunhar nosso agradecimento a Lourdes Fañanás, professora da Faculdade de Biologia da UB; a Montserrat Sanmarti, professora da Faculdade de História da URV; a Juanjo Compaire, professor de História do Ensino Médio; e a Asunción López, professora da Faculdade de Biologia da UB, companheira e amiga de sempre.

Cooperações muito valiosas nos tornaram possível escrever alguns dos capítulos deste livro. Marta Llorente, professora da UPC, nos ajudou a obter a informação imprescindível para compreender até onde vai o mundo amoroso da juventude; e Alba González e Marc Ros, professores de Psicologia, ofereceram as condições necessárias para a leitura e a interpretação desse mundo e para dotá-lo de amplitude.

Segue também nosso agradecimento a Aurora Leal e a Joan Fortuny, professores de Psicologia da UAB e da UB, com quem durante muitos anos tivemos a sorte de poder compartilhar e discutir muitas das ideias deste livro.

O amor e, tampouco, a cooperação não conhecem fronteiras. Por isso, não foi possível impedir o intercâmbio de ideias por causa da distância de nossos amigos de além-mar. Valéria Amorim, professora da Universidade de São Paulo, e Ulisses Araújo, professor da Universidade de São Paulo – Zona Leste, contribuíram para enriquecer, com suas discussões e pesquisas, a teoria dos modelos organizadores.

Os agora doutores – ou em vias de sê-lo – que realizaram suas teses conosco nos últimos anos também nos ajudaram, com os resultados de seus trabalhos de pesquisa e com a sagacidade dos problemas e perguntas que faziam, a ampliar os horizontes de nossa teoria e a torná-la mais inteligível. Agradecemos, por sua cooperação, a Antonio Armada, Teo Pavón, Mónica Timón, Xus de Miguel, Josefa Caro, Antonio López, Alba González, Noelia Quiñones, Oriol Ginés, Marcial Arredondo e Marc Ros.

Este livro é resultado de trabalhos de pesquisa que se prolongaram por vários anos e que contaram com subvenções públicas. Queremos agradecer ao Instituto de la Mujer, ao Ministerio de Educación y Ciencia e ao Institut Català de la Dona pelo auxílio concedido a nosso trabalho.

Introdução

> A ciência é o tronco de um baobá que uma pessoa sozinha não consegue abraçar.
>
> Provérbio africano

Uma forma de criar é levar o conhecido ao limite do desconhecido e ultrapassar a fronteira. Reconstruir o que se conhece à luz de diferentes contextos pode romper limites que contribuem para mudar nossa maneira de ver o mundo e nos permitem viver outras vidas, que também são nossas, ao mudar de contexto tudo o que nossa mente viveu até o momento. Por isso, o conhecimento se parece muito com uma viagem, na qual, ao descobrir, nos redescobrimos. Para conhecer um fenômeno é necessário conhecer o ambiente (às vezes distante) em que ele surgiu, já que conhecer é saber como foi, e, por esse motivo, viajaremos no tempo e no espaço para poder responder às perguntas que vêm nos inquietando há muito tempo.

Nas páginas seguintes, tentaremos, de modo contínuo, nos mover por dois pontos de vista complementares: o da teoria e o do cotidiano, do mais próximo ao mais distante, perspectiva imprescindível se quisermos falar de amor, tão próximo, íntimo e pessoal e, ao mesmo tempo, tão distante em suas origens. Buscaremos compreender, a partir da distância em que surge, como adquire as formas sob as quais hoje o conhecemos e o reconhecemos: como ele vem a ser o que é.

O amor é um tema tão profundo, amplo e complexo que se torna ilusório tentar abarcá-lo a partir de uma só perspectiva. Sua problemática se estende no tempo. Em nenhum momento da história o amor deixou de ocupar e preocupar os seres humanos, e continua assim no momento atual – também não há prenúncio de que vá se comportar melhor nos séculos seguintes. É onipresente no espaço – não há sociedade humana, em toda geografia terrestre, que possa ignorá-lo – e é tão amplo e complexo que é capaz de influenciar todos os aspectos de nossa existência.

Para compreender fenômenos complexos, deve-se estudá-los em sua evolução, de modo que possamos reconstruir mentalmente sua trajetória e suas relações mais íntimas com o ambiente. Não há nenhum fenômeno isolado em um universo feito de interações. Tampouco deveria existir disciplinas isoladas e ignorantes de seu ambiente disciplinar. Nenhuma mente humana pode estar contemplando um mesmo fenômeno simultaneamente a partir de todas as perspectivas possíveis; portanto, no âmbito científico, a cooperação entre disciplinas é simplesmente imprescindível para que haja progresso.

Dada a complexidade do tema que nos ocupa, será necessário contemplá-lo de diferentes perspectivas disciplinares para não mutilar o objeto de estudo. Isso nos levará a consultar a Biologia, a História, a Sociologia e a Antropologia, sem abandonar a Psicologia, que é nosso instrumento fundamental de conhecimento.

Nossas incursões em diferentes disciplinas têm como objetivo tentar conjugar pontos de vista diversos que nos revelarão novidades inusitadas. No Capítulo 1, a Psicologia nos ajudará a descrever e fundamentar nossas ideias sobre o amor, não como um ente isolado, mas, de fato, enriquecido por um amplo contexto de sentimentos. No Capítulo 2, a Biologia nos esclarecerá sobre os fundamentos do amor nas incipientes manifestações da vida em seus primórdios: como a conduz, faz crescer e evoluir. Constataremos como as mudanças mais profundas dos seres vivos são uma consequência do amor à vida, que é uma forma de amor a si mesmo, e precisamente desse amor nasce a cooperação, de cujos efeitos secundários surgem os conflitos.

O Capítulo 3 ilustrará, mediante nosso enfoque teórico, protagonizado pelos *modelos organizadores*, como cada pessoa constrói sua realidade subjetiva por meio de uma série de processos funcionais que estão na base tanto do pensamento cotidiano como do científico. Essas diferentes "realidades" privadas, consideradas por cada um como evidências, representam um importante papel nos conflitos, quando diferem substancialmente das construídas pela pessoa oponente. Deslocar-se do próprio ponto de vista implica conhecer e, sobretudo, reconhecer as realidades alheias como possíveis, o que enriquece o próprio ponto de vista mediante uma nova perspectiva. Nesse processo, os significados dados a cada elemento representam um importante papel, pois estão fortemente ancorados nas emoções.

O conhecimento é possível graças à existência da diversidade. A comparação das diferenças provoca o conhecimento; por essa razão, quando viajamos a culturas muito diferentes da nossa descobrimos nossas próprias extravagâncias culturais. Se pudermos observar apenas as formas de amor que ocorrem em nossa cultura, nunca saberemos *como* são. Saberemos apenas *o que* são. Necessitamos de elementos de comparação, tanto diacrônicos, como os que nos fornece a História, como sincrônicos, estudando as diferenças ocorridas entre culturas contemporâneas. Esse enfoque será realizado no Capítulo 4.

No campo da Física, pode-se prever a trajetória de um astro observando seu trajeto até o presente e verificando possíveis interferências que possam modificá-lo. O mesmo ocorre com nossa vida. Se não sabemos para onde vamos e aonde queremos ir, é muito útil recordar o que fizemos até o presente e como evitamos, sucumbimos ou aproveitamos em nosso benefício tudo aquilo que incidiu em nosso percurso – definitivamente, o que fizemos com aquilo que nossa biologia e nosso meio quiseram fazer de nossa vida. Tomar consciência de nosso trajeto até o presente nos permite imaginar qual será nosso caminho futuro, se nos deixarmos conduzir pela inércia que nos guiou até o ponto em que estamos. Porém, também podemos modificá-lo. O conhecimento não é apenas um prazer do intelecto, mas, sobretudo, é um instrumento repleto de futuro. Por isso a História, e especialmente nossa história, é imprescindível para orientar nossa trajetória.

No Capítulo 5, surge a necessidade de averiguar como são representadas as relações amorosas dos jovens no momento atual, quais são suas insatisfações e perspectivas e como eles lidam com elas. Poderemos seguir os rastros da História em suas ideias, crenças e condutas amorosas, e constataremos como a herança cultural não necessita da consciência para se transmitir e perpetuar. Mas também veremos que há novidades esperançosas.

Na segunda parte do livro, nosso objetivo será enfocar as relações amorosas e os conflitos que provocam. No Capítulo 6, analisaremos as características fundamentais que se estabelecem nos conflitos amorosos e em sua resolução, que constitui um verdadeiro processo de criação. Em cada um dos cinco capítulos posteriores analisaremos detalhadamente diferentes conflitos prototípicos que ocorrem, com maior frequência, nas relações amorosas entre jovens. Veremos as organizações que subjazem aos conflitos narrados por seus protagonistas, a mobilidade e a plasticidade dinâmica desses modelos *ad hoc* e como sua evolução conduz ao desenlace e à resolução do conflito.

As análises que apresentaremos têm como objetivo provocar uma conscientização dos processos que costumam se realizar nos conflitos interpessoais e resultam em um instrumento muito útil para compreender e dar significado às condutas das pessoas envolvidas em um conflito. Mas também proporcionam instrumentos necessários para se defrontar com os próprios conflitos cotidianos e avaliar as soluções dadas. Os conflitos amorosos podem conduzir a becos sem saída e a resultados dolorosos ou, pelo contrário, podem ser uma oportunidade de conhecimento próprio e da outra pessoa e levar a um crescimento afetivo e cognitivo. Tudo depende de como o administramos. Um enfoque desse tipo permitirá, a quem se dedica à docência, levar os jovens a refletir sobre seus próprios conflitos e a necessidade de se deslocar do próprio ponto de vista, não apenas para compreender os demais, mas também para ter elementos de comparação que permitam reconhecer sua própria conduta.

Primeira parte
As origens do amor e do conflito

1
Amor e sentimentos

1. O amor não é um sentimento

> A omissão e a simplificação nos ajudam a compreender, mas em muitos casos nos ajudam a compreender errado.
>
> Aldous Huxley

Contrariamente ao que se costuma pensar, não se deve considerar o amor como um sentimento isolado, se quisermos nos aproximar de sua compreensão, mas como um *complexo de sentimentos* inserido em um *contexto afetivo emocional e social*, sob cuja superfície se abriga uma série muito ampla e variada de sentimentos e pensamentos de ordem muito distinta.

É perfeitamente compreensível que alguém possa amar sua mulher ou seu marido, sua mãe ou seu pai, seu filho ou filha, um amigo ou amiga, seu cachorro, a Música ou a Filosofia, e parece evidente que todos esses amores, que não são incompatíveis entre si, são de índoles muito diversas e proporcionam estados de ânimo bastante diferentes. Entretanto, não é o caráter polissêmico da palavra que torna possível considerar o amor algo além de um sentimento, mas, de fato, a multiplicidade de sentimentos que estão estreitamente associados a cada uma das diferentes formas de amor.

A grande quantidade de acepções do termo "amor" evidencia o amplo leque de significados que podemos lhe dar e a grande variedade de sentimentos que ele encerra, se o considerarmos do ponto de vista da pessoa a quem se direciona. Se o contemplarmos da perspectiva de quem os experimenta, têm em comum a expressão de emoções, a princípio aprazíveis (embora às vezes possam não sê-lo), mas muito diferentes umas das outras. Muitas delas são consideradas compatíveis, mas nem todas. Pode-se amar mais de um irmão ou irmã, mais de uma filha ou um filho, mais de uma amiga ou um amigo, mas não se considera adequado, em nossa cultura, amar mais de um marido ou esposa, nem mais de um casal sentimental. A cultura determina, ao menos em parte, quem e como devemos amar.

Todas as sensações amorosas estão unidas – de maneira ocasional ou permanente – a outras, como a ternura, o sentimento de proteção, a entrega, o prazer etc. Tampouco se excluem dos sentimentos amorosos aqueles que comportam estados desagradáveis como a inveja, a rivalidade ou o ciúme. Por isso não deveríamos falar de amor como um sentimento, mas como um complexo de sentimentos, tanto pela variedade que ele encerra quanto pelo fato de que nunca ocorre sem outros sentimentos associados, que podem depender tanto do momento ou estado da relação como do tipo de amor ao qual nos referimos, ou de ambos ao mesmo tempo.

Esse complexo de sentimentos que o termo "amor" compreende parece, a rigor, inabarcável nos limites de uma definição que o reduza a uma simples expressão apta a figurar no dicionário. Quando, na vida psíquica, nos deparamos com um fenômeno tão complexo que é difícil descrevê-lo ou explicá-lo em sua manifestação atual, recorremos a estudar sua formação ao longo da vida do indivíduo (psicogênese) e sua evolução no seio das coletividades humanas (História), para ver como ele foi se desenvolvendo e tomando forma, tanto em sua vertente individual como coletiva, e assim poder estabelecer relações entre ambas as dimensões.

Com frequência, essa maneira de proceder, característica da psicologia evolutiva e levada mais além pela epistemologia genética de Piaget com resultados muito interessantes, nos incita a ir ainda mais longe para buscar um início que se perde na arqueologia do pensamento, quando nem a história nem a pré-história nos dão respostas satisfatórias às perguntas que fazemos sobre o fenômeno em questão. É uma viagem que não está desprovida de riscos, como toda viagem que se preze, mas esse não é um obstáculo suficiente para impedir que nos aproximemos de onde queremos chegar.

Os estudos psicogenéticos costumam ter seu ponto de partida no nascimento do ser humano, e aqueles que rastreiam o pensamento coletivo o fazem nas formas mais arcaicas de pensamento das quais possuímos testemunhos escritos. Contudo, houve mais coisas anteriormente.

A maioria dos que estudam o amor (incluindo Sternberg)[1] o consideram como um sentimento que, embora possa ser composto por outros (Sternberg e seu triângulo), não deixa de constituir uma unidade isolada ou com uma natureza específica em si. Falam do amor como um sentimento.

Nossa concepção é diferente. Consideramos que, a rigor, não se deveria falar de *um* sentimento isolado, como tampouco se deveria considerá-lo um pensamento isolado ou uma operação mental isolada, pois cada um deles está integrado dentro de sistemas de conjunto que lhes conferem sentido, mas, se permaneceram isolados, perderão seu sentido ao se descontextualizar. Portanto, qualquer sentimento implica outros que formam

---

[1] Robert J. Sternberg (1949) foi um dos primeiros a estudar o amor sob uma ótica científica e continua sendo referência para muitos estudos sobre o tema.

sistemas e configuram o sentimento que focalizamos. Deveríamos falar de conjuntos de sentimentos ou de "complexo emocional" (ou de emoções), em vez de emoção ou sentimento como algo isolado.

Uma vez que nosso cérebro funciona graças às conexões neurais produzidas nele continuamente, não podem existir sentimentos nem raciocínios isolados, mas ativamente inter-relacionados uns com os outros. Dessa maneira, falar de *um* sentimento, *um* pensamento ou *um* raciocínio isolado é fazer deliberadamente uma abstração, recortar um contínuo, e esse recorte nos permite isolá-lo mentalmente do conjunto de que faz parte e visualizá-lo, porém, deve ser levado em conta que se trata apenas de um subterfúgio (sem dúvida necessário para sua análise, em uma primeira fase): é preciso restituí-lo ao todo de que faz parte e restabelecer suas conexões com ele, já que fora, do contínuo natural em que está inserido, seu sentido se modifica muito.[2]

Com efeito, não existe um conhecimento isolado sem um contexto que lhe dê sentido, como tampouco existe um sentimento descontextualizado. No entanto, isolá-lo artificialmente nos permite ver o que antes não víamos, por causa de nossa dificuldade mental de perceber o complexo sem antes simplificá-lo para adaptá-lo a nosso sistema primário de pensamento. Depois podemos reincorporá-lo mentalmente ao conjunto de que faz parte e começar a vislumbrar as interconexões que estabelece com seu ambiente. Dessa maneira, nos damos conta de que o contexto emocional, ou seja, todas aquelas emoções implicadas em

---

2 No final dos anos 1970, estudando a psicogênese das condutas de classificação, nos demos conta da existência desse contínuo no pensamento e da necessidade de considerar as operações lógicas como parte de contextos mais amplos que denominamos "operacionais". A vida mental, da mesma forma que as ações, constitui um contínuo complexo (formado por diferentes contínuos que se entrelaçam). Isolar uma parte desse contínuo traz o risco de nos fazer perder de vista a totalidade que lhe dá sentido (Ver Moreno Marimón; Sastre, *Aprendizado y desarrollo intelectual*).

um sentimento determinado, modificam tal sentimento, fazendo que varie sob pressão das demais emoções até torná-lo diferente (seja de maneira circunstancial, seja permanente). Essa é uma das razões pelas quais os sentimentos evoluem e se transformam com o tempo ou adquirem, ocasionalmente, matizes diferentes que induzem a ações inesperadas.

Um homem contava a seu psicólogo que havia conhecido uma mulher por quem estava profundamente apaixonado. O psicólogo lhe pediu que explicasse as características que faziam daquela pessoa o objeto de seu amor. O homem lhe contou com grande enlevo como ela era extrovertida, como ele apreciava ouvi-la falar com tanto entusiasmo e franqueza, falou de sua vitalidade e sua alegria. O tempo passou e, um belo dia, o paciente voltou ao psicólogo tomado de desânimo e consternação, e contou a ele que ia terminar sua relação com a mulher que tanto entusiasmo provocara nele. O psicólogo lhe pediu que descrevesse as causas que provocavam seu desejo de pôr fim ao relacionamento. "Não consigo suportá-la", ele explicou, "não para de falar, diz coisas sem pensar que podem me ofender, continuamente quer ir de um lugar para outro e ri das coisas mais tontas".

A princípio, o homem apaixonado só percebia as características de sua companheira como agradáveis, mas com o tempo o significado das mesmas características mudou: passaram a ser insuportáveis. É evidente que o contexto emocional em que ele a julga, em cada um dos momentos, é completamente diverso.

Chamamos "contexto afetivo-emocional" a todos os sentimentos, emoções e pensamentos que rodeiam ou fazem parte de um determinado sentimento, conferindo-lhe um significado particular precisamente por causa da rede de inter-relações que se forma entre todos eles. Não existem tampouco sentimentos se não estiverem associados a pensamentos que lhes conferem a característica de tais.

Emoções, sentimentos e pensamentos constituem um tecido intra e interconectado que é ativado de maneira simultânea. Ao pensar ou ver uma pessoa com quem temos ou tivemos uma intensa relação afetiva, não experimentamos "amor" (como um sentimento isolado), mas se ativa todo um conjunto ou sistema de emoções e pensamentos que podem provocar em nós alegria, prazer, bem-estar e encanto, ou inquietação, dor, nostalgia, pena ou mal-estar, ou inclusive uma mescla de vários deles, dependendo do lugar que a pessoa ocupa em nossa vida ou da relação que temos com ela naquele momento.

Se considerarmos o amor como um sentimento único e isolado, embora aceitemos sua variabilidade de acordo com as culturas, os tempos, a história pessoal etc., ele se torna muito difícil de explicar e mais ainda de definir. Não se pode definir porque não "é" só uma coisa, e sim um conglomerado de emoções e sentimentos que varia não apenas segundo o tempo, o espaço e a história pessoal junto com outros fatores, mas também de acordo com outro tipo de circunstâncias, como o objeto ao qual se dirige (existe desde o amor a uma pessoa até o amor por uma ideia, por animais ou seres provenientes da imaginação) e o momento da vida ou a circunstância particular em que cada pessoa se encontra. Estamos, pois, penetrando no terreno da complexidade, além da qual as coisas parecem lineares, planas, geométricas euclidianas e incapazes, portanto, de representar em toda a sua extensão o que ocorre no mundo multidimensional em que vivemos.

O amor é um conglomerado dinâmico e mutável de sentimentos, no qual há alguns elementos que permanecem e outros que se transformam. Na realidade, mais que falar de amor, deveríamos falar de "amores", já que, embora tenham coisas em comum – que se procura averiguar quais são –, sua variabilidade é enorme, dependendo do sujeito que ama, do objeto ao qual se dirige, do sistema cultural no qual cada um está imerso e de um acúmulo enorme de circunstâncias a serem desenvolvidas.

O amor é, em todos os casos, uma relação (no sentido de religar, de unir). Quando essa relação é interpessoal, intervêm muitos sentimentos de ordem diversa. Por exemplo, nas relações entre irmãos há carinho, mas também pode haver ciúme ou inveja, ao mesmo tempo que sentimentos de proteção, desejo de que seja feliz, de que ninguém lhe faça mal. Também o amor entre os pais e seus filhos e filhas é composto de sentimentos muito diversos. No entanto, é no amor entre casais que os sentimentos são mais indiferenciados e vividos de maneira mais sincrética. Em outras relações, como a amizade, é mais fácil diferenciar os sentimentos implicados, assim como os níveis de intensidade no afeto ou na entrega. Pode-se aceitar facilmente que haja aspectos em que coincidimos com a outra pessoa e outros nos quais, embora respeitemos uma maneira de fazer ou de pensar, podemos não compartilhá-la, sem que isso afete a intensidade da relação. Com as relações amorosas de casais, no entanto, é mais difícil que isso ocorra. Pelo contrário, o sincretismo emocional parece ser a norma, como se o amor fosse a varinha mágica capaz de solucionar todas as dificuldades. Costuma-se dizer: "Se eles se amassem de verdade isso não aconteceria", "isso é porque não está apaixonada", "o amor cura tudo" ou "quando existe amor, o resto não tem importância". Há uma simplificação mitificada do amor que exclui os demais sentimentos e interesses. Diz-se que o amor "é cego", mas também parecem sê-lo aqueles que pensam ou falam dele. Na prática, estamos muito longe de considerá-lo como um conjunto de sentimentos. Pelo contrário, como é próprio do pensamento linear, tende-se a simplificá-lo e a considerá-lo como uma entidade única com formas de manifestação também únicas, e algumas culturas chegam a divinizá-lo, como se faz com frequência com aquilo que nos é desconhecido e misterioso.

O amor entre casais parece ser considerado um caso à parte, em comparação a outras formas de amor. As normas pelas quais é regido parecem ser distintas. Em seu nome podem ser realizadas ações que seriam inaceitáveis em qualquer outro tipo de relação. Parece ser considerado algo que ocorre à margem de nossa intervenção: "Não tenho culpa por ter me apaixonado por essa pessoa", ouve-se dizer às vezes, como se existisse alguma "culpa" possível e como se a pessoa apaixonada não tivesse contribuído para nada no acontecimento, e sim que o amor lhe foi condicionado de fora de si mesma, por uma vontade exterior e inevitável (será que no inconsciente ainda persiste a ideia da existência de um pequeno cupido que se diverte lançando flechadas aos inocentes humanos?). Essa ideia da inevitabilidade da paixão é continuamente reforçada por músicas, poemas, seriados etc. Se o compararmos com outras formas de amor, vê-se claramente o absurdo dessa colocação. Ninguém pensaria em dizer: "Não tenho culpa de gostar desse amigo" ou "Não tenho culpa de amar meu gato", por exemplo.

O que se acredita ser normal no amor entre casais não seria aceito em outras relações interpessoais, como os relacionamentos entre amigos, comerciais ou políticos. Em nenhum deles se toleraria o sentimento de posse de outra pessoa, como ocorre às vezes no amor erótico (que só tem parâmetro nas sociedades escravistas, em que algumas pessoas são tratadas como posse de outras). O ciúme, entre outras coisas, denota esse sentimento de posse.

2. Emoções e sentimentos

Muitos autores não diferenciam os termos "emoção" e "sentimento" e os utilizam como sinônimo. Ainda que estejam relacionados, existem, no entanto, importantes diferenças que alguns estudiosos tentaram delimitar. A diferença estabelecida por Damasio (1996),[3] partindo da Neurologia, é de grande interesse para a Psicologia. Seu enfoque nos permite avançar na compreensão de ambos os termos. Damasio considera que as emoções se manifestam como um "conjunto de mudanças no estado corporal que são incluídas em vários órgãos pelo terminal

---

3 Damasio, *El error de Descartes*.

dos neurônios, sob o controle do sistema cerebral", o qual responde ao conteúdo de pensamentos relacionados com entidades ou com determinados acontecimentos que o sujeito experimenta. As emoções são resultado de um processo de avaliação mental, relacionado com pensamentos do sujeito, o que lhe produz um determinado estado corporal e que afeta também o próprio cérebro, provocando mudanças mentais adicionais.

Todo nosso corpo nos informa de nosso estado emocional, já que ele se vê afetado pelas emoções, se bem que o relacionamos, com frequência, a alterações de diferentes órgãos ou funções orgânicas, como mudanças na respiração, no ritmo cardíaco, sensação de sufocamento, pressão no estômago, modificações cutâneas ("pés de galinha"), sudorese, vasodilatação ("ficar vermelho") etc.

Porém, como diz Damasio,

> à medida que as mudanças corporais se iniciam, começamos a nos dar conta de sua existência e podemos verificar sua evolução contínua. Percebemos alterações no estado de nosso corpo e observamos seu desdobramento durante alguns segundos ou minutos. Esse processo de verificação contínua, essa experiência do que nosso corpo está fazendo *enquanto* os pensamentos sobre conteúdos específicos continuam ocorrendo um após outro, é a essência do que eu chamo sentimento.

Portanto, segundo esse autor, o sentimento requer uma "experiência", ou seja, uma conscientização do que ocorre com nosso corpo, a vivência de uma mudança corporal estreitamente relacionada com determinados pensamentos que a provocam. Essa "experiência" implicaria – do ponto de vista psicológico – ter acesso a outro nível de consciência no que diz respeito a essa inter-relação entre emoções e pensamentos.

Não seria correto dizer que são os acontecimentos externos que causam essa mudança, mas os pensamentos a que esses acontecimentos dão lugar, já que, se não tivéssemos consciência deles, não nos produziriam emoções. Além disso, é evidente que um mesmo acontecimento externo não produz as mesmas emoções em todas as pessoas que o percebem; é claro que, quanto mais o acontecimento nos diz respeito, mais emoção nos produz, já que desencadeia pensamentos muito diferentes segundo nosso grau de implicação e as consequências que tenha para cada um.

A diferença entre emoção e sentimento é estabelecida claramente por Damasio quando afirma:

> Se uma emoção é um conjunto de mudanças no estado corporal conectadas a determinadas imagens mentais que ativaram um sistema cerebral específico, a *essência de sentir uma emoção é a experimentação de tais mudanças em justaposição às imagens mentais que iniciaram o ciclo.*

O fato de "sentir" uma emoção e relacioná-la com as imagens mentais que a iniciaram é a essência do sentimento.

A imprescindível relação entre emoções, sentimentos e cognição hoje em dia é uma ideia geralmente aceita como evidente (o espírito cartesiano parece, nesse âmbito, claramente superado pela maioria dos cientistas). No entanto, ainda restam muitas questões a ser explicadas e nos aguardam muitas surpresas. Por exemplo, sabemos algumas coisas sobre a ontogênese das emoções, como elas surgem no indivíduo humano e a história de seu desenvolvimento, mas nossa ignorância é muito maior no terreno de sua filogênese, do papel que representam em nossos antepassados na escala biológica e de que maneira ele foi evoluindo. Caso se aceite que emoção e cognição estejam indissoluvelmente unidas, o que ocorre com os animais? Ou eles carecem de emoção (como explicar, então, o medo dos animais, por exemplo?) ou têm alguma forma de cognição ainda pouco ou mal descrita. Não nos conheceremos até que tenhamos consciência de nossa história, os caminhos percorridos até chegar a ser o que somos.

Greenberg, Rice e Elliot[4] parecem se aproximar de uma resposta a essa questão quando explicam que "as emoções são *produzidas* pelo organismo automaticamente, mas para *experimentá-las* a pessoa tem de simbolizá-las na consciência". Poderíamos relacionar a ideia de "experimentar" com o que Damasio denomina "sentir" uma emoção, e ambos os conceitos seriam algo parecido a uma tomada de consciência. Greenberg, Rice e Elliot vão mais além ao apresentar diferentes níveis de consciência com relação às emoções:

> Os estados emocionais podem estar em diferentes graus de consciência: presentes, mas nesse momento fora da consciência; presentes, mas parcial ou perifericamente na consciência; presentes e experimentados, mas não simbolizados verbalmente; experimentados e claramente simbolizados; e, por último, experimentados, simbolizados e completamente compreendidos quanto aos seus desencadeadores, significados e tendências à ação, necessidades ou desejos associados a eles.

Podemos nos perguntar: em qual desses graus de consciência se situariam as emoções dos animais? Para responder a essa pergunta, aparentemente ingênua, necessitaremos refletir mais profundamente sobre algumas questões relacionadas com a origem dos sentimentos que, por meio das origens da necessidade do amor, exporemos mais adiante.

3. O amor como base da sociedade

Nosso propósito é nos aprofundarmos no estudo do amor para deixar de considerá-lo um sentimento isolado e ver seu papel na evolução da vida e na construção de nossa civilização. Se existe

---
4 Greenberg; Rice; Elliot, *Facilitando el cambio emocional*.

um eixo em torno do qual gira nosso planeta social e o mantém coeso, é indubitável que as emoções e os sentimentos constituem muitas das fibras que formam esse eixo, embora sejam visíveis preferencialmente os "núcleos duros", e tenta-se ocultar a importância dos sentimentos (considerados nosso aspecto mais vulnerável) em torno dos quais giram a maioria dos pensamentos e das ações individuais, políticas e sociais, e – embora possa parecer paradoxal – dos raciocínios que denominamos "lógicos".

O ser humano não pode prescindir de sua psicogênese nem da história de sua própria vida, no início da qual encontramos as emoções. A partir delas se desenvolve toda a vida psíquica e elas continuam tendo um papel primordial ao longo da vida. Por isso, refletiremos sobre o amor e o complexo de sentimentos associados a ele; analisaremos suas origens, embora isso nos conduza a territórios distantes e pouco conhecidos, que deveremos explorar, para depois regressar às aventuras e aos sortilégios do amor cotidiano.

Já dissemos que existem muitos tipos de amor e, a rigor, necessitaríamos empregar muitos termos para poder diferenciá-los. Com frequência, acrescentamos ao substantivo "amor" alguns qualificativos. Falamos, por exemplo, de amor erótico, amor fraterno ou amor materno. Ainda assim, cada um desses encerra em si mesmo outros muitos sentimentos e nos desperta emoções às quais está inevitavelmente unido. Todas as diferentes formas de amor têm algo em comum, algo que justifica o fato de o nomearmos da mesma maneira, apesar do amplo leque de sentimentos e emoções que encerram. Esse algo é uma necessidade muito geral e ao mesmo tempo muito primária, criada pelo desejo de relação com outros seres e que nos induz a nos aproximarmos de nossos semelhantes, de necessitar de seu afeto, sua proximidade, seu contato e sua aprovação, a dar e receber cuidado e atenção, ser escutados e escutar, a nos comunicar, a sentir sua consideração, a admirar e ser admirados, a dar e receber solidariedade e cumplicidade, a desejar romper as barreiras físicas de nossa individualidade, a procurar uniões e laços duradouros, a nos associar a outras pessoas, a formar grupos e comunidades, ou seja, a nos comportar de forma cooperativa e altruísta. É essa complexa necessidade humana que permitiu construir sociedades, criar e transmitir conhecimento, avançar coletivamente, e é também a que está na base da civilização.

Essas considerações nos levam à epistemologia e à gênese do amor, que está ligada à gênese da vida.

4. O amor como necessidade

É evidente que o ser humano necessita de alimento para sobreviver. Também precisa de certas condições indispensáveis que provêm do meio (proteção do frio, condições higiênicas etc.), mas só isso não basta. Necessita também de afeto para poder sobreviver e, portanto, o contato emocional com outras pessoas lhe é indispensável. Nos anos 1960, René Spitz realizou um trabalho já considerado clássico, fazendo uma série de observações em bebês que sofriam abandono por parte de seus familiares e que moravam em instituições públicas, onde desfrutavam de cuidados físicos mas estavam privados de amor. Eram bem alimentados, protegidos do frio e do calor e mantidos em boas condições higiênicas. Não lhes faltava nada, exceto carinho e contato afetivo com pessoas adultas. Spitz comprovou que a falta de intercâmbio humano e de ternura levava aquelas criaturas a um marasmo afetivo que ia lhes deteriorando progressivamente, e provocava sintomas tanto de dano físico quanto psíquico, como perda de peso, alterações do sono, atraso psicomotor, tendência a contrair doenças e até morte. Com seu trabalho sistemático, Spitz demonstrou que o afeto e o contato humano são tão importantes como o alimento e que este é recusado pelas criaturas quando carecem de cuidados afetivos. O amor é, para os bebês, muito mais que uma forma de bem-estar: é algo primordial e imprescindível para sua própria existência.

Essa necessidade ineludível de contato afetivo não é exclusiva das criaturas humanas. Na metade do século passado, Harry Harlow realizou diversos experimentos com macacos Rhesus, mantidos completamente isolados desde o nascimento. Ao colocá-los em contato com dois bonecos – um, feito de arame, lhes proporcionava alimento em uma mamadeira e o outro, de pelúcia, lhes oferecia um contato mais cálido – os pequenos macacos, ao serem soltos na jaula que continha ambos, se lançavam primeiro ao de pelúcia, e só depois desse contato é que se dirigiam ao que lhes proporcionava alimento. Harlow realizou muitas outras experiências com macacos, que consistiam em isolá-los desde o nascimento para ver os efeitos da privação de estímulos em seu desenvolvimento. A falta de contato com indivíduos de sua espécie (e também com humanos) era fatal para os pobres animais. Essas experiências foram muito controvertidas do ponto de vista ético e provocaram reações que levaram a regulamentar as experiências com macacos nos laboratórios dos Estados Unidos, mas mostraram que esses seres também necessitam de cuidados afetivos e contato com seus semelhantes para poderem se desenvolver normalmente.

Por que o afeto é tão necessário para a existência, tanto em humanos quanto em animais muito desenvolvidos na escala evolutiva? Por que não bastam os cuidados físicos? De onde vem essa necessidade de amor nos humanos? Se o amor é tão necessário para viver quanto o alimento, deve ser sem dúvida porque representa um papel importantíssimo no nascimento e na conservação da vida, mas também na evolução dessa própria vida.

2
A cooperação primigênia

> A vida na Terra é uma história tão interessante que uma pessoa não pode se permitir o luxo de perder seu início.
>
> Lynn Margulis e Dorion Sagan

O amor, tal como o concebemos – uma forma de cooperação solidária entre os indivíduos –, é uma propriedade da vida e está tão indissoluvelmente ligado a ela que podemos afirmar que, sem essa cooperação, a vida não haveria ultrapassado o estado bacteriano e, sem dúvida, não teria evoluído nem adquirido os níveis de complexidade que podemos observar atualmente.

A cooperação é aquilo que torna possível a vida graças a diversas formas de associação solidária. A princípio, a associação era física, mas ao longo de centenas de milhões de anos foi evoluindo e tomando formas muito variadas, diversificando-se e adquirindo complexidade, sem abandonar suas formas mais primitivas, que persistiram como formas residuais mas nem por isso menos básicas e fundamentais, inscritas em nosso inconsciente biológico, que faz nosso organismo funcionar sem nossa participação consciente.

Esse fenômeno não pode ser compreendido se não nos remontarmos às origens da vida, pois a cooperação solidária, ao ser uma propriedade da vida, fazia parte dela desde o início e, da mesma forma que ela, se viu submetida a importantes processos evolutivos que foram diversificando-a nas várias formas que assume no momento atual. Para entender isso, devemos remontar às origens da vida em nosso planeta e inclusive às origens do próprio planeta.

5. Epopeia microscópica

Os cientistas calculam que, aproximadamente, há 13,5 bilhões de anos ocorreu a Grande Explosão ou "Big Bang", que deu origem ao nosso universo.[1] Se nos fosse possível observar o que ocorria no universo, muitos séculos mais tarde (entre 4,5 e 5 bilhões de anos atrás) veríamos uma Terra em estado de fusão orbitando ao redor do Sol. Devem ter se passado ainda uns tantos bilhões de anos para que a Terra se solidificasse e nascessem as condições que tornariam possível a aparição das primeiras formas de vida. Isso ocorreu há aproximadamente 4 ou 4,5 bilhões de anos. As primeiras formas de vida que começaram a povoar a Terra, diminutas e muito simples, eram as chamadas *bactérias procariontes*. Os fósseis mais antigos encontrados dessas bactérias datam de cerca de 3,5 bilhões de anos. Faltavam ainda muitos milhões de anos para que surgissem do microcosmo as plantas e os animais.

As bactérias procariontes são interessantes microrganismos que foram os primeiros a povoar o planeta, mas ainda hoje

---

[1] Deve-se levar em consideração que todas essas datas são muito aproximadas e variam de acordo com os autores em uma ordem próxima de alguns milhões de anos a mais ou a menos.

continuam vivendo e se proliferando. São unicelulares e se caracterizam por carecer de um núcleo delimitado por uma membrana, de modo que seu DNA, em vez de se encerrar dentro do núcleo, está solto dentro da célula. Essas bactérias, inclusive as que existem atualmente, se reproduzem por bipartição. Copiam seus genes e os demais componentes de seu corpo e iniciam um processo de partição que dará como fruto outras duas células idênticas. Trata-se de um processo de autoclonação, que permite à célula se reproduzir de maneira indefinida, produzindo cópias de si mesma, sem necessidade de morrer de velhice, perpetuando seus genes e as demais partes de seu corpo indefinidamente.

Esses primeiros habitantes da Terra se reproduziram e se diversificaram, apossando-se da superfície terrestre em um processo que durou milhões de anos. Eram anaeróbicos (não respiravam oxigênio) e obtinham energias de fontes muito diversas, por exemplo, a partir do sulfeto de hidrogênio e do metano, muito abundantes na atmosfera terrestre primitiva. O oxigênio era tóxico para elas, então o excretavam como produto residual, que ia se acumulando na atmosfera até chegar a uma taxa tão elevada que passou a ser-lhes daninho.

Esse tipo de bactéria e seu comportamento foram estudados por Lynn Margulis, pesquisadora e professora da Universidade de Massachusetts, que colaborou com James Lovelock no desenvolvimento da teoria Gaia, que contempla o desenrolar da vida em sua dimensão planetária.[2] Margulis efetuou uma série de trabalhos em microbiologia que modificam, de maneira espetacular, as ideias que até o momento tínhamos sobre a vida e suas origens.[3]

---

2 De acordo com a teoria Gaia, as bactérias representam um papel fundamental na criação da atmosfera terrestre, que foi transformada e mantida pelos processos metabólicos da biosfera. As bactérias influenciam na produção de reações químicas e têm um papel similar ao das enzimas na célula.

3 Suas descobertas foram divulgadas em inúmeros artigos científicos e em livros, alguns dos quais, como *Microcosmos* e *¿Qué es el sexo?*, escritos conjuntamente com seu filho, Dorion Sagan, em uma linguagem científica mas ao

Segundo Margulis e Sagan (1986, 1977), as bactérias procariontes primitivas se viram inicialmente obrigadas a subsistir em situações muito difíceis, por causa das condições atmosféricas de nosso planeta. Posteriormente – no denominado éon arcaico –, essa forma de vida primitiva se estendeu, ocupou hábitats muito diferentes e se diversificou, inventando infinidades de variantes de metabolismo celular para sobreviver. Porém, o que resulta mais interessante no comportamento dessas bactérias microscópicas é sua enorme capacidade de compartilhar com suas novas aquisições. Os novos descobrimentos ou "invenções" que realizavam e que lhes permitiam sobreviver eram compartilhados com os demais mediante um procedimento que consistia em transferir genes umas às outras. Dessa maneira, a bactéria doadora transferia uma parte de seus genes para outra, gratuitamente, permitindo-lhe assim desfrutar das novas aquisições. Graças a essa transferência genética, que não tinha nada a ver com reprodução (já dissemos que se reproduziam por bipartição), conseguiam comunicar entre si rapidamente as novidades biológicas que lhes permitiam sobreviver ou melhorar em um meio difícil. Tratava-se de uma surpreendente e primitiva forma de cooperação que lhes tornou possível progredir. Margulis e Sagan (1997) o descrevem da seguinte maneira:

> Na transferência de genes bacteriana, uma bactéria doadora transfere um, vários ou virtualmente todos os seus genes a seu par, sem que isso implique a produção de descendentes. Em comparação com os animais e plantas que se reproduzem sexualmente, os procariontes intercambiam genes de maneira fluida.

---

mesmo tempo compreensível por um público de não especialistas. Seus estudos sobre as bactérias primitivas a levaram a observar seu comportamento e a formular uma teoria original.

Essas bactérias, em seu processo de diversificação, foram adquirindo características muito diferentes, o que fez que os bacteriologistas as classificassem como pertencentes a diferentes espécies. No entanto, os intercâmbios genéticos bacterianos não levam em consideração essas diferenças, de modo que uma bactéria pode receber genes de outra muito diferente, pertencente a uma espécie bem distinta, o que resulta muito surpreendente. Mas as indisciplinadas procariontes não pareciam fazer muito caso das barreiras entre espécies decretadas pelos biólogos, que prognosticavam a impossibilidade de intercâmbio genético entre espécies consideradas diferentes.

Dessa forma, passavam umas às outras as novas aquisições mediante um procedimento que Margulis qualifica como "o primeiro sexo do mundo", embora fosse uma prática de sexo que não conduzia à *reprodução*, mas à *produção*[4] de um novo ser, diferente do anterior. Por isso, tratava-se de verdadeiros atos sexuais – embora praticassem o sexo de maneira muito diferente dos humanos –, já que, como define Margulis, "o sexo é recombinação genética, a formação de um novo ser recombinando genes de pelo menos duas fontes 'progenitoras': uma bactéria doadora e outra receptora". Para que possamos falar de sexo, é necessário que se gere um novo organismo e essa condição se dava no caso de bactérias procariontes.[5] O sexo, como o entendem Margulis e Sagan, não está, em suas origens, ligado à reprodução, mas à

---

4 Margulis e Sagan distinguem entre reprodução e produção de um novo ser. No primeiro caso, o material genético do ser reproduzido provém integralmente dos dois progenitores, e terá características similares às deles, enquanto no segundo apenas uma parte de tal material provém do doador e, portanto, pode aparecer um ser muito diferente do doador, que tenha apenas algumas características deste.

5 Segundo Margulis e Sagan: "O sexo, ao implicar a aquisição de DNA novo, está claramente relacionado com a enfermidade. Muito frequentemente enfermidade significa aquisição de DNA de algum outro organismo. [...] Se o novo DNA nos prejudica, nós o denominamos enfermidade. Mas às vezes contribui para que a bactéria receptora viva melhor".

transferência genética ou doação de genes. Poderíamos dizer que o que caracteriza o sexo, em nível biológico, é a cooperação em uma tarefa em comum para produzir algo novo.

Ao fazer essa pontuação, os autores citados diferenciam claramente o sexo da reprodução, já que a forma mais antiga e primordial de sexo, ou seja, a combinação de genes efetuada pelas bactérias procariontes, não produzia descendência, mas tinha a enorme vantagem de dotar o doador de uma nova bagagem genética, produzindo assim um novo organismo:

> A primeira integração de DNA alheio no DNA próprio foi o primeiro ato sexual. Depois o sexo, como uma infusão genética, permitiu a sobrevivência em um mundo irradiado e quimicamente caótico. A transferência bem-sucedida de DNA bacteriano salvou os procariontes, preparando-os para repetir e refinar seus saudáveis atos sexuais.

Uma das vantagens surpreendentes da transferência genética ou sexo bacteriano era que os novos traços dos quais os genes eram portadores se expressavam imediatamente, e com isso a bactéria receptora passava a adquirir, em seguida, a nova característica que lhe havia sido transferida, sem ter de esperar que esta se expressasse em uma nova geração. Era um presente do qual podiam desfrutar de imediato. Além disso, sua promiscuidade sexual lhes dava acesso aos recursos genéticos de todas as bactérias que povoavam o planeta. A novidade que uma delas conseguia obter se convertia em patrimônio possível para todo o coletivo.

As bactérias podem transferir DNA umas às outras de diferentes maneiras. Em algumas ocasiões o fazem, por exemplo, conectando-se uma à outra mediante uma espécie de tubo pelo qual circula o material genético, mas também podem fazê-lo absorvendo o DNA que uma bactéria morta libera.

Essa transferência de genes permitiu às bactérias encontrar uma segunda via de evolução (além de evoluir por mutações de resultado incerto), graças à incorporação de características de suas vizinhas que lhes eram vantajosas. Assim, por exemplo, adquirir um novo gene que permitiria desenvolver um flagelo que tornasse possível um deslocamento rápido e, portanto, a fuga de lugares perigosos, supunha uma grande vantagem para a sobrevivência.

As promíscuas bactérias tinham conseguido algo prodigioso: beneficiar-se em nível global das aquisições de cada uma delas. Essa capacidade lhes permitiu compartilhar, mediante o intercâmbio genético, as características adquiridas que tinham resultado benéficas para algumas, convertendo-as em patrimônio de todas as demais.

Porém, o mais interessante é que as descendentes daquelas bactérias primigênias continuam se comportando da mesma maneira e seguem, ainda hoje, uma estratégia cooperativa que lhes deu excelentes resultados e permitiu sobreviver em um mundo quimicamente caótico e submetido a fortes radiações. Um exemplo disso nos é proporcionado pela rapidez com que as bactérias que se tornaram resistentes a determinados remédios propagam essa habilidade a todas as demais em poucos anos. É difícil explicar esse fato recorrendo unicamente a mutações aleatórias.

Embora em muitos campos vitais não tenhamos sido capazes de um comportamento cooperativo similar, os seres humanos souberam aproveitar-se das bactérias. Graças à capacidade que elas têm de sintetizar proteínas de outras espécies, é possível utilizá-las para produzir, por exemplo, insulina humana. Dessa forma, aproveitamos em nosso benefício uma habilidade que as bactérias primitivas desenvolveram para assegurar sua sobrevivência e a colonização de um território muito mais amplo.

Essas descobertas relativas à conduta bacteriana e a seu intercâmbio genético têm uma repercussão enorme em diferentes campos científicos. À luz dessas descobertas, a teoria da evolução dispõe de novos elementos para explicar a transformação genética dos microrganismos mais primitivos sem ter de recorrer unicamente a explicações baseadas na seleção natural. É certo que esse procedimento de transmissão genética não explica por si só as mudanças genéticas que se produzem nos organismos doadores, mas permite outras explicações e, sobretudo, a velocidade com que se propagam as novas aquisições nesses microrganismos. Da mesma forma, outras disciplinas, como a Psicologia, podem extrair interessantes conclusões desses novos conhecimentos, como veremos mais à frente.

6. O triunfo da cooperação

> A evolução humana foi um triunfo da engenhosidade, da invenção, evitando as ameaças e destruições não de acordo com a maneira humana de restaurar o "antigo regime", mas à maneira flexível de Gaia, adaptando-se à mudança e convertendo um intruso letal em um poderoso amigo.
>
> Ricard Guerrero

O sexo e a atividade sexual, como os seres humanos os conhecem, são invenções relativamente recentes se pensarmos do ponto de vista da história da vida – mas têm, como antecedentes distantes, as formas de comportamento das bactérias primitivas que criaram as primeiras condições para sua aparição, embora demorassem bilhões de anos para adquirir uma forma parecida com a atual. Contudo a natureza não tem pressa. A pressa é provavelmente uma consequência da morte que limita nosso tempo de existência como seres vivos. Porém, esse não era o caso das bactérias procariontes.

O primeiro sexo da história, como vimos, consistiu na aquisição de DNA procedente de outra célula. Mas o sexo procarionte foi evoluindo, dando lugar a uma variante mais refinada desse fenômeno, ao qual Margulis e Sagan denominam *hipersexo*, que culminou nos organismos atuais não microscópicos.

O hipersexo difere do sexo reprodutivo. Neste último – o que praticam atualmente os mamíferos, por exemplo – se produz um acoplamento temporal ou cópula entre dois seres da mesma espécie, de sexo diferente, e há uma transferência de genes de um para o outro. Disso resulta a formação de um novo indivíduo semelhante a eles. No caso do hipersexo, trata-se da união entre dois seres de espécies diferentes; um deles penetra no outro e ali permanece para sempre. No primeiro caso (acoplamento temporal), o resultado é um novo indivíduo da mesma espécie, que possui genes de cada um dos progenitores. No segundo, o acoplamento interespecífico pode dar lugar a espécies completamente novas, muito distintas das que eram conhecidas anteriormente.

O hipersexo ocorre sempre, por definição, entre representantes de formas de vida diferentes e constitui um caso particular de simbiose, que, como se sabe, se dá entre indivíduos distintos que se associam de maneira permanente ou muito prolongada, de forma que traz vantagens e beneficia a ambos. Muitas das associações simbióticas são temporais, mas outras, como a associação por hipersexo, resultam irreversíveis, já que uma penetra dentro da outra e ali fica, e ambas são convertidas em uma indissolúvel unidade simbiótica maior, capaz de se reproduzir com as características de ambas.

Margulis e Sagan consideram o hipersexo como uma importante fonte de evolução, embora não seja reconhecida pelos neodarwinianos ortodoxos. Eles asseguram que:

> As uniões permanentes entre bactérias, a princípio separadas, conduziram a novas formas de vida, incluindo, depois de centenas de milhares de anos de evolução, os seres humanos. Os consórcios bacterianos são o fundamento de cada uma das células animais que compõem nosso corpo, e também das células vegetais. Em outras palavras, as células que nos constituem são híbridos hipersexuais.

Como consequência do hipersexo surgem formas de vida muito mais complexas, compostas por células eucariontes (células com núcleo, em oposição às mais primitivas procariontes, que carecem de núcleo, como vimos), entre as quais se encontram, depois de milhares de anos de evolução, tanto biológica como psíquica – ambas indissoluvelmente associadas –, as células que compõem o corpo humano. Falaremos disso mais adiante, já que o assunto se relaciona de maneira decisiva à origem do que chamamos amor.

Essas novas formas de vida – as bactérias eucariontes – encerram em seu núcleo, separado do citoplasma por uma membrana, o material genético da célula. Dentro do citoplasma que rodeia o núcleo há certos orgânulos, as mitocôndrias, que cumprem a função de metabolizar o oxigênio para toda a célula, constituindo uma espécie de "pulmão" celular. Mas o curioso é que as mitocôndrias dispõem de seu próprio material genético e se reproduzem independentemente e em momentos diversos do resto da célula, como se se tratasse de um organismo distinto e independente do ponto de vista de sua reprodução. Margulis considera que as mitocôndrias foram, em tempos remotos, bactérias independentes que aprenderam a respirar oxigênio, em um momento em que a atmosfera terrestre chegou a uma porcentagem tão elevada desse gás (em torno de 21%) que se converteu em tóxica para a maioria dos microrganismos, consumidores de hidrogênio, que povoavam o planeta.

Há aproximadamente 2 bilhões de anos, o oxigênio começou a aumentar rapidamente na atmosfera terrestre, passando de uma parte por milhão a uma parte por cinco (uma proporção similar à atual), o que produziu uma fortíssima contaminação que originou intensas mudanças nos organismos habituados a uma atmosfera baixa em oxigênio. Uma das consequências foi o desaparecimento de muitos tipos de organismos que, como ocorre com os atuais anaeróbicos, morreram em contato com o ar. A vida microbiana se viu ameaçada de extinção e teve de elaborar transformações importantes em seus organismos para se adaptar ao novo meio. Apareceram bactérias resistentes ao oxigênio que substituíram as que eram sensíveis a ele.

Algumas bactérias conseguiram sobreviver desenvolvendo um sistema metabólico que requeria precisamente o oxigênio – veneno mortal até então – e inventando a respiração aeróbica. Isso mudou completamente a vida sobre a terra e também, em longo prazo, o meio em que esta se desenvolveria. Foi então que algumas dessas bactérias penetraram no interior de outras e se fundiram com elas, agregando-lhes algo de que careciam – a possibilidade de metabolizar o oxigênio – e se beneficiando das características daquelas. As mitocôndrias atuais seriam o material genético das bactérias metabolizadoras de oxigênio, ou seja, da bactéria hóspede que em seu tempo – há bilhões de anos – teria existido como organismo independente. Dessa maneira se formaram organismos mais complexos que respiravam oxigênio e com o tempo foram evoluindo em formas de vida de complexidade crescente. Dessa forma, teriam aparecido uniões simbióticas permanentes que perduraram até o momento atual. Depois de muitos milênios de evolução e múltiplas simbioses, foram se constituindo novos organismos de complexidade cada vez maior, cujas características iam muito além dos atributos da soma de seus componentes. Isso tornou possível que surgissem os animais e os seres humanos, cuja existência teria sido impossível sem o oxigênio do ar e sem os nutrientes produzidos por fotossíntese.

Por meio dos fósseis encontrados se sabe que as bactérias eucariontes, com a particularidade de ter um núcleo e mitocôndrias, apareceram entre 1,6 e 1,4 bilhões de anos atrás. Essas novas células eram de tamanho maior que suas predecessoras e exibiam maior complexidade interna. Quando vivem como células isoladas, denominam-se protistas. Margulis e Sagan asseguram: "Acreditamos que o DNA repetitivo provém originalmente de distintas bactérias (anaeróbicas, utilizadoras de oxigênio e outras) que se uniram em uma comunidade que depois se converteu na célula eucariótica".[6]

As novas células eucariontes eram, na verdade, verdadeiras comunidades de células que viviam dentro de outra maior, em íntima cooperação, umas digerindo os desejos das outras e formando uniões permanentes que se reproduziam dando origem a outras células perfeitamente adaptadas à vida simbiótica. Havia aparecido uma nova forma de cooperação celular e de organização que superava a livre transferência genética como estratégia de intercâmbio, que anteriormente era realizada pelas procariontes. Foi, aparentemente, o primeiro plâncton que existiu na superfície das águas.

As teorias de Margulis foram constantemente referendadas por novas descobertas, por exemplo, quando se descobriu que o DNA de certos orgânulos das células eucariontes não era o mesmo que o dos cromossomos do núcleo e, ao contrário, era muito similar ao de outro tipo de bactéria.

O ser humano e o restante dos animais são resultado da crescente complexidade desses microrganismos. As células que constituem nosso corpo conservam os traços genéticos de nossos antepassados remotos. Herdamos dos eucariontes estruturas intracelulares complexas, como as mitocôndrias, os cloroplastos e os undulipódios, que em algumas células permitem a respiração, a fotossíntese e o deslocamento. As eucariontes são produto de uma evolução que segue seu curso. É pretensioso e terminante demais pensar que a evolução se detém com o ser humano, como se já tivesse alcançado sua "meta", quando nada prova que haja uma.

Até agora, expusemos brevemente as teorias de Lynn Margulis, que constituem uma excelente descrição de como a vida pôde evoluir até chegar aos organismos mais complexos. Mas as perguntas que surgem a partir daí são outras: o que acontece com o psiquismo? Já existia algo parecido nas bactérias primitivas?

---

6 Margulis; Sagan, *Microcosmos*.

Evoluiu também? Em que medida? Tentaremos responder a essas perguntas, pois sua resposta deve nos levar a uma nova compreensão do fenômeno amoroso que tanto ocupa nossas mentes e guia grande parte de nossa vida emocional consciente e inconsciente.

7. No início era o amor

Para compreender mais a fundo o fenômeno amoroso, devemos ampliar as ideias que temos sobre o amor, e isso nos levará a uma nova concepção desse complexo de sentimentos e emoções que experimentamos quando amamos. A visão reducionista dominante nos leva a limitar a ideia de amor a um sentimento que os seres humanos experimentam quando, por exemplo, se apaixonam. Mas isso e as coisas curiosas que fazemos quando o amor acontece em nossa vida nos resultam bastante incompreensíveis – embora as aceitemos como fenômenos dados *per se* – se não nos situarmos em um plano mais amplo e geral.

Os atos de cooperação solidária levam à conservação, manutenção e expansão da vida sobre nosso planeta desde o início da própria vida, como acabamos de ver. Por isso podemos afirmar, com toda certeza, que a cooperação constitui uma propriedade da vida, já que está indissoluvelmente ligada a ela, da mesma forma que a necessidade de obter energia do meio sob formas muito diversas. Quaisquer que sejam as formas que adote, tanto a obtenção de energia quanto a de ajuda mútua e cooperação, as funções que os seres vivos desenvolvem tendem a satisfazer essas necessidades. Manifestam-se em tendências ou pulsões vitais que foram adquirindo, ao longo dos séculos, diferentes graus de complexidade.

Para nos convencer da generalidade desse fenômeno nos bastará, como exemplo, observar o comportamento das formigas, abelhas ou animais mais evoluídos, como os golfinhos, leões, lobos, cervos ou elefantes, que têm estratégias organizadas de caça, obtenção de alimentos para a comunidade ou proteção coletiva. Nos animais e nos seres humanos, os atos de cooperação continuam sendo tão vitais e imprescindíveis para sua manutenção e evolução quanto eram para as simples células que primeiramente povoaram nosso planeta.

A vida é absolutamente incompreensível sem relacionamentos e sem cooperação, e isso envolve tanto seres vivos da mesma espécie quanto de outras. Para começar, todos os animais nascem de outros animais, o que os relaciona inevitavelmente com os de sua espécie, que lhes são imprescindíveis para viver e continuar se reproduzindo; além disso, para sobreviver necessitam de outros seres vivos dos quais extraem o alimento. Animais e plantas se complementam e vivem uns dos outros (pense nas cadeias tróficas e nos múltiplos casos de simbiose entre diferentes espécies de animais e vegetais).

Sem essa pulsão, a vida não existiria nem haveria evoluído. Mas é também um instinto de união, proximidade, relação, cooperação, solidariedade e aliança entre indivíduos que conduz, em suas origens mais distantes, à fusão de dois ou mais seres, com desejo de permanência, de continuidade, de compartilhar o mesmo espaço vital, de conexão sexual e inclusive de indiferenciação, de fundir-se com o outro, de ser só um, porém, com as propriedades de mais de um, o que os potencializa, torna-os maiores, mais poderosos e mais aptos para sobreviver e progredir.

O amor, em sua forma mais elementar, como desejo de fusão, como impulso gregário, como tendência a se aproximar e se associar a outros seres vivos, é uma estratégia da vida para se manter e sobreviver. Essa estratégia foi e continua sendo utilizada, em seu modo mais literal, por uma das primeiras formas de vida: as bactérias. Poderíamos dizer que o amor, em sua primeira fase de cooperação e intercâmbio, começa quando uma bactéria procarionte cede parte ou a totalidade de seus cromossomos para outra. Sua finalidade não é a reprodução, mas a conservação da vida, a sobrevivência. Contudo o resultado supera muito essa expectativa elementar.

A combinação de genes que as bactérias procariontes efetuam pelo hipersexo não produz descendência, mas tem a enorme vantagem de dotar o receptor de uma nova bagagem genética e permitir ao doador desfrutar dos mesmos benefícios de que gozava seu anfitrião. É um ato parecido ao que nós, humanos, denominamos associação cooperativa. Definitivamente, é um bom negócio para ambos. Podemos considerar essa pulsão vital que permite a sobrevivência, graças à associação cooperativa, como a primeira forma de amor. Embora sincrética em suas origens (tratava-se literalmente de uma fusão permanente entre dois seres), ao longo dos milênios foi evoluindo, diversificando-se e adquirindo formas muito variadas.

Margulis e Sagan dizem que, quando o zoólogo da Universidade de Oxford Richard Dawkins (que havia popularizado a ideia do "gene egoísta") foi informado de que certas bactérias cedem tantos genes que acabam morrendo, ele ficou muito surpreso. A qualificação de uma bactéria de egoísta ou generosa não é nada mais que um produto de nossa maneira particular de nos expressarmos e de conferir significado aos termos que usamos de maneira antropocêntrica. Mas não é fácil fazê-lo de outra maneira, a menos que inventemos outro tipo de linguagem. No entanto, devemos levar em consideração que nossa linguagem, por mais científica que seja, tem a forma de nossos pensamentos e não de uma bactéria ou uma ameba, no caso altamente improvável de que estas tivessem pensamentos semelhantes aos nossos. Quando tentamos expressar o que ocorre no interior de outros organismos vivos, deve-se entender isso sempre de um ponto de vista metafórico. Feita essa ressalva, e utilizando nossa linguagem humana, poderíamos qualificar como um ato de amor a transferência realizada pelas bactérias procariontes, de DNA de uma bactéria a outra, de maneira que o resultado seja que a outra obtenha importantes benefícios sem que a doadora seja imediatamente beneficiada. Mas para isso é necessário entender o amor como indicamos anteriormente, ou seja, como uma propriedade da vida que se manifesta em uma pulsão que leva à união, à proximidade, à cooperação e fusão entre os seres vivos.

Na reprodução humana, desde as primeiras células embrionárias, esse princípio de cooperação se manifesta como imprescindível para a formação do feto e a diferenciação celular que, depois da fecundação, permite a constituição dos diferentes tecidos orgânicos a partir de duas células iniciais. É, portanto, um princípio fundamental para a organização de células e tecidos que torna o novo ser viável. Por isso, deve estar ativado e em pleno funcionamento durante toda a gestação. Mas o que ocorre depois do nascimento? É evidente que deve seguir ativo para que o novo organismo se mantenha com vida. A cooperação é necessária para que persista tanto a imprescindível relação entre diferentes classes de células que formam os diferentes órgãos de nosso corpo quanto a sintonia entre os distintos órgãos vitais que devem atuar de maneira organizada e solidária. Mas estes também devem se coordenar com os mecanismos que provocam sensações procedentes do exterior (sensoriais) e do interior do corpo (cinestésicas), como a fome que desencadeia o choro, e está, por sua vez, relacionada com a ativação de diferentes reflexos inatos que, como o de sucção, permitem que o bebê se alimente. Essa função coordenadora não entende de diferenças entre disciplinas e se estende do biológico ao psicológico sem interrupção.

Mas não devemos postular (como fez Dawkins com seu gene egoísta) a existência de um "gene da cooperação". Não é necessário responsabilizar os genes por tudo o que ocorre no interior das células, uma vez que eles não determinam tudo. As células que constituem nosso organismo, por exemplo, têm todas elas o mesmo genoma e, no entanto, são muito diferentes entre si (compare, por exemplo, as células ósseas com as nervosas ou musculares). Não parece, pois, que sejam eles os únicos responsáveis pela diferenciação celular.

Como assinalou Pierre Clément (1988),[7]

todas as células de um organismo pluricelular têm o mesmo genoma. Gurdon demonstrou isso em 1968 ao transplantar o núcleo de uma célula intestinal do girino de um sapo (*Xenopus*) em um óvulo da mesma espécie cujo núcleo havia sido retirado. O novo ovo se desenvolveu até formar um indivíduo adulto normal. Essa experiência mostra, ao mesmo tempo, que o núcleo de uma célula intestinal contém a mesma informação que o da célula ovo, mas também que não transformou a célula ovo na que foi transplantada em uma célula intestinal: *o citoplasma é fundamental para induzir e conservar uma diferenciação celular.*

Desde então, a engenharia genética evoluiu muito.

Nem tudo o que ocorre na célula ou no organismo deve ser atribuído aos genes, pois isso nos faria cair em um pangenetismo que nos impediria de prestar atenção à importante função que outros elementos realizam. O meio em que os cromossomos se desenvolvem, tanto o biológico e intracelular como o exterior à célula, representa um papel fundamental em sua ativação.

É bem sabido que o pensamento científico participa de muitas das características referentes ao pensamento cotidiano dos seres humanos e, portanto, é tão suscetível de se equivocar como qualquer outro tipo de pensamento, embora tenha especial cuidado em verificar todos os seus pressupostos. Mas é evidente que só se pode evitar conscientemente aquilo que se conhece, e em especial o que se reconhece. O pensamento científico nem sempre reconhece muitas das características que possuem aqueles que o sustentam (como as inerentes à ideologia, aos valores morais, aos preconceitos de gênero etc.) como responsáveis por inspirar as teorias científicas que defendem, e por isso surgem

---

7 Clément, Organización biológica y evolución. In: Prigogine (Org.), *El tiempo y el devenir*.

preconceitos relevantes. Muitos foram (e continuam sendo) os biólogos, etólogos e naturalistas que projetaram a ideia de competição entre os organismos vivos, tanto plantas como animais. É claro que temos tendência a ver aquilo que nossa mente – e nossa experiência anterior – nos preparou para ver, mas também é certo que o fundamental é o que cada um faz com o que sua mente e sua experiência anterior lhe prepararam para fazer.

Os cientistas que estão centrados na competição podem apenas ver outra coisa nos processos naturais dos seres vivos. No entanto, Margulis viu algo mais. Ao conceber a Terra como um sistema conjunto de interdependências mútuas que agem de forma inteligente, pôde perceber a cooperação entre os organismos vivos quando outros só viam competição, e isso proporcionou a chave para uma nova forma de entender a evolução.

A teoria da simbiogênese, desenvolvida por Lynn Margulis, supõe uma transformação revolucionária na maneira de entender os mecanismos de evolução dos seres vivos, já que expressa uma concepção muito distinta da comumente aceita até hoje, herdeira do darwinismo clássico e que considerava as mutações genéticas como principal via de evolução. O enfoque darwiniano deixava muitas questões sem resposta, às quais a teoria da simbiogênese de Margulis é capaz de responder. Essa autora, sem negar o papel que possam ter as mutações genéticas aleatórias, considera que o motor mais importante da evolução foram os intercâmbios genéticos entre células e a união entre uma ou várias delas por meio de um processo de simbiose permanente. Sob essa forma de considerar a evolução, a competição cede seu lugar primordial à cooperação. Por isso, uma das características dos trabalhos de Margulis, especialmente interessantes para a Psicologia, é que eles não se limitam a estudar a anatomia e o funcionamento celular, mas estudam também seu comportamento relacional, o que nos introduz no conhecimento da conduta dos seres vivos mais elementares e mais antigos do mundo.

Dado que em nosso pequeno planeta tudo está relacionado com tudo, uma concepção tão diferente da evolução se encaixa perfeitamente em um conceito alternativo de muitos dos fenômenos que a Psicologia estuda e que, de perspectivas muito afastadas das biológicas, estamos desenvolvendo há anos.[8]

8. A inteligência da vida

> Nós, que estamos dotados de inteligência e de capacidade de pensar, nos negamos a atribuir a mesma capacidade às células. Temos a presunção primária de negar às células o pensamento: estão vivas, é verdade, mas não têm cérebro, o acaso as dirige. Tudo vem da ideia de que o homem é o único que pode pensar.
>
> Niels Jerne

O ser humano é composto basicamente da mesma matéria que o universo. Essa matéria, transformada e organizada de modo particular, compõe as células que constituem nosso organismo, descendentes daquelas primitivas procariontes modificadas depois de infinitas combinações e avatares. Chamamos vida a essa matéria organizada capaz de proliferar e modificar o meio, mas essa mesma vida tem, além disso, outras propriedades, sem as quais não existiria. Uma delas, que já foi assinalada por Piaget, é a inteligência. Não há vida sem inteligência nem inteligência sem vida, dizia esse autor,[9] o qual considerava que, nos primeiros meses de vida do ser humano, antes do aparecimento

---

[8] Ver Moreno Marimón; Sastre, *Aprendizaje y desarrollo intelectual*; Moreno Marimón, Imaginación y ciencia. *Ciencia, aprendizaje y comunicación*; Moreno Marimón et al., *Conocimiento y cambio*.

[9] Depois de Piaget, vários autores defendem ou admitem a inteligência como uma propriedade da vida. Entre eles se encontram Margulis, Maturana, Varela e Capra, entre outros.

da linguagem, "a ação é uma forma de inteligência entre outras e uma forma que prepara o pensamento".[10] A ação organizada e com tendência a conseguir finalidades (alimentar-se, ativar mecanismos de defesa, relacionar-se etc.) é uma característica de todos os seres vivos.

Outra das propriedades da vida – como já vimos – é sua capacidade de se associar e cooperar para sobreviver. Esse atributo, da mesma forma que a anterior, adquire múltiplas formas, que se aproximam muito ao que os seres humanos denominam "amor". De acordo com essa perspectiva, podemos contemplar o fenômeno de cooperação (do qual se deriva o amor) como uma descoberta das células mais primitivas, que as atuais conservam como uma característica que lhes permite sobreviver e progredir. Ambas as propriedades (inteligência e cooperação) estão indissociavelmente unidas em cada uma das células que constituem nosso organismo e permitem – junto com outras características – o complexo funcionamento de nosso corpo. Nosso organismo necessita da inteligência e da solidariedade de todas suas células para poder formar-se e subsistir.

É muito importante evitar cair em dois equívocos que impediriam a compreensão desses fenômenos. O primeiro consiste em identificar a inteligência com o pensamento e com a consciência, como se faz frequentemente. Uma das propriedades da inteligência é a capacidade de organização, que permite ao ser humano, entre muitas outras coisas, classificar e atribuir significado ao mundo que o rodeia,[11] e permite às células combinar sábia e ordenadamente a matéria da qual estão compostas, de tal forma que todas suas partes adquiram a coerência necessária para viver.

---

10 Piaget, *Introducción a la epistemología genética: El pensamiento matemático*. v.1.
11 Por exemplo, por meio de um complexo processo de abstração de propriedades e de categorização, que as criaturas humanas realizam de maneira não consciente já no período pré-operacional (antes dos 6-7 anos). Ver Moreno Marimón; Sastre, *Aprendizaje y desarrollo intelectual*.

Essa auto-organização[12] é de natureza claramente inteligente e se transmite às outras células às quais dá origem. No entanto, os processos de auto-organização (tanto físicos como mentais) que têm lugar no organismo não são de natureza consciente, nem nas células nem nas criaturas humanas, embora essas últimas, com o tempo, possam chegar a ter consciência dos processos implicados em seu pensamento.[13] Mais à frente voltaremos a falar desses conceitos.

O segundo equívoco que se deve evitar consiste em identificar a inteligência com a ausência de erro, já que o fato de a matéria viva trabalhar de maneira inteligente não quer dizer que não cometa erros (da mesma maneira que cometem os seres humanos, incluindo os cientistas mais brilhantes), mas que é capaz de buscar, por múltiplos erros – os quais lhe permitem aprender o que não é adequado e obter experiência –, formas de superar os obstáculos que continuamente vão sendo apresentados. As soluções que encontra, inéditas e criativas, podem ser muitas e variadas, talvez tantas como há variedade nas formas de vida, às quais se deve acrescentar aquelas soluções que não foram suficientemente eficazes para lhes permitir sobreviver.

Portanto, é necessário desmistificar duas ideias fundamentais. Uma é a de que a inteligência é o oposto de erro, uma vez que este faz parte daquela e não há inteligência sem erro; mais ainda: este constitui um dos indícios de sua existência, já que indica que existe um processo de busca de soluções novas e, portanto, criativas. A outra é a ideia de que a inteligência e a consciência são a mesma coisa, dado que a consciência é apenas uma parte muito pequena da inteligência e forma o conjunto das poucas coisas de

---

12 Conceito que Maturana desenvolveu amplamente. Ver as "Referências bibliográficas".
13 A maior parte dos processos de conhecimento é inconsciente. O ser humano desconhece como pensa, da mesma maneira que desconhece como seu coração bate ou como faz para digerir os alimentos. Para averiguar essas coisas, existem disciplinas como a Psicologia, a Fisiologia e a Neurofisiologia, entre outras.

que sabemos ter conhecimento. A imensa maioria de nosso saber é não consciente – é um saber ignorado, que não sabemos que sabemos – e muito provavelmente nem sequer está localizado em nosso cérebro, mas se situa em todo nosso corpo, começando pelo interior de cada uma de nossas células. Se não, como seria possível essa complexa organização de nosso corpo que nos permite viver graças à conexão de cada uma de suas células para formar órgãos e da conexão de cada um deles com os demais? Por acaso não somos seres que nos construímos a partir de uma célula embrionária?[14] Não estava nela todo o potencial organizador que tornou possível a diferenciação celular, com a imprescindível colaboração do meio? Embora não seja capaz de explicá-lo, um embrião sabe fazer muito mais do que os cientistas podem explicar, apesar de que, decerto, eles viveram a experiência de ser embriões alguma vez em sua vida. Se o que tornou possível seu desenvolvimento não é inteligência, o que é então? O que parece evidente é que, quando se encontrava no estágio embrionário, nenhum cientista teve em absoluto consciência do que estava fazendo. A matéria viva expressa sua inteligência mediante a ação e pode ser conhecida pelos resultados dessa ação.

Não só a criação de novas formas de vida requer inteligência, mas também sua manutenção, sem a qual a vida se extinguiria imediatamente depois de seu nascimento. Os processos de organização inteligente são imprescindíveis para dotar de futuro a vida recém-iniciada. Mas também são capitais as relações de cooperação entre os diferentes componentes dos organismos, sem os quais a manutenção da vida seria impossível. Essa necessidade de colaboração se estende também ao meio vital, ou seja, a todos aqueles seres vivos que rodeiam um determinado organismo, sem

---

14 Essa capacidade de autoconstrução é o que Maturana e Varela (1990) denominaram *autopoiesis*. Esses autores afirmam: "Nossa proposição é que os seres vivos se caracterizam porque, literalmente, se produzem continuamente a si mesmos, o que indicamos ao chamar à organização que os define organização autopoiética".

cuja cooperação este pereceria. (Essa colaboração nem sempre é voluntária, já que em muitos casos comporta a morte de organismos que servem de alimento a um determinado ser vivo.)

Ao chegar a esse ponto, podemos considerar, como uma das características fundamentais da inteligência, a capacidade de organizar diversos elementos, que entram, dessa maneira, em interação continuada, com vistas a um objetivo comum. Na maioria das vezes, atingir uma finalidade implica obter muitos outros resultados que não se pretendia ou nem sequer se suspeitava. Essas consequências colaterais modificam a vida e a conduzem por novos caminhos imprevistos e nem sempre necessariamente desejáveis. A organização, fundamental para a vida, adquire formas muito variadas, que são as diferentes estruturas que suportam a organização de seres e entidades diversas. Chamamos de organização as relações que existem entre diferentes partes de um todo que faz precisamente que possamos falar de um "todo" (qualquer todo) composto de partes e que essa totalidade tenha uma consistência e uma entidade em si mesma que não terão as partes separadas, sem organização. Pois bem, nem todas as formas de organização têm características similares. As relações existentes entre as partes de um automóvel e as que unem as partes de uma casa ou um pássaro são totalmente diferentes. Por isso, dizemos que possuem estruturas muito variadas, embora todas necessitem de uma organização para existir como tais (do contrário, seriam apenas um monte de matéria de natureza diversa). A estrutura é a forma particular que cada organização toma de diferentes elementos a fim de que seja possível falar de um todo (objeto real ou mental), como um barco, um animal ou uma teoria.

Onde quer que olhemos, podemos ver organização. A matéria se mantém unida graças a uma organização composta de forças, que une átomos e moléculas, de estruturas muito variadas. A organização não apenas é consubstancial à vida, mas também à matéria de que está formada. A vida também é constituída por partes porque se autoconstruiu seguindo um vetor temporal, ou seja, passo a passo (às vezes com passos vacilantes), ao longo das eras e através dos séculos. As construções mentais humanas seguem estratégias reiterativas, reconstruindo-se em uma espiral inumerável e adquirindo em cada nível superior uma complexidade maior.[15] De maneira inconsciente, o pensamento segue algumas formas de organização que recordam as estratégias vitais dos seres vivos em seus aspectos mais funcionais.[16] A análise das estratégias de alguns seres vivos, assim como a das que o ser humano segue na criação de conhecimento, pode ajudar a pôr em evidência os paralelismos entre as diferentes formas de inteligência que a natureza adotou para se desenvolver e mostram, de outra perspectiva, que não existe corte, mas, de fato, continuidade entre as espécies.

---

15 Esse fenômeno aparece com grande clareza, por exemplo, quando estudamos a psicogênese das noções de classificação, a partir dos níveis mais elementares, partindo das condutas de criaturas de 3-4 anos até a idade adulta. Surgem comportamentos que vão se repetindo em níveis de complexidade progressiva, cuja reiteração generalizadora permite a construção da lógica de classe de um alto nível de abstração. No estudo da psicogênese de noções físicas, como as que se deduzem das explicações sobre flutuação dos corpos, aparecem fenômenos de organização similares, embora de estruturas diferentes. (Para ampliar essas noções, ver Moreno Marimón; Sastre, *Aprendizaje y desarrollo intelectual* e Moreno Marimón et al., *Conocimiento y cambio*.)

16 Essas estratégias comuns consistem, por exemplo, no agrupamento de elementos distintos com características complementares, para conseguir novas sínteses, como os diferentes agrupamentos bacterianos que dão lugar a células mais complexas que integram características de seus componentes. Esses processos funcionais se realizam também, no plano cognitivo, com a construção das noções operatórias formais, recombinando aquisições realizadas em períodos anteriores para conseguir novas possibilidades cognitivas, assim como em qualquer processo de generalização, que implica combinar construções mentais feitas anteriormente com novos elementos que provocam novas sínteses, por exemplo. Também existem paralelismos em relação à reiteração de processos bem-sucedidos em níveis diferentes de complexidade, característicos do funcionamento intelectual humano, e que são observados também na evolução da vida.

9. Rumo a uma psicologia dos seres vivos

> Tanto a fisiologia como a memória retêm na matéria viva os detalhes peculiares de uma dada trajetória histórica. A história dos sistemas vivos reaparece de maneira inconsciente. A matéria viva pode arquivá-la e talvez esquecê-la, mas ela nunca desaparece totalmente.
>
> Lynn Margulis e Dorion Sagan

Se a vida é inteligente e evolui, junto com a evolução somática ou orgânica teríamos de estudar a evolução de um de seus mais importantes aspectos, que é a inteligência, entendida como a execução de processos que permitem a autotransformação e a transformação do meio, com inter-relações coadaptativas entre ambos, para prosseguir uma evolução aperfeiçoada que assegure, ao mesmo tempo, a permanência e a mudança. Essa é uma tarefa que a Psicologia e a Biologia necessariamente devem realizar de maneira conjunta.

Se nos situarmos no ponto de vista de uma teoria da evolução não reducionista, ao estudar as mudanças orgânicas que, ao longo das eras, são produzidas nas diferentes espécies de seres vivos, é necessário estudar também as mudanças que simultaneamente se produzem neles em nível de comportamentos e de estratégias relacionais, tanto com o meio quanto com outros seres vivos, ou seja, as modificações produzidas no psiquismo[17] e, portanto, levar em consideração os processos bidirecionais que permitem surgir as habilidades necessárias para a coadaptação do indivíduo ao meio e deste àquele. Não se deve pressupor que o surgimento

---

17 Embora pareça excessivo falar de psiquismo ao nos referirmos a seres tão primitivos como uma bactéria ou uma ameba, deve-se levar em consideração que a origem da palavra procede do vocábulo grego *psiké*, que significa "alma", com o sentido de "princípio de vida" que lhe dava Aristóteles, e era, portanto, do ponto de vista aristotélico, uma propriedade dos seres vivos.

de novas habilidades psíquicas em um organismo seja algo que venha de maneira automática, como se sua criação fosse uma propriedade *per se*, sem que implicasse ação ou processo por parte desses organismos. Pelo contrário, acreditamos que é o resultado de novas organizações que não procedem do exterior, mas do interior do próprio indivíduo e que denotam sua capacidade de produzir organização.[18] A inteligência e a cooperação inerentes à vida também evoluíram. O estudo das transformações somáticas dos organismos vivos (desde primitivas placas neurais a diferentes tipos de sistemas nervosos, por exemplo) necessita ser complementado com uma análise das transformações de comportamento e das novas estratégias relacionais a que deram lugar. As técnicas de que dispomos atualmente possibilitam esse tipo de estudo.

Se conservamos no interior de nosso corpo, em nossa secreta intimidade biológica, as estruturas que tornaram possíveis as formas de funcionamento dos primitivos seres dos quais procedemos, isso se dá, provavelmente, porque elas continuam nos sendo úteis, o que significa dizer que conhecê-las implica conhecer melhor nosso próprio corpo e seu funcionamento.

Apesar de nosso complexo organismo, de modo geral, ter evoluído para formas de reprodução bissexual, as células que nos dão origem seguem um processo de reprodução muito mais antigo. As células que compõem o zigoto não se perpetuam de maneira sexual, mas acompanham os processos contínuos de divisão celular. Nosso organismo conserva sabiamente diferentes

---

18 Na psicogênese humana, as transformações corolárias entre desenvolvimento psíquico e somático são muito evidentes. O desenvolvimento do sistema nervoso e do cérebro ao longo da infância gera novas possibilidades cognitivas e emocionais, ao mesmo tempo que as transformações produzidas no cérebro ocasionadas por ações externas (aprendizagens, por exemplo) modificam também aqueles sistemas. Deve-se levar em consideração que cada aprendizagem implica novas conexões neurais e, portanto, modificações no cérebro que permitem novas possibilidades mentais.

formas de reprodução aprendidas durante milhões de anos pelos seres vivos, formas que herdamos. É lógico supor que somente herdamos e conservamos de nossos mais remotos ancestrais os funcionamentos relativos aos aspectos somáticos, enquanto inventamos os aspectos psíquicos – que são outras formas de organização de nosso corpo – sem conservar as aquisições do passado remoto? Acreditar nisso seria supor que "psique" e "soma" evoluíram sem conexão alguma, seria cair em um dualismo animista e irracional ignorante dos fenômenos evolutivos.

O desenvolvimento cognitivo supõe um contínuo que se apoia em aquisições anteriores. Procede por reiterações, em níveis de complexidade cada vez maior, de conhecimentos adquiridos anteriormente, de tal maneira que resultam sistemas novos, mas baseados em velhos conhecimentos. Não há saltos, mas continuidade e seleção, dentre tudo o que é conhecido, que produzem grandes novidades.[19]

No âmbito da Biologia, ocorre algo parecido ao que observamos na psicogênese. Os seres vivos inventam formas de solucionar problemas[20] que se apresentam com as mudanças no

---

19 Ver Moreno Marimón; Sastre, *Aprendizaje y desarrollo intelectual*; Moreno Marimón, *Ciencia, aprendizaje y comunicación*; Moreno Marimón et al., *Conocimiento y cambio*.

20 Muitos se surpreenderam quando alguns etólogos (entre os quais nosso companheiro Sabater Pi) asseguraram, pela primeira vez, que os chimpanzés possuíam uma cultura porque não apenas fabricavam instrumentos – por exemplo, finos galhos de árvores dos quais tiravam as folhas e os alisavam, impregnando-os depois de saliva para, assim, introduzi-los nos formigueiros e capturar as formigas – como estes eram muito variados, por exemplo, "martelos" e "bigornas" de pedra ou de madeira (segundo as diferentes "culturas") para descascar nozes; também utilizavam paus para golpear, pedras para lançar etc. E além disso, as chimpanzés, na maioria das vezes as autoras dessas descobertas, as transmitiam à sua prole. Até pouco tempo, a capacidade de utilizar instrumentos era considerada uma das características que diferenciavam o ser humano dos outros animais. Muitas ideias caíram por terra graças aos estudos da etologia e da psicologia animal, e sua queda contribuiu para eliminar preconceitos de espécie fortemente arraigados,

meio exterior ou interior. Em distintas espécies, as soluções se repetem, embora de maneiras diferentes. Por exemplo, o desenvolvimento de asas não é exclusivo de uma só espécie; desde mamíferos, como os morcegos, até uma infinidade de diferentes espécies, passando pelas aves e por alguns peixes, desenvolveram essa morfologia – o mesmo ocorre com outras formas de deslocamento: flagelos, aletas, patas etc. Uma das primeiras invenções parece ser a transferência genética, que se traduziu mais à frente em simbiose, por meio da fagocitose ou da incorporação simbiótica de outros organismos diferentes, apropriando-se de suas características em benefício de ambos. Todas as células de nosso organismo procedem desse tipo de simbiose. Mas, em outro nível, a simbiose se repete, mediante a incorporação de bactérias que realizam funções como a ajuda à digestão, por exemplo.[21] As grandes descobertas das procariontes (transferência genética) se repetem com variações nas eucariontes (fagocitam outras células ou bactérias para incorporar seus genes sem digeri-los) e também, em outro nível, na reprodução humana.

Esse processo de repetição com variações, em contextos mais complexos, ou simplesmente diferentes,[22] é uma estratégia da vida

---

preparando nossas mentes para a aceitação de novas surpresas. Ninguém estranha que nosso cérebro tenha sido legado por animais que nos precederam, cérebro que, ao longo de milênios de evolução, fomos aperfeiçoando. No entanto, custa muito mais aceitar que nos tenham legado uma cultura – produto daquela –, por mais rudimentar que ela seja. Não deveríamos nos perguntar por que temos tanto empenho em nos diferenciar de nossos "parentes pobres", até o ponto de negar-lhes qualquer legado cultural, qualquer sinal de inteligência, qualquer pequena proeza cognitiva que nos enche de admiração quando é realizada por uma criança de nossa espécie?

21 Isso foi o que fizeram organismos bem diferentes, como os cupins comedores de madeira que incorporaram bactérias capazes de se encarregar de digerir a madeira, o que lhes permitiu tirar proveito dessa forma de alimentação.

22 A vida repete soluções que não podem ser consideradas herdeiras de um antepassado próximo. A posse de asas é um exemplo disso. As aves, inclusive as que não voam (avestruzes, pinguins etc.), possuem asas que procedem de antepassados comuns e estão dotadas de ossos semelhantes derivados

que pode ser realizada no que parecem ser saltos qualitativamente importantes, mas que talvez assim nos pareçam porque desconhecemos os níveis intermediários, que são, do contrário, possíveis de ser observados na psicogênese do conhecimento humano. Um desses saltos aparentes é o que se dá entre o somático e o psíquico. Na realidade, existe uma continuidade que somente agora começamos a desvendar, superando o dualismo.

O psiquismo reproduz estratégias biológicas, o que supõe reconstruções em outro nível. Piaget – que, não nos esqueçamos, era biólogo de formação – já assinalou as propriedades de assimilação e acomodação próprias da inteligência humana e dos demais organismos vivos. No campo interpessoal ocorrem processos como a transferência, não de genes, mas de conhecimento, a simbiose cognitiva entre duas ou mais pessoas que faz cada uma se beneficiar das faculdades da outra ou das outras (as equipes de trabalho que funcionam bem são um exemplo disso, mas também a união cooperativa entre duas pessoas e a união amorosa). Também existem, decerto, uniões parasitárias que têm características e resultados parecidos com os de uma infecção. Embora usemos essas expressões (simbiose, parasitismo etc.) como metáforas, elas têm um referente real. Mas talvez a estratégia mais propagada seja a reconstrução de uma primeira construção mental, em campos muito distintos daqueles em que ela se originou, um processo que realizamos continuamente e ao qual denominamos *generalização*. Também existem generalizações que ocorrem em processos evolutivos vitais, as quais implicam espécies muito afastadas umas das outras, como nos exemplos que acabamos de mencionar e que dão lugar ao aparecimento de recursos, em alguns seres, que transformam sua vida ao modificar sua anatomia.

---

dos ossos das extremidades anteriores de répteis do Jurássico. As asas dos insetos, ao contrário, têm uma estrutura totalmente distinta (carecem de ossos, plumas etc. e não procedem de répteis), embora desenvolvam funções similares.

Reiterações desse tipo – em seu aspecto funcional – aparecem na construção do conhecimento tanto em nível de psicogênese como da história do pensamento científico. Assim, por exemplo, na história da mecânica encontramos explicações ao movimento dos corpos dadas pelos filósofos gregos há muitos séculos e completamente esquecidas pela Física atual, que surpreendentemente reaparecem de maneira espontânea nas explicações infantis de fenômenos observáveis, como a queda ou o lançamento de uma pedra. Esse é o caso das teorias *pneumáticas* de Aristóteles ou a dos *ímpetos* de Buridán, ou algumas explicações sobre a flutuação dos corpos, anteriores a Arquimedes, que vemos reaparecer no pensamento de estudantes hoje, inclusive em alguns dos que estudaram a mecânica newtoniana ou o princípio de Arquimedes sem compreendê-lo totalmente.[23]

---

23 Por exemplo, na psicogênese encontramos ideias e processos construtivos de conhecimento muito similares aos que aparecem na história, tais como ideias sobre a flutuação dos corpos (ver Marimón et al., *Conocimiento y cambio*), ideias sobre mecânica, que Piaget já estudou, explicações sobre a reprodução humana, sobre o sistema nervoso, sobre a circulação do sangue, entre outras que já estudamos (ver *Enciclopedia práctica de pedagogía*). Fenômenos similares aparecem também ao comparar os estudos que realizamos sobre a psicogênese do pensamento matemático e sobre a construção de sistemas de numeração com a história desses sistemas. Os procedimentos e algoritmos utilizados na resolução de operações e de problemas matemáticos também apresentam um surpreendente paralelismo entre os registrados pela historiografia e os inventados por crianças de diferentes idades. O curioso é que nenhum de nossos jovens conhecia as teorias de nossos antepassados históricos quando expressava suas ideias. Algo similar poderia ocorrer com os organismos vivos quando reproduzem descobertas biológicas de espécies anteriores. Que explicação podemos dar a esse fenômeno? Talvez o mais fácil fosse passar a resposta à Biologia, e atribuí-lo à transmissão genética dos conhecimentos. Mas essa hipótese nos parece totalmente improvável, ao menos no caso do conhecimento humano. Para explicar esse fenômeno no pensamento humano existe uma opção que apontamos em outras ocasiões, e que consiste em supor que dentro do universo do possível – ou, ao menos, do que o ser humano pode conceber – existe um amplo, embora limitado, leque de explicações possíveis e plausíveis para cada fenômeno observável, e cada uma delas depende dos conhecimentos de que se dispõe – dos dados

Se o cérebro e o sistema nervoso animal foram evoluindo, o que nos impede de pensar que o sistema cognitivo-emocional e cooperativo dos seres vivos também foi se desenvolvendo no mesmo passo que seus organismos? Tal conclusão nos parece uma hipótese bastante sensata. Mas por que nos limitarmos a ela? Por que não supor que possa haver formas de inteligência que não precisam de cérebro nem de sistema nervoso para conseguir conquistas importantes, ou que o façam sem necessidade de consciência? Não acreditamos que imaginar isso suponha um esforço excessivo para nosso evoluído sistema cognitivo. É, além do mais, um tipo de funcionamento que podemos observar todos os dias em nosso comportamento e em nossos próprios pensamentos. Depois de Freud, as descobertas em relação aos processos mentais inconscientes não pararam de se desenvolver. Piaget demonstrou a existência de um inconsciente cognitivo que precede a tomada de consciência da maioria dos atos inteligentes que o ser humano realiza ao longo de sua evolução psíquica ou psicogênese. Atualmente dispomos de um amplo repertório de pesquisas psicológicas que apontam que os aspectos inconscientes ocupam na conduta humana um lugar muito mais proeminente do que suspeitávamos cinquenta anos atrás. A imensa maioria de processos mentais, tanto os mais banais como os mais complexos, tem lugar à margem de nossa consciência. Ao se referir aos processos de criação científica, Einstein afirmou: "O intelecto tem pouca importância na via do descobrimento. Há uma faísca na consciência, chame-se intuição ou como se quiser, que traz a solução sem que se saiba como nem por quê".

Todo nosso arcabouço mental, no qual se fabrica aquilo que determina nossa maneira de pensar e de agir, se configura em

---

e seus significados conhecidos – e também das formas de organização que se seja capaz de realizar. A construção de novos modelos (que conduzem a soluções) pode adotar diferentes formas, porém, estas não são infinitas, mas limitadas, já que têm de parecer plausíveis para o sujeito que as constrói.

nosso inconsciente, desde a interpretação dos impulsos sensoriais que chegam a nosso cérebro até a resolução de problemas ou a elaboração de teorias. Todo dia aparecem novas pesquisas nos campos da Psicologia e de Neurologia que evidenciam isso. Podemos, falando seriamente, afirmar que a inteligência necessita da consciência para seu funcionamento? O cérebro, e mais ainda o córtex cerebral, são aquisições evolutivas relativamente recentes dos quais a vida pôde prescindir durante milhões de anos, sem por isso deixar de ganhar complexidade. O problema reside em averiguar quais são os processos em jogo e como funcionam. Uma psicologia celular poderia trazer grandes avanços à Psicologia e à Biologia.

10. O conflito, consequência da cooperação

> Na evolução, a competência foi tão importante quanto a cooperação.
>
> John Postgate

Até aqui falamos da importância vital da cooperação, da solidariedade, do intercâmbio e da aliança entre seres vivos como estratégias inteligentes que possibilitam a sobrevivência e a evolução dos indivíduos e das espécies. Mas podemos ver tudo isso de outro ângulo que, do ponto de vista de pensamento complexo, devemos considerar como complementar e, portanto, imprescindível. A cooperação tem efeitos colaterais que, embora se apresentem às vezes como opostos à cooperação, são consequências derivadas desta. É o caso dos conflitos gerados por qualquer relação entre seres vivos. Inclusive no caso das uniões mais íntimas, as simbioses entre microrganismos, podem ser causa de conflitos capazes de levar à destruição de uma das partes ou de ambas. Assim, por exemplo, a penetração de um vírus em uma célula pode produzir a enfermidade e morte desta, apesar de se tratar de um caso de simbiose que, em algumas ocasiões, como vimos, pode resultar benéfico para muitas células.

O conflito faz parte dos processos de cooperação. A cooperação ocasiona conflito como subproduto, que pode terminar em um equilíbrio novo ou parcialmente novo – que, como tal, sempre é dinâmico e precário – ou levar a uma crise insustentável e ao sacrifício de uma parte ou de mais de uma.

As relações entre seres humanos que cooperam para uma finalidade comum também podem dar lugar a conflitos. São bem conhecidas as rivalidades entre pessoas que trabalham juntas, entre componentes de um mesmo partido político, de uma mesma família ou associação, a frequente inimizade entre países vizinhos etc. Isso não nos surpreende. O verdadeiro insólito seria encontrar rivalidades entre indivíduos que não tivessem nada em comum, e, portanto, nada que os opusesse e cuja existência lhes fosse mutuamente desconhecida.

A busca de objetivos comuns também pode engendrar, além de solidariedade, cooperação, entrega etc., uma diversidade de opiniões, competição, inveja, rivalidade, entre outros muitos sentimentos, e tudo isso pode provocar e provoca frequentes conflitos, como consequência precisamente de ambicionar, apenas para si, por exemplo, os mesmos objetivos que se compartilham. Os conflitos são um indicador de que há relação e valoração de coisas similares e desejáveis por mais de uma pessoa. Também nos indicam que existem coisas que ninguém deseja para si e de que, da mesma forma que outros componentes do mesmo grupo, desejam se esquivar.

Da união ou da proximidade de interesses nasce a comparação e o desejo de imitação que levam a querer possuir o que o outro tem, precisamente por meio da identificação parcial com esse outro. É o outro lado da moeda da cooperação, o subproduto desta.

O conflito surge porque existe uma comunhão de interesses e de desejos e isso se dá desde os níveis mais primários. Os animais que, juntando-se, conseguem caçar, não terão conflito se a caça for abundante para todos, caso contrário surgirá o conflito. A existência de hierarquias entre eles – muito evidentes entre animais evoluídos, como os antropoides – evita muitos conflitos, ao ficar implicitamente estabelecida a ordem de prioridades na alimentação como em outros âmbitos suscetíveis de rivalidades.

Se os observarmos de perto, cooperação e conflitos parecem opostos, mas se os olharmos com distanciamento aparecem como complementares. Se contemplarmos mentalmente o planeta em seu conjunto, veremos que alguns seres se nutrem de outros (herbívoros de vegetais, carnívoros de herbívoros e de outros carnívoros etc.). Todos os seres vivos cooperam nessa cadeia alimentar que permite a manutenção da vida, embora não o façam de maneira voluntária e essa cooperação crie conflitos de interesses, literalmente vitais. É preciso sacrificar alguns poucos para que outras espécies se mantenham. Mas por que surge o conflito entre indivíduos de uma mesma espécie? E por que surge entre indivíduos que se amam?

Os seres humanos, mais que nenhuma outra espécie, possuem normas que regulam as prioridades entre os indivíduos, mas essa regulação não implica o desaparecimento dos conflito. Há coisas intensamente desejadas por mais de um organismo que, pelo significado atribuído a elas, não podem ser distribuídas nem compartilhadas de maneira equitativa sem que percam o significado que as torna desejáveis. É o caso, por exemplo, do poder concebido como um *status* de superioridade privilegiado, que implica submissão de todas as demais pessoas, ou o desejo de ser "o número um" em qualquer coisa que possamos imaginar.

Apesar de tudo o que dissemos, o conflito, em si mesmo, não é negativo, porque é consequência da cooperação que conduz a sucessos impossíveis de ser alcançados apenas por um indivíduo e porque pode provocar crises que levem a modificações produtoras de melhorias nas relações entre os indivíduos. A ausência de crise conduz à continuidade e à rotina, isto é, à ausência de mudanças e também de melhorias. As crises, pelo contrário, provocam mudanças. A natureza positiva ou negativa dessas mudanças dependerá de como o conflito for administrado. O problema mais importante não reside no próprio conflito, mas na forma como ele se resolve.

Nos seres humanos, a cooperação solidária e voluntariamente aceita gera amor em suas variadas formas. Amor e conflito são propriedades associadas entre si, consequências da comunhão de objetivos e desejos. Os conflitos bem resolvidos provocam crescimento e aumentam a confiança entre as pessoas, que, dessa maneira, sentem fortalecida uma relação que é capaz de superá-los. Isso situa a relação acima dos conflitos e a faz atingir um equilíbrio de nível superior, aumentando os potenciais relacionais das pessoas implicadas.

As relações amorosas, que constituem um caso particular de cooperação solidária, têm também seus conflitos, da mesma forma que ocorre com as demais relações. Uns são comuns a outras formas de cooperação e outros são específicos. Alguns são tão específicos que mudam de acordo com as culturas e subculturas, as sociedades e microssociedades, os momentos históricos, as etapas da vida e as características individuais das pessoas em conflito. Apesar dessa variedade, têm coisas em comum.

Na natureza, os conflitos de interesses entre espécies devem conseguir atingir também um equilíbrio entre conservação e desenvolvimento; do contrário, a consequência é a aniquilação de uma ou várias espécies, com grande prejuízo para o conjunto. No terreno interindividual e nas relações de casais também se deve conseguir esse equilíbrio; caso contrário, um dos dois, ou a relação, será sacrificado.

3
Os modelos organizadores do pensamento

> A natureza (ao desenvolver o cérebro) deu uma solução muito efetiva: representar o mundo externo em termos das modificações que ela causa no corpo propriamente dito.
>
> Antonio Damasio

É difícil compreender o funcionamento emocional no ser humano se não conhecemos seu funcionamento cognitivo, já que ambos estão indissociavelmente unidos. Para isso necessitamos de um modelo explicativo – que necessariamente deve ser funcional – de como procedemos para compreender o que acontece no universo que nos rodeia.

Muitas foram as tentativas da Psicologia para explicar esse funcionamento. A complexidade e a amplitude de cada um deles são muito variáveis. Aqui, nos limitaremos a esboçar, sem pretender fazê-lo de maneira exaustiva, os traços mais destacados do modelo que nós, autoras deste livro, elaboramos ao longo de muitos anos de pesquisa no campo dos sentimentos e da inteligência humana, e muito especialmente no da cognição, por meio de estudos psicogenéticos no campo da construção individual de noções de lógica, matemática, biologia e física, mas também pela história das ciências e da epistemologia genética. Partíamos inicialmente dos trabalhos de Jean Piaget, que descreveu de forma admirável e única o funcionamento cognitivo do ser humano e a construção de muitos conhecimentos. Tanto suas contribuições como sua metodologia nos permitiram abranger outros aspectos do psiquismo que ele não havia contemplado e que fazem referência, sobretudo, à intervenção do meio cultural e social e os aspectos emocionais do pensamento.

Uma primeira característica que esse novo sistema explicativo deve ter, nesse momento em que os atuais conhecimentos o tornam possível, é a de permitir contemplar conjuntamente os aspectos cognitivos ao mesmo tempo que as emoções e os sentimentos que intervêm na construção do pensamento e na conduta.

Anteriormente estabelecemos as diferenças entre emoções e sentimentos. Se partirmos da diferença entre ambos os termos, surgem, de maneira clara, as íntimas relações existentes entre sentimentos e pensamentos, já que são nossos pensamentos (tanto conscientes como inconscientes) sobre o que acontece – ou seja, o significado que damos a nossas ideias sobre os acontecimentos – que provocam nossas emoções. Ao mesmo tempo, a associação destes com nossos pensamentos leva a novos pensamentos, que nos conduzem a um novo conhecimento tanto de nós mesmos quanto dos acontecimentos do mundo exterior, ao qual os sentimentos dotam de significado. Podemos dizer que nosso corpo sente o que nossa mente sente, e as emoções ignoram o que essa ignora, aquilo a que não atribui significado, mas, ao mesmo tempo, nossa mente não pode ignorar o que nosso corpo sente, já que tudo o que ocorre a nosso corpo ocorre a ela também.

Vemos o que conhecemos e as coisas nas quais acreditamos. Para ver novas coisas necessitamos ampliar nosso olhar; do contrário, nunca as veremos. Por isso, necessitamos de novos paradigmas.

11. A importância do referente

Há ideias que demoram séculos para amadurecer. Aparecem como intuições geniais no princípio da história do pensamento, mas não se generalizam nem se extraem delas todas as conclusões possíveis, até que aparece o contexto científico e social que lhes permite se desenvolver. Para poder fazê-lo, deve existir a possibilidade de que sejam incluídas em sistemas de pensamento mais amplos, dentro dos quais adquirem um sentido mais geral e se veem apoiados por muitos outros pensamentos que convergem na mesma direção. Frequentemente, em seus primórdios, são filósofos – e às vezes também poetas – que as expressam de maneira tão simples que passam despercebidas.

As ideias às quais nos referimos não são, com rigor, realmente novas, porque existem alguns antecedentes em nosso sistema cognitivo nos quais já aparecem sob formas muito mais simples que usamos com frequência em nossa vida cotidiana, sem lhes dar atenção. Essas formas embrionárias de pensamento têm um futuro surpreendente caso se generalizem. É o que ocorre, por exemplo, quando escrevemos. A pessoa que escreve diferencia perfeitamente a palavra falada da escrita: sabe que está escrevendo e não falando, que aquilo que está convertendo em grafismos visíveis são sons – em nosso sistema de escritura –, e que esses sons traduzem, por sua vez, algo que não produz nenhum som nem pode ser visto: seu pensamento.[1] (Tudo isso é uma aproximação, já que nem todo pensamento pode ser traduzido exatamente em palavras.)[2] Passa, pois, do pensamento inaudível e invisível a algo visível mediante algo que podemos ouvir. O referente imediato

---

[1] Isso, que parece evidente para os adultos, não o é para as crianças quando começam a aprender a escrever. Para elas é difícil entender que um som possa ser traduzido em símbolos gráficos, como claramente demonstrou Aurora Leal em *Construcción de sistemas simbólicos: la lengua escrita como creación*.

[2] Nossos recursos linguísticos são muito mais limitados que nossas capacidades de criar pensamento, portanto muitas vezes não achamos palavras

de nosso sistema de escritura é a palavra falada, que por sua vez tem como referente o pensamento. Mas nem sempre ocorre assim quando escrevemos. De repente, introduzimos cifras em nossa escrita e, ao fazê-lo, não apenas mudamos de sistema simbólico, mas também de referente. Agora o referente já não é a palavra, mas a ideia; passamos de um sistema de escritura fonético a um ideográfico. As cifras escritas sobre o papel (por exemplo, ao escrevermos o número 27) já não representam a palavra que designa essa quantidade (como aconteceria se escrevêssemos "vinte e sete" usando a escrita alfabética), mas designa diretamente a ideia da quantidade sem passar por sua simbolização sonora. O referente não é então o som da palavra, mas a ideia do número que se escreveu.

É importante saber com clareza qual é o referente do que simbolizamos para ter acesso a uma nova forma de pensar. O exemplo anterior pode nos parecer banal, mas generalizá-lo a outros campos demorou muitos séculos mais do que custou à humanidade passar de um sistema de escritura ideográfico a um fonético.[3]

Não restam dúvidas de que o referente da palavra escrita com o sistema alfabético é a palavra falada (com todas as limitações que os signos gráficos possam ter) e o desta é o pensamento, que está sujeito a limitações similares. O que ocorre com outro tipo de sistemas gráficos? Por exemplo, ao contemplar a pintura de uma paisagem ou de um retrato, podemos ter a tentação de pensar que o referente é o objeto pintado ou desenhado que lhe serviu de modelo. Mas, se for assim, por que dois artistas diferentes

---

para expressar o que pensamos ou sentimos. Às vezes, para expressar novas ideias, necessitamos criar novos termos.

3 De fato, a passagem de um a outro requereu muitos passos intermediários (escrituras ideográficas, hieroglíficas, silábicas, diversas combinações entre ambas etc.), o que dá ideia da complexidade de algo que nos parece hoje em dia muito simples. De fato, atualmente existem diversas culturas que utilizam sistemas de escritura não fonéticos, alguns tão desenvolvidos como o chinês.

pintam um mesmo objeto de maneira diversa? Está claro que não estão pintando a realidade, mas sua ideia de realidade, tal como "a veem" com a mente. O referente não é, pois, o objeto que têm diante de si, mas a ideia que constroem sobre tal objeto. Pintam o que está em sua mente, não o que está na realidade. Em certa ocasião, Picasso pintou um retrato de Gertrude Stein, mas os amigos dela consideraram que não se parecia nada com a modelo, e por isso foram se queixar com Picasso. O pintor os olhou muito seriamente e respondeu: "Esperem um pouco, já, já se parecerá".

Algo muito similar ocorre aos cientistas quando constroem uma teoria. O referente de uma teoria científica não são os fenômenos do mundo real dos quais trata, mas sua própria ideia sobre tais fenômenos ou, dito de outra forma, sobre os elementos que o cientista pode observar ou inferir, e que estão envolvidos nos fenômenos.

É fundamental a importância de ter bem claro qual é o referente para não confundir a realidade com o que cada um pensa. Mas qual é o referente do que cada um pensa? Poder-se-ia responder: "o mundo exterior" ou "os objetos e acontecimentos que percebo". Mais à frente proporemos respostas bem mais complexas que tentam descrever processos construtivos que concordam e explicam melhor alguns dos enigmas da mente humana e nos levam aos modelos organizadores.

Dada a importância do referente situado em nossa mente, em nosso mundo interior, é necessário saber como se elabora o primeiro passo dessa cadeia de referentes, esse primeiro passo que cria pontes entre nossa mente e o mundo exterior por meio de todo o nosso corpo (e não só pelo cérebro). Interessa-nos saber como se realiza essa passagem do ponto de vista psicológico, ou seja, como o ser humano se comporta na construção do que chamamos "realidades", quais são os procedimentos utilizados e como estes dependem também de sua morfologia, de sua constituição anatômica e de seu sistema nervoso, mas também de sua história, sua cultura, sua forma de vida, do meio que o circunda, tanto físico como social, e também da forma de assimilação do mundo exterior para torná-lo digerível por seus sistemas de construção da realidade (neurológicos, biológicos, sociais, individuais, emocionais etc.). Piaget dizia que, quando uma cabra come uma couve, não é a cabra que se transforma em couve. O mesmo acontece com as características assimiláveis do mundo exterior: nós as processamos para convertê-las em parte de nossos sistemas cognitivos, "digeríveis" por eles, de tal maneira que possam fazer parte de nosso psiquismo e que se adaptem à sua forma de ser e à sua natureza. Experimentam, pois, uma profunda transformação.[4]

Para compreender melhor esse processo de apropriação do mundo exterior (que faz a couve se transformar em cabra), necessitamos nos referir antes a uma visão emergente do mundo e do que chamamos "realidade", cujo desenvolvimento se iniciou ao longo do século passado, e que está se ampliando e generalizando rapidamente no presente século. Concerne a todos os âmbitos do saber, tanto científico como filosófico, a qualquer forma de pensamento e a qualquer sistema teórico, inclusive o que dá origem à mencionada visão emergente. Trata-se do que alguns chamaram "novos paradigmas" e, embora essa expressão seja questionável, acreditamos que seu uso tem mais vantagens que inconvenientes, com a condição de que tentemos explicar o que entendemos por ela.

Pelas ideias subjacentes aos "novos paradigmas", surge uma concepção epistemológica que nos obriga a tomar consciência de

---

4 Maturana e Varela expressam a mesma ideia de Piaget, referindo-se à atividade celular: "Se uma célula interage com uma molécula X incorporando-a a seus processos, o que ocorre como consequência de tal interação não é determinado pelas propriedades da molécula X, mas pela maneira como tal molécula é 'vista' ou tomada pela célula a incorporá-la à sua dinâmica autopoiética. As mudanças que ocorrem nela como consequência dessa interação serão aquelas determinadas por sua própria estrutura como unidade celular" (Maturana; Varela, *El árbol del conocimiento*).

como os instrumentos cognitivos de que dispomos influenciam na interpretação dos fenômenos observáveis.[5] De acordo com essa perspectiva, questiona-se a capacidade do ser humano para adquirir um conhecimento objetivo da realidade, dado que sua maneira de ver o mundo acusa as limitações que lhe impõem seus sentidos, seu cérebro, seu sistema nervoso e, em geral, sua constituição anatômica, mas também suas convicções coletivas socialmente construídas e sua história pessoal.

No momento em que existem outras formas alternativas de conceber as coisas, aparece a crise daqueles velhos paradigmas que aspiravam desesperadamente à verdade e à certeza, duas manifestações de absolutismo mental que ainda perduram. Como consequência, cada vez se generaliza mais a ideia, entre os que cultivam as diferentes disciplinas do saber, de que aquilo que chamamos "realidade" não é mais que uma maneira, entre muitas outras possíveis, de ver o mundo. Uma maneira que tem muito a ver com o paradigma pelo qual o contemplamos, que está, por sua vez, fortemente influenciado pelos interesses individuais ou coletivos de seus autores (e em última instância por nossa condição psicofísica e biológica que nos leva a uma maneira particular de agir, pensar e nos comportar).[6] É o que leva Kuhn[7] a afirmar que

---

5 Para aprofundar essas ideias, ver as obras citadas nas "Referências bibliográficas", especialmente as de Maturana e Varela, Prigogine, Fox Keller, Von Glasersfeld, Morin, Capra, Kuhn, Damasio, Fried Schnitman e M. Johnson, entre outras.

6 O fato de dizermos que algo está em posição horizontal, por exemplo, e que acreditemos que realmente está assim, é consequência de nosso bipedismo, que nos mantém em posição vertical, por contraposição ao qual vemos um objeto como "horizontal" (paralelo ao horizonte percebido). É difícil imaginar outros seres vivos diferentes de nós, por exemplo, peixes ou pássaros, que possam se deslocar em outras dimensões, com uma concepção similar à horizontal. Além disso, existem as ineludíveis convenções sociais que nos fazem considerar o horizonte como horizontal, mesmo tendo conhecimento de que não é. Toda a geometria euclidiana que aprendemos na escola é baseada em concepções desse tipo.

7 Kuhn, 1962.

falta algo como um paradigma para a própria percepção, Edgar Morin[8] a dizer que só vemos aquilo que o paradigma nos permite ver e Von Glasersfeld[9] a assegurar o fato de que uma situação pareça ordenada ou desordenada depende do paradigma.[10]

Tudo o que se disse anteriormente com relação aos paradigmas pode ser aplicado também aos sistemas de crenças que funcionam como paradigmas, individuais ou coletivos. Com efeito, nosso sistema de crenças restringe nossa percepção da realidade: só consideramos real aquilo em que acreditamos, e só cremos possível o que somos capazes de imaginar. Por sorte, no entanto, os limites de nossa imaginação podem ser ampliados e dar lugar a novas "realidades" emergentes.

O sistema de crenças que as fronteiras de nossa percepção estabelecem, na imensa maioria das vezes, não é construído individualmente a partir de nossa observação do mundo, mas nos foi transmitido por diversas vias – algumas tão sutis que passam despercebidas – que nos fazem ver o mundo de maneira que concorde com o sistema de pensamento dominante em cada época. Mas não nos damos conta disso porque, como diz Morin, "o pensamento que obedece a um paradigma é cego ao paradigma". Nesses casos, também podemos falar de cegueira paradigmática. O pensamento cotidiano comete erros muito similares àqueles em que incorrem os cientistas.

Participar de um sistema de pensamento significa compartilhar seus significados, e isso começa quando chegamos ao mundo. Consideremos o caso da linguagem, por exemplo: não

---

8 Morin, 1990.
9 Von Glasersfeld, 1994.
10 São muitos os pensadores e cientistas de diferentes disciplinas que desenvolveram essas ideias em diversos campos e com enfoques variados, nem sempre coincidentes. Entre eles se encontram A. Einstein, T. S. Kuhn, I. Prigogine, P. Westheim, H. Maturana, J. Varela, F. Capra, A. R. Damasio, D. F. Schnitman, E. Fox Keller, H. von Foerster, E. Morin, E. von Glasersfeld, W. B. Pearce, L. Margulis e D. Sagan, entre muitos outros.

se compreende até que não se participe de seu significado, e entendê-lo equivale a dotar de um determinado significado as coisas que designa, ignorando outros possíveis. Aprendemos a nomear as coisas ao mesmo tempo que aprendemos como se deve olhá-las, ou seja, como devemos acreditar que são.

É claro que o paradigma também guia nossa maneira de agir. Não nos comportamos de acordo com a maneira como são as coisas, mas conforme acreditamos que são. Nossas crenças, e não os acontecimentos do mundo exterior, são os referentes que servem de base para nossas ações, já que os acontecimentos são sempre interpretados pelas crenças. Basta que estejamos convencidos de algo para que passe a fazer parte de nossa realidade particular e determine nosso comportamento. No entanto, poucas vezes somos conscientes disso. Ter consciência dessas coisas é uma forma de começar a se livrar dessa cegueira paradigmática.

Essa maneira de contemplar o conhecimento desemboca necessariamente em uma visão construtivista do mesmo, posto que nos damos conta de que, se nossas representações e nossos pensamentos não são uma cópia da realidade, como pretendiam as velhas visões empiristas, nem os modelos que nossa mente constrói são paradigmas de realidade, como acreditavam alguns cognitivistas herdeiros daquelas doutrinas, por força se deve admitir que nosso conhecimento não guarda uma relação de identidade com os fenômenos observáveis, mas constitui uma interpretação dos mesmos, e essa interpretação estará fortemente relacionada com nossas estruturas mentais. Consistirá, pois, em uma construção mental que tem como base alguns dos elementos que podemos observar nos acontecimentos que ocorrem ao nosso redor. A postura construtivista deriva naturalmente dessa maneira de ver as coisas, característica dos novos paradigmas. Isso não quer dizer que o construtivismo nasceu a partir deles, mas tão somente que coincidem perfeitamente nos pontos de vista.

Se as características do sujeito influenciam poderosamente em seu pensamento, isso quer dizer que ele não se limita a "copiar" ou "registrar" a realidade como se se tratasse de uma câmera fotográfica ou de um vídeo, mas que constrói realidades a partir dos fatos observáveis e da interpretação que faz deles.

Sob a ótica construtivista, o ser humano é um construtor de realidade, portanto deixa de ser algo inamovível e a mudança se torna explicável. Antes de Galileu, o movimento era algo acidental, que precisava de uma causa (uma força que o tornasse possível), enquanto o estado de repouso era considerado natural, já que todos os corpos tendiam a ele. Não necessitava, portanto, de explicação alguma. Galileu mudou essa realidade ao considerar o movimento tão natural como o repouso. Hoje em dia entendemos que o movimento é o natural e o repouso nos parece inexistente, já que toda matéria está em movimento, se pensada tanto em nível cósmico como em nível atômico ou subatômico.

A negação da possibilidade de mudança constitui o caso extremo do conservadorismo em todos os níveis. É o desejo de manter as coisas tal como estão com o convencimento de que só podem piorar. O construtivismo apresenta uma visão mais otimista, já que, se o ser humano construir a realidade, muitas dessas construções podem se modificar, e fenômenos como as guerras, a miséria e a fome no mundo, por exemplo, deixam de ser coisas inevitáveis.

Os trabalhos de epistemologia genética de Piaget e Inhelder puseram em evidência, há muitos anos, que "a realidade", as diferentes realidades que os indivíduos humanos constroem ao longo da psicogênese, são produto de determinados sistemas de pensamento que evoluem e se transformam ao longo da vida.

O construtivismo considera a realidade como resultado da atividade criativa do sujeito. Se esta última muda, necessariamente deverá transformar a primeira. É preciso deixar claro que essa visão do construtivismo não nos conduz a um relativismo no qual "vale tudo", mas que, como diz Von Glasersfeld:[11]

---

11 In: Watzlawick; Krieg (Orgs.), *El ojo del observador*.

No entanto, dentro dessa perspectiva o saber não perde de nenhuma maneira sua importância fundamental. Seu significado e valor são agora outros. O que importa não é a coincidência com uma realidade impossível de aprofundar, mas o serviço que o saber nos presta. [...] O saber conceitual consiste em modelos que nos permitem nos orientar no mundo da experiência, prever situações e às vezes determinar inclusive as experiências.

A validez de uma teoria não a determina em seu grau de "verdade", mas em seu nível de adequação à experiência e sua utilidade, já que a verdade, como diz Von Foerster, é "a invenção de um mentiroso". Entendida como um instrumento intelectual útil para avançar no conhecimento, uma teoria não é um sistema de verdades, mas uma série de pressupostos – não "descobertos", mas construídos por nossa mente – dos quais partimos para compreender os fenômenos que se tenta explicar, e que sempre estarão sujeitos a modificações.

Dado que uma teoria é uma construção, esta participará da maneira de ser do pensamento de quem a inventou; portanto, as características deste (sexo, classe social, ideologia, conhecimentos prévios etc.)[12] influenciarão em tal teoria, de maneira fundamental. É importante levar esse fato em consideração no momento de avaliá-la.

Tanto o pensamento que – de maneira pouco rigorosa – poderíamos chamar "cotidiano" como o pensamento científico constroem modelos a partir da experiência de maneira que se ajustem a ela. Porém, esses modelos não são idênticos a tudo que é possível observar por meio da experiência, mas configuram-se como construções mentais esquemáticas que fazemos a partir do observado e experimentado. Deve-se insistir no fato de que

---

12 A enorme influência dessas características foi claramente descrita por autoras como Evelin Fox Keller (1991) e Sandra Harding (1991), entre outras. Ver também como isso influi na educação em: Moreno Marimón (1992).

o referente de um modelo não é a realidade exterior, mas as representações que o autor do modelo tem dela. A seguir, descreveremos as características desse processo, ao estudo do qual dedicamos muitos anos de pesquisa, observando e experimentando os caminhos que os indivíduos seguem para construir seu conhecimento dos acontecimentos, objetos, fenômenos, isto é, de tudo o que acontece ao seu redor. São processos funcionais que estão presentes tanto no pensamento individual como no coletivo. O conhecimento dos processos mentais que realizamos na construção do que chamamos "realidade" nos ajuda a compreender por que pensamos de uma determinada maneira e abre novas possibilidades de mudança naqueles campos em que desejamos fazê-lo. Isso é particularmente importante para o tema central deste livro, já que a concepção do amor que cada pessoa tem é também o produto de uma construção na qual intervêm tanto elementos individuais como sociais, e os conflitos que se derivam disso terão a forma e a ressonância interna do sistema de interpretação de cada pessoa. Os instrumentos que vamos expor são essenciais para nos permitir uma análise do amor e de seus conflitos.

12. Representações que podem salvar vidas

No dia 24 de março de 1999, aconteceu nos Alpes um trágico acidente. Uma grande quantidade de veículos circulava pelo túnel do Mont Blanc que levava, alguns deles, às pistas de esqui. De repente, aconteceu um incêndio em um dos caminhões que atravessava o túnel e uma imensa onda de fumaça tomou conta dele. A circulação entrou em colapso. Vários passageiros, com o propósito de escapar a pé, saíram apressadamente de seus veículos e, aterrorizados, se perguntaram o que fazer, como sair daquele inferno. Ao longe, na direção da parte superior do túnel, se vislumbrava uma luz que, na escuridão em que estavam envolvidos, indicava a saída superior. A grande maioria das pessoas que iam a pé se dirigiu precipitadamente ao que considerava sua única possibilidade de salvação. No entanto, um dos passageiros gritou que não se dirigissem para lá, mas para a saída inferior, que estava bem mais distante. Mas apenas algumas pessoas o seguiram e todas essas se salvaram. As que optaram pela saída superior morreram asfixiadas pela fumaça.

Todos os jornais europeus noticiaram a tragédia, e o homem que, junto com aqueles que o seguiram, havia conseguido se salvar foi entrevistado pela imprensa. Ao ser perguntado como pôde sair imune do acidente fatal, ele explicou que, de repente, lembrou-se de que, nas chaminés, a fumaça se dirigia sempre para cima e que aquele túnel ascendente era como uma chaminé; portanto, a fumaça se dirigiria para a parte superior e o ar se tornaria ali irrespirável; era necessário, portanto, se dirigir para a saída inferior, que, embora estivesse mais afastada do lugar em que se achavam, estaria livre de fumaça. E assim aconteceu.

O raciocínio que lhe permitiu salvar a vida era, aparentemente, muito simples. Não muito mais complicado do que aquele que guiou os que pereceram. Contudo analisemos de perto o processo mental que guiou as condutas de uns e outros. Os que decidiram subir até a saída superior levaram em consideração alguns elementos que lhes pareceram, sem dúvida, fundamentais: a luz que percebiam na parte superior e que significava a saída, a distância mais curta que os separava dela e que seria possível percorrer a pé, e o desejo evidente de alcançar o quanto antes a saída, que representava sua salvação. Relacionaram esses dados rapidamente, de maneira quase inconsciente, e optaram por se dirigir à saída superior.

O homem que guiou os sobreviventes teve uma representação diferente da situação. Ao pensar no que acontecia com as chaminés, levou fundamentalmente em consideração a direção seguida pela fumaça, que tinha a propriedade de provocar a morte por asfixia; a saída inferior, embora mais distante, estaria livre de fumaça. Portanto, dirigir-se para baixo implicava a salvação.

Podemos nos perguntar se os que pereceram nunca tinham visto uma chaminé. Parece inverossímil, tratando-se de pessoas habituadas às temperaturas alpinas. Sem dúvida sabiam, como todos, que a fumaça se dirige naturalmente para cima; no entanto, não deram importância a esse dado quanto à situação na qual se encontravam e, portanto, não o levaram em consideração. Os dados aos que deram maior importância foram os assinalados anteriormente.

Uma mesma situação pode ser interpretada de maneiras muito diferentes, de acordo com a representação mental que se faça dela. Mas a construção mental que dá lugar à representação que cada um faz da situação depende de diversos fatores. Por um lado, os conhecimentos que se tenha e o fato de que se relacionem ou não com a situação concreta, mas também os elementos, presentes na situação, considerados básicos e fundamentais (que não são todos os possíveis) e a importância ou o valor que se dá a cada um deles. Na avaliação dos elementos, adquire preponderância o estado emocional em que se encontra cada sujeito. A cada um dos elementos considerados é atribuído espontaneamente um significado – ou talvez fosse melhor dizer que são considerados importantes em função do significado que lhes é atribuído, já que um elemento ou informação existe apenas se lhe for dado algum significado.[13] Todos os elementos retidos estão relacionados entre si, de tal maneira que se apoiam uns aos outros, resultando coerentes ao sujeito. No caso dos desafortunados passageiros que optaram por subir em busca da saída mais próxima, seu estado emocional os levou a dar prioridade ao fato de alcançar a saída o mais rápido possível, e os elementos que consideraram fundamentais foram os que lhes conduziam a essa finalidade. Os demais elementos – como a direção da fumaça e a possibilidade de alcançar uma saída mais distante,

---

13 Se não concedemos significado a elementos que, no entanto, podemos perceber, tais elementos nos passam despercebidos.

porém livre de fumaça – careciam de significado para eles porque os afastavam do desejo imperante naquele momento. A ideia que os levou à saída superior foi determinada pelo fato de dar prioridade a dados não convenientes naquelas circunstâncias, pelo significado que atribuíram a esses dados, pela forma como os relacionaram e pelas consequências que tiraram disso. A luz significava "saída", a distância que os separava dela, "possível de alcançar rapidamente", e o desejo de alcançar o quanto antes a saída, "necessidade de chegar à saída mais próxima". Relacionar todos esses dados implicava optar por se dirigir para cima.

Os dados que o homem que se tornou guia levou em consideração até a saída inferior foram diferentes. Ele pensou na fumaça, o significado que lhe atribuiu foi "produz morte por asfixia"; a direção que a fumaça seguiu, que nessa situação significava "sobe para a saída superior", e a saída inferior, cujo sentido era "livre de fumaça". A relação entre todos esses dados implicava a necessidade de optar pela saída inferior. Esse raciocínio se produziu de maneira muito rápida e ele não se deteve para considerar todas as possibilidades, como prova o fato evidente da via adotada pelos passageiros que pereceram, sem levar em conta a direção da fumaça, mas também as declarações do sobrevivente, que explicou sua decisão se baseando na súbita representação de uma chaminé e a analogia que a situação vivida apresentava com aquela. É evidente que os aspectos emocionais tiveram um papel muito importante nas diferentes maneiras de enfocar o problema.

Apesar de os modelos construídos por ambos os grupos terem sido diferentes, a indiscutível característica que tinham em comum era a de que em ambos os casos se guiaram por sua representação do fenômeno que tinham diante de si (independentemente de que acertassem ou não na ação mais conveniente) e não pela "realidade" do fenômeno. O que confere uma importância muito particular aos modelos e à possibilidade de conhecê-los no âmbito da Psicologia é o fato de que as ações das pessoas se apoiam neles e não na "realidade". O referente que guia a organização da conduta é, portanto, o modelo que o indivíduo constrói em relação a uma situação particular. Daí a importância de saber como funcionam e como se constroem esses modelos.

13. Dicotomias enganosas

> O ser humano não conhece nenhum sol e nenhuma terra, mas sempre apenas um olho que vê o sol, uma mão que toca a terra.
>
> Arthur Schopenhauer

O ser humano gosta das dicotomias. É uma forma extremamente fácil de classificar aquilo que o rodeia, a forma mais simples de ordenar nosso universo próximo. Bom e mau, branco e negro, grande e pequeno... tendem a organizar a realidade sob a lei do mínimo esforço. A atração que as dicotomias exercem sobre o espírito humano faz que tenhamos uma enorme tendência a sucumbir à sua simplicidade. Poucas pessoas escapam de seu encanto, e o pensamento científico não se caracterizou historicamente por resistir ao seu atrativo, apesar de conhecer formas melhores de ordenar o mundo. Quanto mais complexo é o tema de que se trata, paradoxalmente, mais se recorre às dicotomias e mais nos esforçamos em simplificá-lo. Um claro exemplo disso é a divisão do psiquismo humano em inteligência e afetividade que, como ocorre com qualquer classificação dicotômica, aparecem automaticamente como disjuntivas. O fato de que olhar para dentro seja muito mais complicado que olhar para fora (dado que não dispomos de nada parecido com olhos no interior de nosso corpo) torna possível que uma disjunção, que é muito mais antiga que Aristóteles, tenha perdurado até o presente. Hoje em dia são muitas as pessoas que se esforçam em mostrar como essa hipótese é prejudicial e como foi uma barreira para o desenvolvimento de uma psicologia "realista" que forçosamente é uma psicologia da complexidade. A Psicologia foi se desenvolvendo, desde seu nascimento, de acordo com a ideia inercial que dividia o psiquismo humano em cognição e afetividade, considerados não apenas como aspectos diferentes, mas claramente opostos. Esse preconceito dual contribuiu, sem dúvida, para impedir certos avanços na Psicologia, ao dificultar o tratamento conjunto dos aspectos emocionais e cognitivos.

É claro que o instrumento de que dispomos – seja um microscópio, seja uma teoria – influi poderosamente no que vemos, e até o momento ainda imperam instrumentos de análise teóricos e de pesquisa que não nos permitem ver mais além de dicotomias nesse campo. É necessário e urgente formular um sistema explicativo, ou pelo menos descritivo, que nos permita ver os fenômenos considerados "cognitivos" e aqueles que denominamos "afetivos" como parte de um mesmo sistema e regidos por leis semelhantes ou, caso se prefira, que tenham um funcionamento similar e não oposto. Kuhn dizia que só podemos ver aquilo que o paradigma nos permite ver; necessitamos, pois, de novos paradigmas para observar aquilo que esteve oculto por nossa cegueira paradigmática. Até pouco tempo, considerava-se as emoções como opostas à razão, seguindo uma tradição histórica que definiu observações que nos impediram de ver coisas que hoje enxergamos. Graças a trabalhos como os de Damasio e à sua facilidade para comunicar suas ideias e descobertas de maneira compreensível para um público não especializado em neurologia, a dicotomia inteligência-afetividade é considerada inadequada hoje em dia. Com nosso trabalho nos propomos a mostrar como, partindo da Psicologia, podemos elaborar uma teoria que permita mostrar que ambos os campos de fenômenos têm aspectos funcionais comuns e complementares que apenas preconceitos seculares nos impediram de ver. Para compreendê-lo, devemos responder a duas perguntas das quais se derivarão muitas outras.

Uma delas é: como construímos nosso conhecimento sobre aquelas circunstâncias e situações cujo ponto de partida e centro de interesse são nossos afetos e emoções? É evidente que o conhecimento que temos de algo que nos resulte doloroso é o que provocará o aparecimento dos sentimentos correspondentes, enquanto sua ignorância não os fará aparecer. O conhecimento de uma situação é condição necessária para que ela nos emocione.

A outra é: como construímos nosso conhecimento daqueles fenômenos, circunstâncias e situações que não dizem respeito diretamente aos nossos sentimentos e emoções, por exemplo, o comportamento físico dos corpos em movimento, o fenômeno da flutuação ou a floração das plantas?

A resposta a essas perguntas nos permitirá estabelecer comparações entre os processos que levam à conscientização das emoções – o que denominamos "sentimentos" – e à conscientização do que ocorre no mundo exterior – o que chamamos "cognição".

14. O que não sabemos que vemos

> Não importa quantas conexões levemos em consideração para descrever um fenômeno, sempre seremos obrigados a excluir outras.
>
> Fritjof Capra

É antiga a ideia de que a mente humana constrói modelos do mundo que a rodeia,[14] mas na década de 1980 foi retomada por muitos cognitivistas que a desenvolveram sem chegar a concepções unitárias. Alguns, como Johnson-Laird (1981, 1983, 1993), chegaram à conclusão de que existe um isomorfismo entre o modelo mental e aquilo que tal modelo representa, até o ponto

---

14 Wittgenstein (1922) já falou deles, e aparecem também na obra de Kenneth Craik (1943), que os considerava como uma atividade interna do cérebro, que tinham um paralelismo com a realidade.

de que cada entidade exterior é representada por um elemento correspondente no modelo mental e o mesmo ocorre com as propriedades das entidades representadas e com as relações entre seus elementos. Portanto, um modelo seria algo muito parecido com uma representação termo a termo dos objetos, situações ou acontecimentos do mundo exterior.[15]

Apesar de Johnson-Laird ter feito contribuições interessantes, nossa ideia dos modelos que a mente constrói difere radicalmente dessas concepções empiristas. Em primeiro lugar, do ponto de vista construtivista em que nos situamos, surge claramente a constatação de que as ideias que elaboramos para entender o mundo não nos proporcionam uma visão exata de como ele é, mas apenas uma aproximação grosseira. Prova disso é que um simples acontecimento, presenciado por diferentes pessoas, pode dar lugar a interpretações muito diferentes. Todo mundo tem alguma experiência nesse sentido, embora obviamente não desperte a atenção da maioria. Quem já não viveu a experiência de comentar com um grupo de amigos um filme, uma peça de teatro ou um romance que todo mundo viu ou leu e descobrir, com surpresa, que há coisas que não percebeu ou que não lhe parecem fundamentais para a compreensão da obra e, no entanto, para outra pessoa constituíram elementos essenciais que a levaram a interpretações de conteúdos que haviam nos escapado ou com cuja interpretação não concordamos? É como se houvesse muitos filmes dentro de um filme ou muitas obras dentro de uma obra e cada pessoa fez sua versão particular. Isso ocorre também com o que chamamos "realidade". Com frequência, constatamos que, embora falemos sobre os mesmos fatos, eles não são iguais para todo mundo, embora nos sejam reconhecíveis porque

---

15 Essa concepção dos modelos mentais de Johnson-Laird lembra muito as velhas concepções empiristas segundo as quais a imagem mental era uma cópia da realidade. Embora hoje em dia quase ninguém defenda esses pressupostos empiristas, restam ainda muitas reminiscências deles.

conservam elementos em comum. Vemos isso claramente, por exemplo, quando se produzem conflitos interpessoais ou grupais, em que os elementos que cada uma das partes traz, junto às suas interpretações, distam bastante de ser coincidentes.

Esses exemplos da vida cotidiana, que denotam o funcionamento mental humano, não estão afastados do que se produz na elaboração de teorias ou paradigmas científicos, cuja estrutura constitutiva tem também a forma e as limitações do pensamento da espécie humana, naqueles aspectos funcionais que todos seus componentes têm em comum. Isso nos leva a analisar esse funcionamento e as características derivadas.

Como vimos, uma das características fundamentais da vida é sua organização, ou seja, a capacidade de juntar elementos dispersos para formar um todo coerente, no qual cada uma das partes que o compõem tem uma função que está apoiada e é complementar às demais. Isso ocorre tanto no caso da célula como no dos organismos mais complexos – por exemplo, o humano –, em que cada um de seus componentes se apoia mutuamente para uma finalidade comum: a construção e a conservação da vida. A inteligência inerente à vida – da qual a organização constitui uma parte fundamental – ensaia continuamente formas novas e criativas de adaptação, muitas das quais são reprodução de tentativas bem-sucedidas do passado, reiteradas a outros níveis de complexidade.

A inteligência humana segue pautas similares. As aquisições infantis ocorridas nos dois ou três primeiros anos de vida (por exemplo, a coordenação entre a preensão e a visão que permite às criaturas pequenas alcançar com suas mãos as coisas que veem, a coordenação dos diferentes pontos de vista de um objeto que lhes permite reconhecê-los como o próprio objeto, independentemente do ângulo do qual o veem, o grupo prático de deslocamentos, os esquemas de ação, as primeiras representações, que marcam o acesso à função simbólica que lhes permitirá a aprendizagem e o uso da língua, entre outras muitas coisas) são reconstruídas mais tarde, no período operatório concreto (a partir dos 6-7 anos), em nível representacional, de tal maneira que permitem imaginar as ações que antes eram realizadas (mas não imaginadas) e suas consequências, sem necessidade de fazê-las efetivamente, e, ao mesmo tempo, permitem efetuar mentalmente a ação inversa e se dar conta de que esta segunda anula a primeira, retornando ao ponto inicial. Todo esse conjunto de representações – que Piaget descreve como estruturas de grupo – supõe levar a um plano superior, o da representação, no período operatório concreto – entre os 6 e os 12 anos, aproximadamente –, construções que já haviam se realizado no plano da práxis, alguns anos antes.[16] Porém, mais

---

16 A criança pequena, no período sensório-motor (entre 0 e 2 anos), desenvolve habilidades que lhe permitem, por exemplo, se deslocar engatinhando para chegar a um determinado lugar e refazer o trajeto para voltar ao lugar de origem, ou chegar a um mesmo ponto percorrendo trajetos diferentes. Essa habilidade implica a construção do que Piaget denomina "grupo prático de deslocamentos". Mais tarde, no período operatório concreto, será capaz de utilizar um raciocínio isomórfico a essa primitiva construção, mas dessa vez em nível interiorizado, no plano da representação, que lhe permitirá utilizar a reversibilidade que caracteriza as operações mentais. Mostremos como exemplo uma clássica experiência de Piaget: se forem apresentados às crianças de 5-6 anos dois copos de forma e tamanho iguais, cheios igualmente de líquido, assegurarão que há a mesma quantidade em ambos. Se transportarmos o líquido de um dos dois recipientes a outro muito mais alto e estreito, assegurarão que a quantidade de líquido mudou porque o nível que os dois líquidos atingem é diferente, apesar de terem visto como não havia sido acrescentado nem tirado nenhum líquido durante o procedimento. No entanto, aos 7-8 anos, diante da mesma experiência, afirmam que a quantidade de líquido não variou e os argumentos que dão para apoiar sua resposta são que podemos voltar a pôr o líquido no recipiente inicial e estaremos como no princípio (reversibilidade), que não acrescentamos nem tiramos líquido (identidade), que um recipiente é mais alto, porém mais estreito que o outro, ou que, o que um tem de mais alto, o outro tem de mais largo (o que supõe imaginar associações diferentes de partes de líquido que anulam as diferenças percebidas). Se compararmos esses raciocínios, característicos (junto com a composição) de uma estrutura operatória de grupo, com o grupo prático de deslocamentos desenvolvido no período sensório-motor, veremos que têm características isomórficas e que a estrutura de grupo é uma reconstrução do grupo prático de deslocamento a um

tarde, essas construções servirão de base para novas reconstruções em um plano ainda mais abstrato, o do pensamento formal, e ainda mais além dele. Os processos de generalização reconstrutiva contribuem com importantes inovações e aumentam a complexidade do pensamento humano, o que permite a percepção de fenômenos complexos que antes eram impossíveis de ser detectados, devido precisamente à falta de paradigmas – ou instrumentos mentais – que possibilitassem percebê-los.

A reiteração generalizadora é uma das estratégias que permite a construção de novidades e a organização é uma característica constante em qualquer construção intelectual. Chamamos modelos organizadores ao sistema dinâmico e organizado que configuramos a partir dos elementos selecionados das situações, circunstâncias, acontecimentos ou fenômenos que observamos ou imaginamos, dos significados que atribuímos a cada um e das implicações ou consequências que extraímos de tudo isso.

Consideramos que toda pessoa constrói *modelos organizadores* dos fenômenos, situações ou acontecimentos que ocorrem em seu mundo, de acordo com sua particular maneira de contemplá-lo, e essas construções mentais que realiza é o que torna esses fenômenos compreensíveis. Os componentes desses modelos estão muito longe de se corresponder termo a termo com os fenômenos externos, nem sequer com tudo aquilo que o sujeito conhece da situação em questão, ou com o que é possível observar. Pelo contrário, cada pessoa realiza uma seleção do conhecido

---

nível de maior complexidade que implica a construção de operações mentais e abarca uma gama muito mais extensa de fenômenos (por exemplo, as operações de adição e subtração). Com a evolução cognitiva mais avançada, vemos como essas primeiras construções operatórias do pensamento se generalizam e amplificam para dar lugar ao pensamento operatório formal de complexidade ainda maior.

Para mais informações, ver Piaget; Szeminska, *La génesis del número en el niño*; Piaget; Inhelder, *La génesis de las estructuras lógicas elementales, El desarrollo de las cantidades en el niño, De la lógica del niño a la lógica del adolescente*; e Piaget, *Ensayo de lógica operatoria*.

e observado, em relação ao acontecimento concreto, segundo uma série de características constantes no funcionamento psíquico (cognitivo e emocional) do ser humano. Os modelos que constrói tomam os fatos observáveis como ponto de partida, mas não se limitam a eles nem levam todos em consideração; opera-se uma interessante seleção que nos informa, ao mesmo tempo, como é o observado e como é o observador (suas possibilidades operatórias ou de organização, seus recursos cognitivos, seus conhecimentos, seu estado emocional etc.). Isso o leva à construção de um sistema organizado de representações que podemos chegar a conhecer a partir dos *dados que seleciona* de um determinado fenômeno, do *significado* que atribui a tais dados, de como os relaciona ou *organiza* e das *implicações* ou consequências que faz derivar de tudo isso. *Dados, significado, implicações e organização* são, portanto, os elementos fundamentais detectáveis em todo modelo organizador.

15. Características dos modelos organizadores

> É preciso se dar conta de que o olho humano omite e acrescenta. Não trabalha como a câmera fotográfica: por trás dele se acha um cérebro que escolhe.
>
> Paul Westheim

No exemplo da catástrofe do Mont Blanc, podemos observar duas apreciações diferentes, com consequências também distintas, de uma mesma situação. Analisando cada uma dessas apreciações, vimos aparecer um conjunto de representações construídas a partir da organização ou do relacionamento de diferentes *elementos* observáveis (a fumaça, a luz indicadora da saída etc.) aos quais seus autores haviam dado um significado particular (produz asfixia, saída mais rápida etc.), cujas relações ou *organização* os levaram a *implicações* muito distintas (optar pela saída superior ou pela inferior). Cada elemento foi selecionado porque pareceram os mais pertinentes aos atribulados passageiros. No entanto, não eram os únicos dados que podiam ser observados na situação; havia outros, como a hora que seus relógios marcavam, a temperatura exterior, a altura do túnel, os objetos que abandonaram nos veículos, e muitas outras coisas similares que não eram importantes naquele momento, não levados em consideração. Apenas tiveram em conta aquilo que acreditavam ser de vital importância, e deixaram de atribuir qualquer significado aos demais elementos que não entendiam ser fundamentais para sua salvação. Essa desconsideração dos dados que não parecem pertinentes e que, portanto, não nos interessa levar em consideração, parece obviamente adequada em uma situação de emergência, mas em todos os casos é pertinente não levar em conta *qualquer dado* ao qual não atribuímos significado? Por exemplo, no caso dos passageiros que optaram pela saída superior, não levar em consideração a direção da fumaça e seu efeito tóxico lhes resultou fatal.

Parece evidente que, em uma situação concreta, banal ou dramática, os seres humanos não podem levar em consideração todos os elementos presentes nem pensar em tudo que sabem a respeito, ou seja, tudo que é conhecido e tudo que é possível inferir do conhecido. Fazer isso seria totalmente inviável, por ser antieconômico. Temos de nos concentrar necessariamente, portanto, em alguns elementos que consideramos fundamentais e não levar em consideração todos os demais. Com os elementos selecionados, que espontaneamente relacionamos entre si para dar coerência, construímos nossa representação mental em forma de modelo organizador da situação e trabalhamos em consequência disso. Essa forma de proceder tem suas vantagens e seus inconvenientes. Quando nos deparamos com os elementos pertinentes para conseguir nosso objetivo, lhes atribuímos o significado adequado e, ao relacioná-los, extraímos as consequências convenientes, tudo funciona muito bem. Mas como ter a certeza de que não nos equivocamos? Como saber se nossa escolha foi a mais conveniente?

Imaginemos uma situação que ocorre com muita frequência nos conflitos interpessoais: duas pessoas percebem uma mesma situação, que diz respeito a ambas, de maneira não coincidente. Diremos que construíram dois modelos organizadores diferentes de uma mesma situação. Pode ser que tenham selecionado dados distintos como significativos ou que, embora coincidindo em todos ou em algum deles, lhes tenham dado diferentes interpretações (*significado*), os tenham relacionado (*organizado*) de distinta maneira e tenham chegado a conclusões (*implicações*) opostas, de tal maneira que chegam a um embate. Se cada uma das pessoas implicadas se limita a manter, de maneira inflamada, seus pontos de vista, sem considerar nenhum outro dado ou interpretação possível dos mesmos, o conflito será difícil de solucionar, já que cada qual agirá de acordo com seus modelos organizadores, considerados a única realidade possível, e isso produzirá reações negativas na outra pessoa para quem a "realidade" se apresenta de maneira muito diferente. Em um caso assim, seria muito útil analisar os elementos não levados em consideração e os significados negados, defendidos pela outra pessoa, como outras formas possíveis de ver o problema. Isso seria fácil se as emoções e os sentimentos que agem nessas situações não cumprissem uma função similar à da fé: fazer que acreditemos possuir a única verdade possível.

A postura que tenta evitar o maior número possível de erros consistiria em considerar o máximo de dados possíveis e repassar todas as possibilidades de interpretação de que sejamos capazes, ou seja, fazer um inventário exaustivo do universo do possível, considerar o mais plausível e submetê-lo à comprovação. Essa é a maneira – explicada muito esquematicamente – pela qual teoricamente o pensamento científico costuma proceder. Ainda que isso não nos torne invulneráveis ao erro, garante certa confiabilidade, levando em conta os conhecimentos de que se dispõe em cada momento histórico. Mas na vida cotidiana, em que as circunstâncias requerem frequentemente respostas rápidas, tal maneira de proceder seria totalmente ineficaz e inadequada. Um indivíduo que a utilizasse de maneira sistemática e em todas as ocasiões seria tachado, no mínimo, de obsessivo compulsivo. No cotidiano, temos a obrigação de construir modelos organizadores com um mínimo de aproximação ao que ocorre no mundo exterior, selecionando rapidamente os dados que nos parecem mais evidentes e significativos do que observamos, em função de um significado que nos permita relacioná-los com os outros selecionados, de maneira que tenham uma certa coerência e possuam um mínimo de plausibilidade.

No entanto, essa não é, a rigor, a melhor forma de agir, porém é a mais frequente. Há ocasiões em que essa forma de proceder leva claramente ao fracasso, como no caso de um estudante que, em um exame, está tentando resolver um problema de matemática e deixa de considerar alguns dados que constituem o problema, ou o de um médico que, ao receitar uma medicação, não leva em consideração as alergias do paciente a um dos componentes do remédio receitado, ou a de um jornalista que lança uma notícia sem ter conferido antes os dados que recebeu de uma fonte cuja confiabilidade lhe é desconhecida.

O habitual é que os modelos organizadores que construímos no cotidiano não sejam muito elaborados. Utilizamos rotinas e clichês e fazemos julgamentos precipitados. No entanto, quando nos deparamos com um assunto importante, por exemplo, quando está em jogo nosso bem-estar emocional – como no caso de um conflito amoroso –, então dedicamos muito tempo a dar voltas e mais voltas ao problema sem encontrar, com bastante frequência, uma solução que nos pareça satisfatória. Uma das dificuldades que encontramos é o desconhecimento de nossos próprios mecanismos cognitivo-afetivos, o que nos leva a não saber o que nem como pensar. Daí a utilidade de conhecer os processos funcionais inconscientes, mediante os quais construímos nossa visão das diferentes situações com as quais nos deparamos.

16. Como construímos universos

> O objeto de toda ciência, natural ou psicológica, consiste em coordenar nossas experiências de modo que o todo forme um sistema lógico.
>
> Albert Einstein

Os modelos organizadores têm um caráter funcional, já que nos permitem descrever como procedemos no momento de pensar, julgar, tirar conclusões e decidir como agir. Descrevem as características gerais de nosso funcionamento mental no momento de construir realidades. Por isso é de extremo interesse, tanto para a Psicologia como para a vida cotidiana, conhecer suas características.

O estudo desses modelos nos permite analisar as construções mentais que constituem as representações do mundo que toda pessoa realiza e a partir das quais pensa, elabora conhecimento, sente e age. São construções, portanto, que estão na base das emoções, do conhecimento e das ações. Segundo a representação organizada que tenhamos de uma situação, esta nos produzirá alegria, satisfação ou prazer, ou nos deixará tristes, indignados, preocupados etc. Chamamos conhecimento à informação que essas representações nos proporcionam sobre o mundo exterior, independentemente da similaridade que tenham com os acontecimentos ou fenômenos, já que é a única "realidade" de que dispomos e é esta, e não a do vizinho, que nos mobilizará e guiará nossa maneira de agir.

A seleção de dados e de significados

Como já dissemos, não existe identidade completa, entre os acontecimentos do mundo exterior e o sistema organizado de representações que elaboramos deles, o que nos mostra claramente que nosso pensamento não corresponde exatamente à realidade.[17] É interessante explorar em que consistem essas diferenças. Em primeiro lugar, como já assinalamos, há muitos elementos da experiência que não se retêm como significativos nos modelos organizadores, mas, inversamente, também há elementos dentro dos modelos que não estão presentes entre os fatos observáveis. Por outro lado, há as relações que estabelecemos. Uma relação, como tal, nunca é observável, mas é o produto de inferências que o indivíduo realiza e de vínculos mentais que estabelece entre acontecimentos ou objetos. Podemos fazer relações de tipo muito diverso entre mesmos objetos (de proximidade espacial, causais, emocionais, temporais, lógicas etc.), dependendo unicamente do ponto de vista em que situemos nosso pensamento. Portanto, por mais que pareça, uma relação nunca é "objetiva" (inerente ao objeto, já que este não é capaz de estabelecer relações), mas produto de nossa atividade mental, da interpretação que dermos a determinadas percepções.

Além das relações, figuram outros elementos nos modelos organizadores que construímos que não são observáveis nas situações em questão, mas simplesmente inferidos a partir delas. Por exemplo, eu posso ver um carro passar em grande velocidade, que me ultrapassa pela esquerda, e pela janela vejo que a parte traseira está vazia, mas que o assento dianteiro da direita está ocupado por uma pessoa muito corpulenta, que não me permite ver quem ocupa o assento de quem dirige. Se eu estiver em um

---

17 A "verdade" não é, como ainda dizem muitos dicionários, "a concordância entre a realidade e a ideia que a mente tem dela". Deveríamos concluir, então, que a verdade é uma entelequia.

país em que se circula pela direita (e, portanto, os automóveis têm o volante à esquerda), estarei convencida de que no carro havia duas pessoas, embora na realidade só pudesse ver uma. A impossibilidade de imaginar um carro sem motorista, no momento atual, me leva à absoluta certeza de que no automóvel há duas pessoas, embora a segunda seja apenas produto de minha inferência e não resultado de minha percepção. No entanto, nem todas as inferências são tão "evidentes" como essa, porque na maioria das vezes se baseiam em associações pessoais (do tipo "se não me telefona é porque não pensa em mim"), crenças e convicções que não têm necessariamente correlação com a realidade. No entanto, quem constrói o modelo as considera tão certas como o produto de suas percepções.

A história das ciências está cheia de exemplos dessas inferências tidas como realidades. Aristóteles, por exemplo, estava convencido de que o ar preenchia todo o universo e daí inferia que o vazio não podia existir. Recorria para isso a um argumento lógico que julgava irrebatível. Assegurava: "o que é, é, e o que não é, não é. O vazio não é (é o nada), logo o vazio não existe". Essas crenças lhe permitiam apoiar suas teorias sobre a mecânica na não existência do vazio.[18] O pensamento, e também o desejo, precedem à lógica e sempre é possível encontrar razões lógicas para justificar nossas crenças e desejos.

A inclusão de elementos não observáveis (relacionais, dados inferidos etc.) é necessária para que o modelo que elaboramos tenha coerência. Se não acrescentássemos esses elementos, ele

---

18 Aristóteles baseava suas explicações sobre o movimento dos corpos na ideia de que estes, ao ser lançados por alguém, se punham em movimento e continuavam se movendo porque o ar que havia atrás também tinha se posto em movimento e continuava os impulsionando (*antiperístase*). Estava convencido de que, se não existisse ar, o movimento não poderia ocorrer e, portanto, no vazio, o movimento não poderia existir. Curiosamente, muitos adolescentes escolarizados têm ideias similares; consideram que onde não há ar, não existe gravidade e, portanto, os corpos não caem.

careceria de sentido (como imaginar um automóvel em movimento sem que ninguém o dirija). As teorias e as crenças se baseiam também em modelos desse tipo, por isso estão cheias de elementos inferidos, cujo grau de acordo com os fatos é, por vezes, duvidoso.

Em consequência, vemos que, a partir de uma mesma situação, sujeitos diferentes podem construir modelos muito distintos, segundo os elementos que consideram importantes na situação, e os que acrescentam como produto de relações e inferências que estabeleçam.

Mas um elemento ou dado só é tal se o sujeito lhe conferir significado, do contrário faria parte dos dados considerados "insignificantes", ou seja, não levados em consideração (o que não quer dizer que não sejam conhecidos). O significado é, pois, fundamental para a própria existência dos dados presentes no modelo e é o que faz atribuir uma interpretação ou outra a cada elemento.

Pode acontecer, e de fato acontece continuamente, que os dados selecionados por sujeitos diferentes, a partir de uma mesma situação, não sejam os mesmos, o que leva a modelos diferentes. Mas também é possível que difiram no significado atribuído aos mesmos dados. Dados que possuem um significado negativo e até insultante para uma pessoa, podem ter para outra um significado totalmente oposto.

Aldous Huxley ilustra uma situação desse tipo em um de seus romances.[19] Um dos protagonistas, Kingham, furioso com sua amante, Grace, repreende tudo o que pensa sobre sua maneira de ser, com o intuito de ofendê-la. Mais tarde conta a seu amigo a situação, que este descreve da seguinte maneira:

> A frivolidade, a voluptuosa filosofia da vida, sua falta de coração, a "diabólica concupiscência" de Grace, tais foram as características

---

19 Huxley, *Dos o tres gracias*.

que apontou, com toda a paixão concentrada de que era capaz, para dizer o que pensava indignamente dela. [...]
— E o que ela achou do que você pensava? — perguntei-lhe.
— Pareceu, antes de tudo, satisfeita — respondeu. [...]
Tal havia sido, segundo Kingham, a reação de Grace às verdades que lhe havia dito. Refletindo, tive certeza de que a observara bem. [...] Naturalmente, deve ter ficado satisfeita ao descobrir que Kingham a tomara por aquilo que ela desejava ser. [...] Encarou as críticas de Kingham como cumprimentos e sorriu com prazer genuíno quando ele lhe falou de sua crueldade de vampiro, quando lhe reprovou sua diabólica concupiscência de almas trêmulas, e da não menos repugnante carne de suas vítimas. [...] Grace via a si mesma como um prodígio de temperamento, mas gostava de ver confirmada aquela sua visão por testemunhos exteriores. As verdades de Kingham a convenceram de que se vira corretamente. [...] Sentia que a considerava seriamente como uma mulher frívola, que a apreciava como ela merecia.

Nesse fragmento, aparece claramente a diferença de significado que ambos os personagens (Kingham e Grace) dão à mesma descrição da maneira de ser de Grace. Nesse caso, os elementos selecionados (as características que Kingham atribui a Grace) são os mesmos para ambos, a única coisa que muda são os significados que cada personagem lhes atribui: claramente negativos para um e reconfortantes para a outra.

Os significados de um mesmo termo, de um mesmo gesto, de uma mesma ação podem ser diferentes para distintos sujeitos, mas podem também mudar — e, de fato, mudam — em um mesmo sujeito em momentos diferentes. Basta recordar as ideias que tínhamos em nossa infância sobre determinados acontecimentos, fenômenos naturais ou pessoas e compará-los com as que temos agora sobre os mesmos. Sem dúvida, a evolução de nossos sistemas de pensamento, ao longo da psicogênese, modifica os modelos que temos sobre muitas coisas, mas podem se manter relativamente estáveis em outros campos, sobretudo naqueles relacionados com os estados emocionais,[20] como ocorre às vezes com determinado tipo de emoções experimentadas na infância.

Mas as mudanças de significado podem se operar, às vezes, de maneira muito rápida, como ao interpretar precipitadamente as ações de uma pessoa e perceber, ao falar com ela, que havíamos cometido um erro.

O processo de seleção de dados, e sua correspondente atribuição de significado, pode se operar de maneira quase instantânea – como acontece na imensa maioria de apreciações cotidianas – ou de maneira detalhada e reflexiva, como é o caso daqueles modelos organizadores que dão origem à formulação de teorias científicas. Em ambos os casos, nesse processo intervêm, indissoluvelmente ligados, tanto fatores de origem cognitiva como de origem emocional. Também em ambos os casos, na origem dos significados atribuídos e na seleção dos dados, estão as crenças e convicções – fortemente relacionadas com as emoções –, que são as que levam, de maneira espontânea, a atribuir significados aos dados selecionados.

A emoção possibilita que um assunto nos diga respeito e nos envolva intensamente. Ao fazê-lo, relaciona-se com nosso passado e é vivido como algo que diz respeito também a nosso futuro, em virtude da continuidade psíquica de nossa existência que torna possível nossa identidade. As emoções influenciam fortemente no tipo de modelo que um sujeito aplica a cada situação particular. Quando construímos, sob um estado emocional, um modelo organizador do que consideramos "a realidade", tal paradigma será muito difícil de modificar se persistir no estado emocional em questão. Será preciso que este mude para que se operem mudanças no modelo. Em capítulos posteriores, veremos muitos exemplos desse fenômeno.

---

20 Ver, para uma explicação desse fenômeno, Sastre; Moreno Marimón, *Resolución de conflictos y aprendizaje emocional*.

A organização

Segundo o que acabamos de ver, os dados ou elementos abstraídos de uma solução concreta – uma experiência, um conflito, um acontecimento ou um fenômeno – e retidos como significativos de modo simultâneo à sua seleção, são relacionados entre si pelo sujeito pensante. Se essa relação não acontecesse, ocorreria o mesmo que a um estudante que tem de recordar a lista dos reis godos, isto é, não teria nenhum sentido para ele.[21] Mas, por sorte, isso não costuma ocorrer com as construções espontâneas das pessoas. Ao se estabelecer essa relação entre todos e cada um dos elementos, e com as implicações às quais nos levam, o todo adquire um sentido e isso pode ocorrer de maneira imediata ou bem posterior, como quando damos voltas às nossas ideias para resolver um problema e, de repente, se faz a luz, todas as peças se encaixam e tudo se apresenta a nós como coerente. "Eureca!" ("encontrei!"), é o que Arquimedes teria exclamado quando, depois de estar às voltas como problema da flutuação dos corpos, de repente relacionou o peso da água deslocada com o peso do corpo submergido, dotando seu princípio de coerência.

A organização é fundamental para que um modelo tenha coerência interna. No entanto, esta tem uma característica muito especial: não é de caráter universal. Isso significa que é subjetiva, individual e não necessariamente compartilhada por outras pessoas. O que pode parecer sem dúvida coerente para quem constrói o modelo pode não sê-lo absolutamente para outra pessoa. Isso se deve ao fato de que os significados atribuídos aos elementos ou

---

21 Quando queremos recordar uma lista de nomes ou qualquer coisa carente de significado, costumamos conceder-lhe um, relacionando os elementos que o compõem de maneira que formem um conjunto que tenha certa organização, embora esta seja uma determinada ordem alfabética, ou a formação de uma palavra com as iniciais dos nomes que queremos recordar. A organização, que confere significado a todo o conjunto de elementos que compõem o modelo, é imprescindível para que se recorde.

dados do modelo são particulares e subjetivos – embora tenham similaridades com os de outras pessoas –, já que estão ligados à história, aos conhecimentos e às vivências emocionais individuais e, no marco dessas vivências, as relações entre significados são de índole muito pessoal e, por vezes, inefáveis. Mas, além disso, o tipo e o nível das relações que se estabelecem entre os elementos estão estreitamente relacionados com as capacidades mentais do sujeito e suas possibilidades de atualizá-las, mas também com suas concepções éticas e sociais, experiências pessoais, sentimentos ou emoções. Encontramos exemplos múltiplos desse fato ao estudar a psicogênese, na qual o sujeito constrói modelos dos fatos observáveis cuja coerência interna pode não coincidir em absoluto com a dos adultos.[22] Essa falta de coincidência pode se dar também, por distintas razões, entre sujeitos adultos. Nem sempre é fácil entender ou compartilhar as razões que os demais argumentam para explicar seus pontos de vista ou suas ações.

Podemos considerar, portanto, a organização como um sistema de relações que o sujeito estabelece entre os significados que concede aos elementos do modelo que selecionou ou abstraiu como relevantes. Percebemos tal sistema de relações como dotado de coerência, embora outras pessoas que participam de modelos diferentes não o vejam necessariamente assim. Apenas um exemplo para ilustrar diferentes percepções do que se considera coerente: na Grécia clássica houve uma vez um filósofo, mestre de retórica, que fez um trato com um de seus discípulos – um jovem bem-dotado intelectualmente mas carente de recursos econômicos – para que este pudesse receber lições com ele. O mestre disse ao discípulo: "Você poderá aprender comigo sem me pagar, mas quando concluirmos sua formação e você estiver atuando como advogado, defendendo sua primeira causa,

---

[22] Ver nosso estudo sobre a evolução dos modelos organizadores de noções físicas que sujeitos de diferentes idades constroem ao longo da psicogênese, em *Conocimiento y cambio*.

se ganhá-la, então me pagará; se perdê-la, não terá de me pagar". O aluno cursou os estudos gratuitamente, mas, ao terminá-los, não tinha nenhuma pressa em exercer a profissão, e deixava o tempo passar. O mestre lhe reclamou o pagamento, diante do qual o astuto rapaz lhe contestou: "Eu não penso em pagá-lo. Se quiser, pode me levar aos tribunais, e então defenderei minha primeira causa. Se ganhar, não pagarei porque os tribunais assim terão decidido. Se perder, tampouco pagarei porque terei perdido minha primeira causa e não terei de fazê-lo, em virtude do que combinamos". Os dados e os significados escolhidos pelo aluno e as relações que estabelecia entre eles faziam seu argumento parecer consistente. Mas ao mestre não pareceu assim, e então, mais hábil que ele na retórica, lhe apresentou um modelo em que os mesmos dados e significados estavam organizados de forma distinta, de tal maneira que levavam a implicações opostas. Disse-lhe: "Você está muito equivocado. Se ganhar, terá de me pagar, porque foi isso que combinamos; se perder, também terá de fazê-lo, porque os juízes o obrigarão com sua sentença; portanto, terá de me pagar de qualquer jeito".

As implicações

As pessoas constroem modelos que lhes permitem emitir juízos, resolver problemas, entender situações e ter uma ideia de como funcionam as coisas; em resumo, conhecer e se orientar no mundo em que vivem. É a forma que temos de construir um mundo interno que tenha semelhança com o externo. Para isso, devemos transformar o mundo exterior em algo assimilável por nosso psiquismo, com todas as limitações que esse complexo processo comporta. Tudo isso nos permite agir de acordo com algumas das características do mundo exterior, aquelas que selecionamos para construir nossos modelos organizadores. Por isso, podemos afirmar que não agimos conforme é a realidade, mas de como imaginamos que é. Agimos, portanto, segundo os modelos organizadores que construímos de cada situação particular e com as consequências que derivamos deles. É evidente que nem sempre as implicações são unívocas nem provocam consenso entre pessoas que possuem modelos similares. Mas o que todos os modelos organizadores têm em comum é que são eles, e não a "realidade", nem sequer os fatos observáveis que nos são apresentados (já vimos que os modelos organizadores não contemplam a todos), que constituem os referentes das teorias[23] e os desencadeantes das ações.

Poderíamos dizer que estabelecemos nossa vida tomando como referentes nossos modelos organizadores. Mas, dado que esses não são imutáveis, podemos assegurar que dispomos nossa existência com base em coisas mutáveis, que com frequência ignoramos até que ponto o são. Nas páginas seguintes, veremos múltiplos exemplos de como as mesmas pessoas, no transcurso de um tempo relativamente curto, vão mudando os modelos que constroem em diferentes situações amorosas e como, ao fazê-lo, vão modificando suas condutas, no mesmo ritmo em que mudam as conclusões que extraem das situações que lhes vão sendo apresentadas.

Se nossas interpretações do mundo guiam as maneiras que temos de nos comportar nele, poderíamos cair na tentação de acreditar que, modificando nosso modelo organizador, já teremos modificado nossa conduta. Mas isso não é tão fácil. Em primeiro lugar, porque muitas vezes o modelo muda por causa da ação, que faz brotar novas "realidades". O movimento permite nos situar em outras perspectivas que nos fazem ver o que antes não víamos

---

[23] Por isso, podemos afirmar que as teorias científicas não têm como referência os fenômenos observáveis, mas os modelos organizadores que cada cientista constrói sobre eles. Deve-se destacar, no entanto, que os modelos organizadores que servem de base às teorias devem passar pela supervisão consciente do cientista e por um processo de verificação sistemática. Da construção e das características desse modelo trataremos em outro lugar.

ou víamos parcialmente, mas, além disso, entre a representação e a ação há um importante elo que é necessário conservar, por meio da ação e não apenas do pensamento. A ação também é construtora de realidades, em um plano diferente do plano dos modelos, os quais obriga frequentemente a se modificar. Existe, além disso, outra poderosa razão que reside na inevitável e afortunada existência das demais pessoas e das circunstâncias externas. Nossa mudança de atitude nem sempre, nem necessariamente, provoca uma mudança corolária no sentido que desejaríamos, no mundo que nos rodeia. É de novo a ação – desta vez, a dos demais – que leva à mudança.

Embora por necessidades narrativas tenhamos descrito os componentes de determinado modelo um depois do outro, isso não significa que existe uma ordem privilegiada nem que necessariamente eles se deem na ordem em que os narramos. A abstração de um dado e a atribuição de significado ocorrem simultaneamente, já que sem significado não existiria o dado como tal. Mas, além disso, muitas vezes estes são selecionados em função de relações intuídas previamente (como quando dizemos: "Me faltam dados para que eu possa afirmar o que penso") e se inicia uma busca de dados capazes de completar adequadamente o modelo e se adaptar às suas conclusões. Os diferentes dados do modelo são fundamentais para que a relação entre todos eles adquira um significado global e tenha sentido em uma determinada organização. Muitas das inferências realizadas têm a função de preencher os espaços ou vazios dos fatos observáveis. Às vezes, as implicações também podem dar lugar à busca de novos dados que completem o modelo ou inclusive que o provoquem. É o caso, por exemplo, daquelas situações em que, ao desejar fervorosamente que ocorra algo, ou que algo seja certo, imaginamos que também são certas todas as circunstâncias necessárias para que ocorra. Muitas crenças levam a construir esse tipo de modelo organizador. Em muitas ocasiões, o que desejamos fazer é o que guia a construção de nossos paradigmas. Um modelo organizador pode se iniciar a partir de qualquer um de seus componentes. Na vida cotidiana, em muitas ocasiões, quando queremos fazer algo, buscamos dados dos quais se derive de maneira razoável a "necessidade" daquilo que desejamos fazer. Existem também exemplos históricos célebres dessa maneira de proceder. Conta a lenda que quando o emir muçulmano Amir ibn al-Ass, no século VII, entrou com suas tropas em Alexandria, perguntou a Omar I o que devia fazer com a Biblioteca de Alexandria, e este expressou o seguinte raciocínio: pode ser que esses livros contenham ou não o que o Corão diz. Se o contêm, são desnecessários, e, se não o contêm, são perniciosos, portanto é preciso queimá-los. Para justificar a queima do que restava da Biblioteca de Alexandria, o emir reduziu seu conteúdo a dois dados possíveis, dando a cada um deles um significado que os convertia em necessariamente elimináveis. A implicação (o desejo de destruir aqueles livros) o levou a selecionar dados com significados que pudessem ser relacionados de tal maneira que justificassem sua queima.

17. As armadilhas do inconsciente

Os aspectos funcionais dos modelos organizadores não são conscientes, como também não o são os processos de elaboração de nosso pensamento e de nossas emoções. Nosso funcionamento mental permanece oculto à consciência, da mesma forma que as conexões neurais que ocorrem quando pensamos. Em ambos os casos, é necessário realizar um esforço considerável para fazê-los vir à luz, além de longos anos de pesquisa. A possibilidade de se conscientizar dos processos do pensamento é sempre muito posterior à aparição de tais processos e requer uma profunda reflexão sobre a reflexão. Quando Aristóteles formulou seus famosos silogismos, já havia muito tempo que a humanidade os utilizava para raciocinar, embora o Estagirita só tenha descrito uma pequena parte do que constitui – em algumas ocasiões – nossa maneira de raciocinar. Na maioria das vezes, fazemos coisas que não sabemos *como* fazemos, mas essa ignorância não diminui em nada sua eficácia.[24]

Devido a isso, quando elabora representações organizadas do que ocorre, o sujeito não está consciente de que apenas levou em conta uns poucos dados entre todos os possíveis (acredita que captou tudo). Tampouco sabe que atribuiu um significado que não é necessariamente inerente ao dado de que se trata, mas produto de sua própria elaboração, e considera as inferências realizadas como evidências. Está convencido de que as relações que estabelece entre todos os elementos existem também na realidade e não se dá conta de que são fruto de sua elaboração pessoal.

A gênese de muitos sentimentos permanece também fora da consciência, fazendo-nos frequentemente ignorar as causas que as provocaram e o porquê de sua intensidade, que podem perdurar desde a infância até a idade adulta, ou inclusive durante toda a vida. A conscientização do que ocorre em nosso inconsciente requer sempre um trabalho de reflexão, que a psicanálise claramente evidenciou.

---

24 Quando Arquimedes formulou as leis da alavanca, a humanidade já utilizava remos havia muitos séculos. A psicogênese nos proporciona abundantes exemplos desse fenômeno. Uma das múltiplas experiências efetuadas por Piaget para demonstrá-lo – e que frequentemente funciona também com adultos – consistia em pedir a crianças que descrevessem os movimentos que faziam para engatinhar. A grande maioria dos jovens entrevistados descrevia movimentos muito diferentes dos que realizavam ao fazê-lo; por exemplo, asseguravam que avançavam primeiro os dois braços e depois as duas pernas; ou primeiro o braço e a perna direita simultaneamente, e depois as extremidades esquerdas.
Experiências efetuadas por G. Sastre com operações aritméticas simples mostram também que os sujeitos infantis realizam corretamente operações mentais de somar ou subtrair, sem saber qual operação estão realizando e sem ser capazes de explicar o que fizeram para chegar ao resultado correto (Veja *Descubrimiento y construcción de conocimientos*). Sujeitos jovens, ou adultos não escolarizados, podem utilizar corretamente as complexas normas linguísticas de um idioma sem suspeitar sequer que estas existem.

A construção de modelos (sistemas mentais organizados) é inevitável, já que sem isso o pensamento não existiria. Uma ideia, um pensamento isolado é como uma palavra pronunciada sem relação com outras e sem contexto mental. Uma palavra assim careceria de sentido. É difícil imaginar um dado descontextualizado, sem significado algum, sem relação com nenhum outro e sem fazer parte de nenhum modelo. A própria percepção é sincrética. O isolamento de dados requer um processo mental que possibilita a diferenciação das partes a partir do todo sincrético percebido e supõe uma construção que requer um tempo, como mostramos em outro lugar.[25] Não há, portanto, raciocínio sem modelos, porque isso suporia que se raciocina no vazio, sem dados significativos, e sem eles é impossível estabelecer relações, já que não há nada a relacionar.[26]

Voltando a uma questão que mencionamos anteriormente, podemos concluir que o referente do pensamento (tanto do "cotidiano" como do "científico") não é a realidade exterior nem o fato observável, mas os modelos organizadores que construímos a partir deles, de nossas inferências, de nossas crenças e de nosso estado cognitivo-emocional. Além disso, resulta que aquilo a que não atribuímos significado, mesmo o conhecendo, pode ser fundamental na explicação de um problema, uma situação ou um fato científico. O historiador da ciência Arnold B. Arons diz a propósito do pensamento científico: "A história das ciências está cheia de casos nos quais se viu, muito tarde, que a parte depreciada de um fenômeno era realmente seu aspecto mais significativo". Algo similar ocorre no pensamento cotidiano.

Sempre se considerou que a inteligência consistia em estabelecer relações. De acordo com nosso ponto de vista, uma

---

25 Ver *Aprendizaje y desarrollo intelectual*.
26 Isso também é verdadeiro no caso do pensamento matemático mais abstrato, já que os conteúdos são constituídos por outros raciocínios abstratos.

forma do que chamamos "inteligência" nos humanos consiste em estabelecer relações entre dados, agrupando esses dados em modelos e relacionando diferentes modelos entre si, formando redes e emaranhados cada vez mais complexos e submetidos a mudanças continuamente. Os modelos mais simples servem de elementos sobre os quais se constroem outros mais complexos, que servem, por sua vez, de base para outros, relacionados entre si, de tal maneira que podem adquirir cada vez maior complexidade. O emaranhado de organizações, significados e implicações que tudo isso ocasiona torna possível uma adaptação ao meio, ou seja, uma transformação mental do meio, simplificado e esquematizado, que o converte em compreensível e manejável pelo sujeito, à custa de simplificar a complexidade de tudo aquilo que nos rodeia. O sujeito se adapta ao meio adequando este a suas possibilidades de organização.

No entanto, essas não são as únicas formas de inteligência possíveis. Ainda nos falta um longo caminho a percorrer até conhecermos o funcionamento da inteligência sem consciência, ou seja, tanto os processos cognitivos inconscientes humanos como aquelas formas de inteligência que presumimos carentes de consciência, inerentes às demais formas de vida.

A criatividade humana consistiria, de acordo com esse ponto de vista, em estabelecer relações insólitas ou novas entre elementos que antes não haviam sido relacionados. Um exemplo simples seria o presente que um jovem publicitário norte-americano deu a um mendigo. O jovem, depois, tornou-se tão famoso que essa história de sua juventude ainda é lembrada. Ele não podia lhe dar dinheiro, mas decidiu oferecer um presente que deveria lhe proporcionar maiores benefícios. O mendigo tinha um letreiro que dizia: "Sou cego". O jovem acrescentou: "E é primavera". Parece que o resultado foi espetacular. Todo mundo sabia que era primavera e – estava escrito – que aquele homem era cego, mas eram dois dados que não se relacionavam entre si. Fazer essa relação mudou, ao menos por alguns dias, a sorte do mendigo.

Os dados em um modelo novo – insólito, criador de novidades – não têm de ser necessariamente novos: inovadora pode ser a organização que se dá a ele e que modifica seu significado e suas implicações. Mas também os dados podem ser inovadores, como ocorre com frequência nas novidades científicas que dão lugar a novos paradigmas.

18. Dinamismo e funcionalidade dos modelos organizadores

Os modelos organizadores têm a dupla característica de serem dinâmicos e funcionais. Constituem a descrição de um funcionamento mental que permite construir conhecimento a partir da interação do sujeito com o meio pela experiência (considerada aqui em um sentido amplo, tanto interno quanto externo). Esse aspecto dinâmico e funcional se manifesta na manutenção de um processo constante de evolução que implica síntese entre conservação e mudança. A observação das manifestações desse processo – como veremos na segunda parte deste livro – permite ver como indivíduos concretos enriquecem seus conhecimentos de maneira progressiva graças à incorporação de novos dados (com seus correspondentes significados), que dão lugar a novas organizações e, portanto, também a novas implicações e condutas. Tudo isso se realiza em um período de tempo relativamente curto.

Os modelos organizadores estão muito longe de serem estáticos. Pelo contrário, encontram-se em contínuo processo de transformação, tanto no pensamento cotidiano como no científico, embora nesse último caso, ao se tratar de processos de pensamento coletivo, de longa duração, apareçam como mais estáveis, ainda que na realidade não o sejam.[27] A observação

---

27 Para se convencer disso basta observar os mutáveis processos históricos que dão lugar ao surgimento de novos conhecimentos, e como estes vão se

desses processos permite ver como um indivíduo enriquece progressivamente seus conhecimentos e como a produção de conhecimento dá lugar a cristalizações pontuais que fazem parte de um processo mais longo e em contínuo processo de transformação. Na história das ciências se observa claramente esse processo a longo prazo e sempre mutável – mas ao mesmo tempo parcialmente conservador – que dá lugar ao conhecimento compartilhado de construção coletiva ao qual chamamos "conhecimento científico".

Em situações concretas, o estudo do pensamento cotidiano individual nos permite estudar de perto esses processos, como se dá nas situações de conflitos interindividuais, como os que ocorrem nas relações amorosas. Neles os indivíduos estão muito implicados; concedem significados dotados de grande intensidade e processam com rapidez os acontecimentos e situações que lhes dizem respeito do ponto de vista emocional. Essas situações nos oferecem um campo de estudo privilegiado dos processos de construção dos modelos organizadores, como veremos nos capítulos seguintes.

Esses modelos evidenciam um funcionamento mental que apresenta constantes em qualquer campo ao qual se apliquem e em temáticas aparentemente afastadas entre si, como as situações que provocam as relações com o mundo físico e as que se dão com os demais seres humanos. Porém, além disso, descrevem

---

sucedendo e se substituindo uns aos outros ao longo dos anos ou, inclusive, dos séculos. O estudo da construção do pensamento científico em nível individual – tanto na psicogênese infantil como na idade adulta – também mostra claramente esse aspecto mutável dos modelos organizadores. Quando se pede a universitários que interpretem um fenômeno físico que lhes seja desconhecido, eles constroem diversos modelos organizadores, muito diferentes, que vão confrontando continuamente com a observação do fenômeno que têm diante de si, até topar com um que lhes satisfaça ou permanecer com a dúvida, diante da incapacidade de construir um que se adapte a todas as características do fenômeno às quais concedem importância (ver Moreno Marimón et al., *Conocimiento y cambio*).

estratégias cognitivo-afetivas que se adaptam, por sua vez, às características do meio exterior e às de nossos recursos mentais.

19. Os modelos organizadores e os sentimentos

Tomamos consciência de que uma sensação corporal é um sentimento porque associamos a ela determinados pensamentos e isso nos faz lhe dar um significado relacional, psíquico e não somente físico (como a sensação produzida por uma dor de dente ou a de beber quando temos sede). O que nos faz viver as sensações corporais como sentimentos são os pensamentos associados a elas. Às vezes nos perguntamos se determinada sensação de mal-estar é de origem física ou psíquica. Dificilmente nos fazemos essa pergunta a propósito de um sentimento. É claro que os sentimentos não podem acontecer desligados de fatores cognitivos.

Os sentimentos não são provocados por acontecimentos exteriores, mas pelo significado que damos a esses acontecimentos, o que significa dizer que os sentimentos são dependentes do modelo organizador que se constrói a partir de determinadas situações. Segundo os dados que se selecionem e o significado que lhes seja atribuído, será experimentado um tipo ou outro de sentimentos. Isso os liga de maneira indissolúvel à construção dos modelos organizadores por parte do sujeito, já que os sentimentos formam uma parte primordial dos significados atribuídos aos elementos ou dados que compõem o modelo. Os sentimentos estão presentes em todo ato cognitivo.

Os significados não são significados do objeto (não é o objeto que concede significado a si mesmo), mas do sujeito, que os seleciona em função não apenas de suas próprias características, mas também do momento cognitivo-emocional em que se encontra. Portanto, esses significados são tão mutáveis como os momentos cognitivo-emocionais pelos quais atravessa o sujeito.

Durante uma situação conflitiva, por exemplo, um mesmo sujeito pode atravessar momentos muito diferentes, em cada um dos quais pode mudar o significado de um mesmo dado ou inclusive selecionar dados diferentes de uma mesma situação. Os modelos organizadores são mutantes e mutáveis. Essas circunstâncias comprometem o mito da coerência do pensamento – ou de sua constância – como uma forma habitual de funcionamento cognitivo. Se abandonarmos a ideia de que o pensamento "deve ser" consistente consigo mesmo, poderemos apreciar a falta de constância e a variabilidade que o caracteriza, que de outra forma seríamos incapazes de perceber. Isso não supõe, de modo algum, desestimar a consistência como um valor, mas apenas a necessidade de contemplar os fenômenos psicológicos, situando-nos o mais distante possível de determinados preconceitos. Tampouco essas afirmações significam que o pensamento seja incoerente, mas que oscila entre formas muito diversas de coerência, dependendo dos diferentes fatores que contemple e do significado dado. A consistência total do pensamento implicaria provavelmente que todos os sistemas neurais estivessem permanentemente conectados entre si da mesma maneira e que o pensamento fosse uniforme, o que tornaria impossível a mobilidade necessária para o progresso, a criatividade e a inovação.

4
A diversidade do amor

> Podemos dizer que buscávamos esquemas globais, simetrias, leis gerais e imutáveis e descobrimos o mutável, o temporal, o complexo.
>
> Ilya Prigogine

I. A diversidade no espaço

Nas páginas anteriores, contemplamos a amplitude de significados que o termo "amor" encerra e o que todos esses significados têm em comum. Indagamos sobre as distantes origens que fazem das relações amorosas algo imprescindível para o ser humano. Tudo isso nos levou a uma ideia particular do "amor" – entendido como algo muito mais amplo que um sentimento – que o converte em uma propriedade da vida e que, junto com a inteligência, torna possível que a vida se mantenha, evolua, se desenvolva e progrida.

A união inseparável entre cognição e afetividade nos levou a esquadrinhar os processos mentais que mostram tal união na construção do pensamento e do conhecimento. Os modelos organizadores evidenciam o caráter organizador do pensamento, partindo de dados ou elementos externos, procedentes do meio, indissoluvelmente ligados aos internos, oriundos do sujeito e que dão significado e organização aos primeiros. Sem afetividade, na forma de emoções, sentimentos, crenças ou convicções, que estão estreitamente ligados,[1] não existe significado nem, portanto, conhecimento.

Esse trajeto foi nos aproximando, como um *zoom* que se aproxima de seu objetivo, de um dos pontos centrais de nosso trabalho: os sentimentos amorosos e suas consequências. Permitiu-nos demarcá-lo em uma paisagem muito mais ampla e complexa do que nos proporcionaria um estudo do amor sem atentar às suas origens e sem relação alguma com os fenômenos cognitivos que o acompanham.

Depois desse percurso, será útil ver que formas adquirem esses sentimentos quando, unidos ao desejo erótico e sexual, os contemplamos inseridos em um contexto social determinado. Cada sociedade seleciona um repertório de condutas coletivas, dentre todas as possíveis, às quais confere um significado particular e às que chamamos "costumes sociais". Esses comportamentos, junto com os significados que lhes são atribuídos, constituem sinais de identidade e aparecem aos olhos de cada indivíduo da sociedade em questão como naturais e inamovíveis e, dado que foram aprendidos em idades muito precoces, muito antes que o indivíduo pudesse conhecer ou imaginar outras formas de comportamento, lhe parecem universais. No entanto, aos olhos de indivíduos que pertencem a outras culturas, essas condutas coletivas podem aparentar estranhas e carentes de sentido, ao mesmo tempo que ignoram a estranheza que talvez

---

1 Tanto o sentimento e a crença como a convicção supõem a implicação pessoal de quem as sustenta, já que lhe dizem respeito pessoalmente ao fazerem referência a seu próprio estado mental e corporal, que é o que constitui a essência das emoções.

despertem suas próprias extravagâncias culturais. Os costumes e as condutas amorosas não escapam a essa norma.

Cabe perguntar se é possível considerar uma sociedade humana como um sistema organizado (e organizador de seus componentes), que possui uma coerência interna capaz de religar entre si os elementos que sustentam seus costumes fundamentais – embora existam outros menos fundamentais, desligados dos demais, que podem fazê-los aparecer como desarmônicos –,[2] dando um particular sentido a cada um deles, em virtude do significado que lhes é atribuído. O desconhecimento desses significados pode fazer que apareçam como carentes de organização.

Se tomarmos como elemento organizador as relações erótico-sexuais de uma cultura, é possível ver girar em torno delas todos os demais componentes. O mesmo ocorre se tomarmos, como elemento organizador de partida, as relações econômicas ou qualquer outro elemento básico de uma sociedade. As complexas relações existentes entre todos eles fazem que cada disciplina se situe em um ponto de vista diferente, daí a necessidade de estudos pluridisciplinares para nos aproximar de um melhor conhecimento dos fenômenos humanos, sempre e necessariamente complexos e plurais.

20. Amar em diversos lugares

As ideias que predominam em diferentes coletivos sociais sobre como são ou como devem ser as relações erótico-amorosas entre os seres humanos são muito variáveis. Inclusive os modelos

---

[2] Deve-se levar em consideração que as sociedades, que demoram séculos para se constituir, tomam ao longo dos séculos elementos de outras culturas, e estes podem se justapor aos autóctones, criando aparentes desarmonias. Tomem-se, como exemplo, as ideias míticas e religiosas que incorporam elementos de outras culturas. Os índios tzotziles de Chalchiuitán nos narraram uma surpreendente versão da causa dos terremotos, segundo a qual

existentes dentro de uma mesma sociedade, apesar de dominados por um ou mais imperativos, não são nem de longe homogêneos, mas existem muitas variações, embora tenham como pano de fundo o modelo "oficial" ou predominante. Dentro de uma mesma família, e inclusive dentro de um casal de amantes – como veremos mais adiante –, podem existir concepções muito diferentes sobre como deve ser o comportamento de cada um deles, tanto do ponto de vista sexual como do afetivo. Cada pessoa imagina como deve ser uma relação amorosa (segundo uma infinidade de variáveis que influíram em suas ideias ao longo de sua história pessoal) e isso faz que mentalmente organize modelos que lhe parecem os mais coerentes e naturais ou "normais", com relação aos comportamentos amorosos próprios e os de seu par. Isso não surpreende, se levarmos em consideração que as relações amorosas admitem muitas formas de se manifestar e de organizar as interações entre as pessoas. Para começar, a ideia de amor erótico em nossa cultura nos leva de maneira imediata à imagem de casal; no entanto, isso não é assim em todas as culturas contemporâneas, por exemplo, nas muitas sociedades poligâmicas, nem tampouco o é – em bastantes casos – dentro de nossa própria cultura, na qual abundam as relações eróticas múltiplas, exponham-se abertamente ou não. O mesmo ocorre com a imagem que predomina com relação ao sexo das pessoas amantes. Essa imagem costuma ser a de um casal composto por pessoas de sexo diferente, mas sabemos muito bem que essa não é a única orientação admitida em nossa sociedade e nas sociedades ocidentais mais avançadas, nem tampouco em muitas sociedades históricas ou em outras atuais muito afastadas da nossa.

Existem sociedades poligâmicas atuais, como a dos masai da Tanzânia (que conservaram durante muito mais tempo suas

---

eram produzidos por Jesus Cristo que, traído por seus apóstolos, havia sido atado a um dos pilares que sustentam a Terra e, de vez em quando, se agitava violentamente para se desprender de suas ataduras.

tradições em relação aos do Quênia), na qual o homem obtém suas esposas, entre garotas muito mais jovens que ele, mediante a cessão de gado bovino ao pai da futura esposa. Não se espera que esta se oponha ao casamento, mesmo que o escolhido pelo pai não seja de seu agrado. O amor surge, ao contrário, muito frequentemente, entre uma jovem casada e um dos jovens guerreiros solteiros (*murani*), que ela escolhe dentre os do povoado de seu esposo. Este não costuma se opor às relações entre ambos – ele tem outras esposas –, já que, se dessas uniões extramaritais nascer descendência, esta incrementará a que o patriarca já possui, assegurando-lhe mais poder, dado que os filhos são considerados uma importante força de trabalho e de defesa, e as filhas, além do trabalho que desenvolvem, oferecem a possibilidade avolumar seus rebanhos, sobretudo se ele conseguir casá-las com um homem rico. A forma de vida e a concepção do amor nos masai estão muito afastadas das nossas; no entanto, ambas coexistem no mesmo momento histórico.

Ainda mais diferentes das nossas são as ideias dos habitantes das ilhas Trobriand, um arquipélago situado ao sul da Papua Nova Guiné. Os trobriandeses desconhecem a paternidade. Não associam o ato sexual com os nascimentos que ocorrem – embora nem sempre – nove meses depois. Segundo suas crenças, as criaturas nascem quando o espírito de algum antepassado se introduz no corpo de uma mulher. Em consequência de suas ideias, existe uma grande liberdade entre os jovens solteiros de ambos os sexos, que têm relações sexuais seguindo seus gostos e sentimentos. Depois do casamento, a fidelidade é obrigatória.

Anualmente, os trobriandeses realizam périplos pelas ilhas do arquipélago trocando presentes com seus habitantes. Isso lhes permite manter contato com eles e assegurar sua amizade. Quando um desses navegantes regressa ao seu lar, depois de um ano de ausência, é possível que depare com o fato de sua mulher ter tido um novo filho, o que constitui um motivo de alegria para ele, já que isso demonstra que o espírito de algum antepassado quis reencarnar em sua esposa. Essa circunstância constitui, além disso, para os trobriandeses, mais uma prova de que o nascimento não tem relação alguma com o ato sexual.[3] Como consequência, o marido da mãe não é considerado como pai, já que a noção de pai é inexistente. Quem tem autoridade sobre os filhos é o irmão da mãe, que deixa como legado suas terras e bens e tem uma grande responsabilidade em sua educação e em todas as questões importantes relacionadas a eles. O papel que o marido da mãe representa com relação a seus filhos é o de um protetor atento e afetuoso que contribui para seus cuidados. No entanto, seus próprios bens são herdados pelos filhos de sua irmã, sobre os quais exerce grande autoridade.

Existem outras sociedades ainda mais diferentes da nossa no que diz respeito ao amor e ao casamento. Uma delas é a sociedade mosuo, da qual restam ainda algumas comunidades em um recôndito lugar do Himalaia. Nessa sociedade não existe o matrimônio. As garotas jovens, que viveram toda sua vida em companhia de suas irmãs e irmãos e dos irmãos e irmãs de sua mãe, sob a autoridade desta, ao chegar à idade adulta passam a dispor de um recinto próprio dentro da casa materna e ali podem receber o homem que livremente escolherem e com quem mantêm relações sexuais. Os filhos que nasçam dessas uniões pertencem à mãe e passam a ampliar a comunidade desta, em que são cuidados por toda a família, inclusive pelos irmãos da mãe, que representam um importante papel em sua educação. Esses agrupamentos familiares são governados pela mulher de mais idade que demonstrou ter qualidades para conduzir a extensa família. A palavra "pai" não existe no idioma mosuo e, com frequência, não se sabe quem é o homem que contribuiu para o nascimento

---

3 Embora na atualidade exista – ao menos na ilha principal – uma missão protestante com uma escola, tanto os estudantes como seus pais se negam a admitir as explicações que os professores dão com relação à origem dos nascimentos. Aceitar isso suporia uma mudança enorme em seu sistema de vida.

das criaturas, embora, quando o vínculo amoroso deste com a mãe é duradouro, possa ter uma relação afetiva importante com elas. O pai continua, no entanto, vivendo durante toda sua vida na casa de sua própria mãe e não vai viver com a mãe de seus filhos. Nessa sociedade, desde tempos imemoriais, é a vontade dos dois membros do casal que determina as uniões entre ambos, assim como a duração dos relacionamentos. O ciúme é muito malvisto entre os mosuo e constituem um elemento de vergonha para quem o experimenta.

Os homens mosuo se consideram privilegiados em relação a outras sociedades próximas, nas quais existe a instituição matrimonial, já que eles gozam de maior liberdade e não têm de se preocupar com o sustento da família, embora trabalhem sob as ordens da mulher que ostenta a chefia familiar. Tampouco as mulheres desejam mudar sua forma de vida, a qual lhes concede um alto *status* dentro de sua sociedade. O fato de que não nasçam meninas em uma família, por exemplo, é considerado uma enorme desgraça e seu nascimento é celebrado com festividades muito mais ostentosas do que as que marcam o nascimento de um menino.

Por meio dos exemplos precedentes, pode-se inferir a grande importância que as relações eróticas e sexuais têm na organização social e como interagem com a economia, as relações de poder, autoridade e subordinação e, consequentemente, com a política social do grupo, assim como com as crenças, a mitologia e a moral. Uma olhada na história nos mostrará o amplo leque de possibilidades que encerram, dentro de um mesmo lugar, mas em momentos diferentes, tanto as relações amorosas como as formas de inter-relação existentes entre amantes, assim como suas ligações com a organização social, econômica e política.

II. Diversidade no tempo: o amor ao longo da história

As ideias amorosas e sociais de uma sociedade qualquer orientam os comportamentos dos que pertencem a ela, tanto para segui-las como para transgredi-las. Constituem o pano de fundo diante do qual se desenvolve sua conduta. Nas sociedades que derivam das culturas judaico-cristã e greco-romana, é entendido, atualmente, que a união amorosa deve ser entre duas pessoas e deve ter como origem o amor e como fim a procriação. Mas em suas origens não era exatamente assim.

Os personagens masculinos da Bíblia exibem várias uniões com diferentes mulheres, com as quais têm filhos. A Abraão, por exemplo, Javé prometeu uma grande descendência; além de Isaac, filho de sua legítima esposa Sara, tivera anteriormente um filho, Ismael, de uma escrava de sua mulher, entre outros descendentes. Jacó, filho de Isaac, se apaixonou por Raquel, filha do irmão de sua mãe, o qual o obrigou, segundo o costume, a se casar primeiro com sua filha mais velha Léa, antes de conceder-lhe Raquel como segunda esposa. Dado que Raquel não teve filhos imediatamente, ofereceu ao marido uma de suas servas para que tivesse filhos em seu lugar. O mesmo fez sua irmã Léa, que, depois de ter quatro filhos com Jacó, lhe ofereceu sua escrava, com a qual teve dois filhos por ela. A própria Léa teve posteriormente mais três filhos. Depois de Moisés, os casamentos entre parentes consanguíneos foram proibidos.

Muito frequentemente, os casamentos eram determinados por interesses políticos. Salomão, por exemplo, para se aliar ao Egito, casou-se com a filha do faraó. Mas não terminam aqui suas alianças matrimoniais, já que chegou a se casar com setecentas princesas, o que desagradou Javé, não pela quantidade de esposas, mas porque estas eram estrangeiras e isso era contrário aos costumes de Israel.

Ter muitos filhos, para um patriarca daquela época – da mesma forma que ocorre em muitas sociedades contemporâneas –, era um sinal de poder e riqueza, já que lhes proporcionava uma fiel mão de obra e muitos braços para lutar interessadamente contra os inimigos, mas também múltiplas possibilidades de estabelecer a paz mediante o casamento das filhas. O Livro de Samuel descreve como o embate violento entre Saul e seu genro Davi deu vantagem a Davi, já que "a casa de Davi se tornava cada vez mais forte enquanto a de Saul ficava cada vez mais fraca", porque Davi teve uma grande quantidade de filhos de suas múltiplas uniões com diferentes mulheres.[4]

A existência de regras, sejam implícitas, sejam consuetudinárias e acatadas por todos ou explícitas e legisladas – embora na maioria das vezes se deem ambas ao mesmo tempo –, é uma constante nos diferentes tipos de matrimônio, o que implica a existência de pactos que nem sempre, nem majoritariamente, consistem em pactos entre ambos os contraentes, mas entre seus familiares. Um exemplo extremo é o de um tipo de casamento que era realizado na China e no Sudão,[5] no qual uma mulher podia contrair matrimônio com o espírito de um defunto. Os pais da garota podiam entregá-la em matrimônio ao filho defunto de outra família (ou um filho a uma mulher morta) para fortalecer os laços entre ambas as famílias. Até o início do século XX, essas decisões eram tomadas na China pelos pais da pessoa contraente, à revelia do que esta desejasse.

Mais tarde, foram as próprias mulheres que buscaram esse tipo de união. As produtoras de seda do delta do Cantão queriam manter sua independência econômica, o que era incompatível com o casamento com um homem vivo. Mas suas famílias não se resignavam a que permanecessem solteiras, já que queriam desfrutar dos benefícios trazidos pelo fato de aumentar sua família com

---

4 II Samuel 3,1. Citado por Lise Vincent Doucet-Bon.
5 Coontz, *Historias del matrimonio*.

parentes políticos e o costume requeria que os pais não aceitassem que mais de uma filha permanecesse solteira. Se uma delas já havia declarado sua intenção de não se casar, a irmã que quisesse manter sua independência não tinha outro remédio do que "se casar com uma lápide", como se denominava a cerimônia de contrair matrimônio com um morto em estado de solteira. Parece que esse tipo de defunto era escasso e muito procurado. Constituía uma grande conquista para a mulher conseguir um deles como esposo.

21. As fantasias que se tornam realidade

Resulta surpreendente e muito ilustrativo, para entender a plasticidade das ideias sobre o amor erótico, observar suas múltiplas manifestações e mudanças. Ao longo da história conhecida existem diversos testemunhos de amor erótico. As pessoas sempre se apaixonaram, mas as manifestações desse amor e os comportamentos que desencadeiam são muito variados.

Uma das coisas mais interessantes é observar de que maneira cada momento histórico e cada cultura justifica suas particulares convicções erótico-sexuais considerando-as "naturais", graças, muito frequentemente, à sua relação com o divino. Em todas as religiões, os deuses intervêm muito nos assuntos amorosos humanos – seja mediante o próprio exemplo, seja estabelecendo normas de cumprimento obrigatório –, o que significa que são politicamente muito importantes. O problema é que nem sequer os deuses conseguem entrar em um acordo sobre o que é melhor para seus fiéis, já que cada deus, por sua correspondente religião, dita normas muito distintas para seus crentes, e isso provoca numerosas contendas que podem degenerar em guerras que, infalivelmente, reduzem o número de seus fiéis, mesmo que seja somente pelos falecimentos que ocasionam.[6]

---

6 Às vezes, as crenças ocasionam fortes embates porque os crentes de diferentes religiões ambicionam as mesmas coisas. Assim, por exemplo, os masai

Desde a mais remota antiguidade da qual se possui documentação, os deuses imaginados pelos seres humanos se converteram, por sua vez, em seus modelos, o que significa dizer que suas próprias fantasias se converteram em seus modelos de conduta. Isso, por exemplo, ocorria no Egito, no Império antigo. A deusa Ísis era, ao mesmo tempo, irmã e esposa de Osíris, divindade solar, graças à qual este ressuscitou, depois de assassinado por seu irmão Seth. Esse casal divino era o protótipo da fertilidade e, segundo Morali-Daninos, a humanidade deriva, dessa forma, de um casal fraternal inicial e, portanto, de um mítico incesto primitivo. Para esse autor, o casal fraterno é, no Egito, a imagem da união mais absoluta, tanto no plano dinástico quanto no religioso.

O incesto não era malvisto no Egito entre os faraós, como tampouco o era em outras culturas da Antiguidade. Os míticos filhos de Adão e Eva, por exemplo, teriam necessariamente de se unir entre si – ou com sua mãe – na falta de outros habitantes humanos em nosso planeta. A proibição do incesto apareceu em uma época relativamente recente, que coincide com a instauração do matrimônio, diz respeito sobretudo à relação entre mãe e filhos, e até muito mais tarde não se estende às relações entre pai e filhas. No Antigo Testamento encontramos exemplos de relações sexuais entre pai e filhas que não são absolutamente censuradas.

Mudam as culturas, mudam as religiões, mudam as políticas e as economias, mudam os desejos, mudam a ética, as ideias sobre a justiça, as relações de poder e submissão e, supostamente, mudam as ideias sobre o amor erótico. Em um determinado

---

da Tanzânia creem que Deus, no início, fez um buraco na terra e extraiu dali os pássaros e demais animais, inclusive o gado bovino. Depois, tirou do buraco os primeiros masai e lhes deu todos os animais. Por esse motivo, eles possuem todas as vacas e os bois. (Comunicação pessoal do chefe religioso de Simangiro, feita no ano de 1977.) Essa crença dá lugar a fortes e às vezes sangrentas batalhas com as etnias vizinhas, já que os masai costumam se apoderar de seu gado, intimamente convencidos de que lhes pertence por ordem divina.

momento da pré-história – que não é o mesmo em todas as sociedades –, aparece a ideia da união permanente e socialmente reconhecida entre duas pessoas, que hoje em dia chamamos "casamento", e que obriga ambos os cônjuges a se submeter a normas determinadas e variáveis segundo as sociedades e os momentos históricos.

Bertrand Russel se perguntava: para que repetir os erros antigos havendo tantos erros novos a cometer? Mas não levava em consideração o fato de que o ser humano parece gostar – da mesma forma que fazem as crianças pequenas com os contos – de repetir indefinidamente as mesmas histórias. Vejamos um exemplo. A origem do casamento se perde nos longínquos tempos da pré-história, seu primitivismo não oferece nenhuma dúvida e ele é citado nos documentos mais antigos, desde a Bíblia até o Código de Hamurabi, sobrevivendo até o momento atual, em que ainda é considerado – na maioria das sociedades, mas não em todas – uma instituição básica para a sociedade. No entanto, e apesar das excelências indiscutidas do matrimônio, segundo Stephanie Coontz,[7] há milhares de anos as pessoas vêm se queixando de que o casamento está em crise e estão convencidas de que em uma época anterior ele havia tido melhor propósito. Na Grécia antiga, os maridos se queixavam do comportamento de suas mulheres e de sua decadência moral, e os romanos se lamentavam das elevadas cifras de divórcio muito superiores às do passado, em que a estabilidade matrimonial era muito maior. Coontz cita a socióloga Amy Kaler que, na década de 1990, realizando entrevistas orais em uma região da África do Sul, na qual o divórcio existia havia muito tempo, constatou com surpresa que as pessoas entrevistadas acreditavam que as rixas domésticas e a instabilidade matrimonial eram algo próprio de sua geração. Kaler analisou histórias orais de cinquenta anos atrás e comprovou que os avós e bisavós das pessoas entrevistadas também consideravam que

---

7 Ibid.

na época de seus próprios avós as relações matrimoniais funcionavam muito melhor.

Na Grécia antiga, como em tantas outras sociedades, a união entre um homem e uma mulher tinha uma função muito mais ampla que a reprodução, já que tanto o matrimônio como a reprodução serviam a objetivos sociais que diziam respeito não só ao casal implicado, mas também aos interesses de suas respectivas famílias. Conseguir um bom casamento era uma forma de aumentar as riquezas e o poder nas classes dominantes e realizar alianças e políticas que beneficiavam não apenas os contraentes, mas também suas famílias. Aqueles que aspiravam governar necessitavam contar com exércitos poderosos, cuja manutenção era muito cara e não estava ao alcance de suas economias. A solução mais fácil era realizar alianças matrimoniais com algum outro chefe que tivesse filhas, desejo de poder e recursos econômicos abundantes, para reunir forças que permitissem alcançar as aspirações de ambos.

Tampouco aqueles que não pertenciam à aristocracia gozavam da liberdade de se casar por amor, já que seus pais os obrigavam a se submeter a casamentos de conveniência. Uma aliança matrimonial infeliz não era considerada um motivo válido para rejeitar um casamento. Na antiga Atenas, por exemplo, se uma mulher casada se convertia em herdeira dos bens de seu pai – o que só ocorria se este morresse sem deixar descendentes homens –, seu parente mais próximo podia pedi-la em casamento, mesmo que já fosse casado. Os respectivos matrimônios eram suprimidos mediante divórcio, já que acima deles estava um valor mais importante: manter o patrimônio familiar dentro do âmbito familiar.[8]

As alianças matrimoniais conferiam muito poder à aristocracia grega, mas à medida que as cidades-Estado foram crescendo e se desenvolvendo, surgiu uma nova classe, que chegou a ser economicamente muito poderosa, que acumulava dinheiro

---

8 Ibid.

desenvolvendo atividades como o comércio, as manufaturas e a administração, em vez de se basear fundamentalmente em alianças matrimoniais. Os interesses de ambos os grupos sociais não tardaram em se confrontar, já que a aristocracia defendia muito mais seus interesses pessoais, familiares e de seus aliados políticos que os da maioria dos cidadãos. Até o século VI a.C. não se conseguiu limitar, mediante a legislação dos reformadores atenienses, o desmesurado poder das famílias de uma aristocracia que praticava frequentes e sangrentas batalhas entre elas, pelo fato de que administravam uma justiça baseada nos princípios da vingança, que comprometia toda uma família diante da afronta infringida a um deles. A nova legislação diminuiu o poder das famílias, influenciando também no matrimônio que as fortalecia.

O Estado tomou ao seu encargo muitas das funções que, de maneira arbitrária, antes eram exercidas pelas famílias da aristocracia, diminuindo assim o poder destas. Ao estabelecer o costume do testamento, por exemplo, ficava impedido que o grupo familiar se apoderasse automaticamente dos bens do falecido, pois era a vontade do finado que estabelecia quem eram os herdeiros. As coisas mudaram muito. Um grande pensador como Platão considerava que as famílias deviam ser abolidas, e Aristóteles defendia que os cidadãos deviam sobrepor os interesses do Estado aos seus próprios e aos de sua família.[9]

No entanto, a situação da mulher dentro do casamento mudou muito pouco. As ideias sobre a reprodução humana, difundidas por Aristóteles, segundo as quais a mulher não era mais que o receptáculo do princípio de vida contido no esperma, não ajudaram muito a sequer valorizar seu papel na reprodução. Na *Política*, Aristóteles assegura que o homem deve governar a mulher, já que "o macho é por natureza mais apto para a direção que a fêmea"[10] e estabelece que as mulheres devem se casar "até a

---

9 Ibid.
10 Aristóteles, *Política*, Livro I.

idade de 18 anos", e os homens "aos 37 ou aproximadamente".[11] Isso supunha um avanço sobre os costumes da época, em que muitas jovens eram dadas em matrimônio a partir dos 11 ou 12 anos – e até antes – a homens muito mais velhos que elas, o que provocava muitos problemas de saúde e o falecimento de muitas meninas.

A mulher era transferida, junto à autoridade sobre ela, das mãos do pai às do marido, que era responsável por controlá-la. Se o pai falecia antes que ela contraísse matrimônio, eram os irmãos que se responsabilizavam pelos trâmites matrimoniais e pagavam o dote. A mãe também passava a depender dos filhos homens.

Depois do casamento, as jovens de classe abastada geralmente passavam a maior parte do tempo reclusas na casa de seu marido, cuidando dos interesses dele. Como afirmava Demóstenes: "Nós temos cortesãs para o prazer, concubinas para o cuidado diário e esposas para criar filhos legítimos e serem guardiãs fidedignas de confiança das posses de porta adentro".

As mulheres que não pertenciam à aristocracia realizavam diferentes trabalhos artesanais, agrícolas e serviços gerais, que as mantinham fora do recinto doméstico.

Esse estado de coisas não implica que não houvesse casamentos unidos por fortes laços amorosos, voluntariamente eleitos, porém, isso não era o mais comum. Tampouco impedia que o amor fosse uma ideia muito importante à qual se dava uma forma divina, embora essa idealização não estivesse habitualmente incluída no matrimônio, mas fora dele. O próprio Platão considerava que o amor era uma emoção maravilhosa que fazia "os homens obrarem de maneira honrosa". Contudo o filósofo grego não se referia ao amor pelas mulheres, "como o que sentem os homens mais vis", mas ao amor de um homem por outro. Também o amor entre mulheres é conhecido na Grécia e nos chegaram testemunhos escritos principalmente graças aos textos

---
11 Ibid., Livro VII.

de Safo e sua escola poética de Lesbos, que, segundo Morali--Daninos,[12] "são as governantes de uma espécie de autarquia sexual feminina". Curiosamente, na Grécia, se castigava a prostituição masculina, mas não a feminina, que era muito praticada.

Da mesma forma, também em Roma o matrimônio exerceu funções muito mais ligadas aos interesses políticos e econômicos que às relações amorosas. Roma possuía um potente exército, o qual, além de manter no controle as famílias mais poderosas, obrigava muitos homens a permanecerem muito tempo fora do lar cumprindo serviços militares em longas campanhas que os ausentavam durante anos. Portanto, eram as mulheres patrícias que deviam governar a casa e se ocupar da produção e dos negócios, o que lhes permitia conseguir suas próprias fortunas. Graças a isso, obtiveram também certa influência política e social.

O casamento era considerado muito importante, já que aumentava as riquezas do marido – graças ao dote – e sua influência, devido ao emparentamento com outras famílias. Também outorgava a legitimidade aos filhos e regulava seu direito à herança. O poder do patriarca sobre a família era absoluto; além de governar de maneira totalitária a extensa família, que compreendia mulher, filhos, netos, escravos e escravas, podia aceitar ou rejeitar seus descendentes. Se o pai aceitava a criatura recém-nascida, esta passava a fazer parte da família; caso contrário, era exposta à intempérie para que morresse ou também podia ser dada em adoção. A importância do casamento chegou a ser muito grande. Por exemplo, o fato de estar casado e ter filhos era uma condição que facilitava, aos homens de classe elevada, ocupar cargos políticos. O imperador Augusto chegou a proclamar por decreto a necessidade de que todos os romanos se casassem ou voltassem a fazê-lo depois de um divórcio ou de enviuvar, determinando uma série de penalizações econômicas se não o fizessem

---

12 Morali-Daninos, *Histoire des Relations Sexuelles*.

ou se não tivessem filhos, e concedendo estímulos econômicos e sociais em caso de obediência às normas.

Havia todo um sistema legislativo que regulava quem podia casar entre si e quem não podia. Por exemplo, os cidadãos romanos eram proibidos de se casar com escravas e prostitutas e necessitavam de uma permissão especial para o matrimônio com estrangeiras, embora pudessem ter todas elas como concubinas. O divórcio era fácil de ser realizado e bastava uma simples declaração de intenções para obtê-lo. Na tardia República romana, qualquer um dos membros do casal podia iniciá-lo, e por isso o divórcio era muito frequente, ao menos entre as classes mais elevadas. O fato de um marido bater em sua esposa era uma razão válida para que esta o repudiasse.[13] Quando se realizava um divórcio, o marido devia devolver o dote, a menos que a esposa tivesse sido declarada expressamente infiel.

Na Grécia, as mulheres consideradas decentes permaneciam a maior parte do tempo no gineceu e não costumavam participar de banquetes ou festas em outras casas, mas em Roma a mulher acompanhava seu marido em atos sociais e passeava por lugares públicos. No entanto, as liberdades dos homens e das mulheres não eram nem de longe equivalentes.

Na sociedade romana, o amor também não era o motivo principal para a celebração de casamentos, e as relações extramatrimoniais, em que os amantes eram escolhidos voluntariamente, eram muito abundantes, sobretudo entre as altas classes sociais. O amor, portanto, exercia sua influência entrando pela porta dos fundos.

As relações amorosas e sexuais se veem influenciadas por organizações sociais que, por sua vez, se sustentam graças às relações e aos costumes amorosos vigentes. Tudo isso condiciona infalivelmente a situação da mulher em cada sociedade, criando círculos nos quais ela é um elemento fundamental, que é necessário ter sob controle para manter uma determinada ordem patriarcal.

---

13 Coontz, op. cit.

Não se pode atribuir as mudanças nas relações amorosas a um só fator, mas à existência de uma série de fatores que provocam mudanças fundamentais. As ideias e os costumes amorosos, o que é permitido ou proibido, não são absolutamente independentes do fator econômico, político, ideológico, psicológico e, definitivamente, social. Isso fica evidente se lançarmos um rápido olhar sobre como funcionaram essas coisas no passado de nossa cultura depois do Império Romano.

Grandes mudanças surgiam no Ocidente nos tempos finais do Império Romano e com a chegada do cristianismo. Essas mudanças afetaram de maneira fundamental as relações entre homens e mulheres e a estrutura política econômica e psíquica daquela sociedade.

No século I de nossa era, os cristãos de algumas comunidades eclesiais repeliam de maneira voluntária os prazeres do corpo e pregavam a abstinência sexual. Essa atitude, e as consequências negativas que sua generalização podia provocar, motivou Paulo de Tarso, em torno do ano 50, a lhes dedicar a Primeira Epístola aos Coríntios, na qual dizia: "Bom é para o homem não tocar em mulher; mas, para evitar a fornicação, tenha cada um sua mulher e cada uma tenha seu marido. [...] No entanto, digo aos não casados e às viúvas que é melhor permanecer como eu. Mas se não puderem guardar continência, casem-se, pois é melhor casar que se abrasar".[14] O casamento e as relações erótico-sexuais eram considerados pouco desejáveis, à época, pelos cristãos, mas o matrimônio era aceito como um mal menor e não eram poucos os que pregavam a abstinência sexual mesmo dentro do casamento. Essa nova mentalidade relativa ao amor e ao sexo supunha uma mudança radical em relação à cultura romana, muito mais aberta e permissiva. As novas ideias corriam paralelas às concepções religiosas fundamentalistas dos primeiros cristãos, opostas à abertura religiosa dos romanos. Concomitantemente, apareceu

---

14 Apud Ruiz-Domènech, *La ambición del amor: historia del matrimonio en Europa*.

uma projeção de tipo paranoico que responsabilizava a mulher pelos desejos sexuais do homem e que teve como consequência uma demonização da mulher, vista como culpada de ativar a luxúria do homem. No início do século III, Tertuliano considerava as mulheres "a via de acesso ao demônio"[15] e, para que essa via fosse menos atrativa, publicou um texto intitulado *Sobre a aparência das mulheres* (que hoje em dia poderíamos intitular *Como arruinar as indústrias cosmético-cirúrgicas e afins*), em que considerava que uma cristã devia renunciar à formosura, à beleza e tudo aquilo que pudesse destacá-la, como as túnicas justas, as maquiagens e os adornos corporais. Considerava perigosos os banhos quentes, já que afirmava que um corpo belo e asseado induzia ao pecado.

Nos primeiros séculos do cristianismo surgiram várias ideias que impunham a repressão da sexualidade a homens e mulheres e faziam recair sobre estas a maior parte da culpabilização pelo "pecado" recém-nascido do sexo, ao mesmo tempo que exaltavam a virgindade. A repressão sexual, e sobretudo a autorrepressão, levaram a sublimar o erotismo desviando-o para outros campos, como os ideais do ascetismo e a renúncia aos prazeres da vida, tão próprios das ideias religiosas dos primitivos cristãos, pregados por uns e praticados por outros. A adequação à conduta social mais valorizada levava, então, à prática de um ascetismo contra a natureza, ou à dissimulação e à hipocrisia.

22. Mais acordos entre patriarcas

Na sociedade feudal, as uniões entre um homem e uma mulher eram o resultado de um acordo entre os patriarcas de cada família. O pai da jovem entregava sua filha ao pai do futuro marido, de maneira que o casamento era, na verdade, um acordo entre homens, chegando mesmo ao ponto de os futuros

---

15 Apud Ruiz-Domènech, op. cit.

contraentes nunca terem se visto antes da celebração dos esponsais. O amor podia (ou não) surgir depois do casamento, mas não era uma condição necessária para que este se realizasse. Um dos fundamentos do matrimônio entre nobres era de tipo econômico, já que favorecia a união de bens e terras entre famílias.

O casamento foi, durante muitos séculos, a forma de união não apenas e principalmente entre duas pessoas, mas de dois grupos familiares,[16] o que evidencia que a finalidade cumprida pelo casamento vai mais além da reprodução – que em si mesma não necessita de tais rituais – para cumprir uma clara função econômica e político-social. Stephanie Coontz assegura que "provavelmente a função mais importante do casamento ao longo da maior parte da história [...] era a de estabelecer relações de cooperação entre famílias e comunidades".

No início da Idade Média, não era raro que os conquistadores, quando venciam e matavam um rei, se casassem com sua viúva, depois de se desfazer dos herdeiros, para ter acesso à coroa. Os reis convertidos à religião católica tampouco hesitavam em recorrer à poligamia, se a considerassem necessária, para ampliar suas posses.[17] A poligamia lhes permitia, além disso, aumentar sua descendência de homens e, portanto, as possibilidades de ter um herdeiro que sobrevivesse a eles, já que eram passíveis de morrer por enfermidade, guerra e por múltiplos acidentes causados por situações como a caça e outros afazeres viris.

O casamento monogâmico que a religião católica pregava acabou se impondo na época medieval, em parte devido ao crescente poder da Igreja católica e, em parte, porque proporcionava

---

16 Coontz, op. cit.
17 Tal foi o caso, por exemplo, de Clotário, filho de Clodoveu e Clotilde, que, ao morrer seu irmão Clodomiro no século VI, eliminou os descendentes deste, casou-se com sua viúva e se anexou ao reino de seu irmão morto. Apesar de ser cristão, não só renunciou à sua anterior esposa mas se casou, mais tarde, com a irmã desta, acrescentando uma quarta esposa ao se casar depois com a filha do rei da Turíngia.

vantagens, como evitar as lutas entre diferentes herdeiros procedentes dos diversos casamentos. Mas casamento monogâmico não equivalia à sexualidade monógama, já que continuaram se proliferando as relações extramatrimoniais por parte dos homens e a descendência considerada ilegítima e sem direito à herança paterna. Isso não quer dizer que em nenhum caso tivessem acesso ao poder, já que às vezes podiam herdá-lo do pai se este não possuísse descendência masculina legítima.[18]

Na história medieval encontramos uma imensa quantidade de exemplos que evidenciam como o casamento era utilizado principalmente para a criação de alianças entre os aristocratas e a obtenção de benefícios econômicos e relações que proporcionavam poder. As mulheres ricas contribuíam com importantes dotes ao matrimônio, o que fazia alguns maridos ignorarem as infidelidades das esposas para não perderem seu patrimônio depois de uma separação. Isso não impedia, no entanto, que o marido traído matasse o amante de sua mulher. Isso teve fim quando, a partir dos séculos XI e XII, as famílias aristocratas começaram a adotar o costume de tornar herdeiro universal o mais velho dos filhos homens, e com isso as mulheres perderam majoritariamente o direito a dispor de uma herança própria, o que diminuiu a importância das alianças matrimoniais por conveniência.

No início da Idade Média, as uniões matrimoniais tinham, entre as classes menos favorecidas, um aspecto distinto. Em primeiro lugar, a Igreja, durante os primeiros séculos de sua existência, se imiscuía muito pouco nelas, e a separação era muito fácil de ser obtida, dado que os interesses em jogo eram bem menos importantes. Bastava que o casal declarasse que a vida em comum era insuportável, que cada um queria ser livre ou que

---

18 Henrique I da Inglaterra, por exemplo, teve 21 filhos bastardos que se contavam entre seus defensores e a quem concedeu títulos nobiliárquicos. A produção extramatrimonial de filhos tinha também consideráveis vantagens para o pai prolífero, razão que acrescentava atrativos a essa prática.

um dos dois desejava ficar recluso em um mosteiro, para que se aceitasse a separação. As mulheres, ao se separar, tinham direito a uma parte das propriedades do casal, proporcional ao trabalho que haviam realizado; se, por exemplo, a mulher era a responsável pelos cordeiros e bezerros de uma granja, lhe correspondia uma porcentagem importante destes, assim como os instrumentos de elaboração do queijo, se fosse ela a encarregada de fabricá-lo. Ninguém ainda havia declarado que o homem era o principal provedor do lar.[19]

Os casamentos do povo eram considerados válidos se existisse uma promessa mútua e fossem abençoados por um dos pais, embora romper o matrimônio fosse mais difícil que contraí-lo, e uma das causas era a existência de interesses econômicos e a garantia de proteção da descendência. Ainda assim, esses casamentos se realizavam tendo em conta os bens e a posse de terras de ambos, já que permitiam unir terrenos vizinhos e engrandecer as posses dos camponeses que não estavam submetidos a senhores feudais. Nas cidades, esse tipo de casamento não constituía tampouco uma exceção.

Todas essas considerações relativas à Idade Média são necessariamente muito esquemáticas. Não seria justo afirmar que não pudessem existir casamentos baseados no amor ou que este não se desenvolvesse depois do matrimônio; no entanto, o fato de que ambos os contraentes se amassem não era socialmente considerado como justificativa ao matrimônio. Os interesses familiares ou da comunidade rural eram muito mais importantes que os interesses e desejos individuais. O feudalismo, baseado no poder absoluto de uns poucos patriarcas, não permitia que se levasse em consideração os desejos individuais, se é que estes chegavam a se manifestar. Apenas uma conduta férrea permitia aos poderosos se manter no poder; as condições econômicas, psicológicas e sociais que eles haviam criado tornavam muito difícil a sobrevivência dos

---

19 Ibid.

dissidentes do sistema. O marido podia castigar fisicamente sua mulher, sem que ninguém tivesse direito a reprová-lo, tanto no caso dos nobres como qualquer um de seus servos.

Coisa muito distinta eram as relações amorosas à margem do matrimônio, típicas do *amor cortês*, louvado pela poesia provençal, desenvolvido por trovadores e trovadoras e difundido pelos jograis. Tratava-se de uma concepção do amor altamente idealizada, na qual se apresentava o apaixonado como o vassalo de sua dama, pela qual realizava as maiores proezas, arriscava sua vida e era capaz de grandes sacrifícios. Eram relações que aconteciam com o maior sigilo e nas quais ambos os amantes trocavam favores, movidos unicamente por sentimentos amorosos, à margem de toda constrição contratual. Os romances de cavalaria exemplificam profusamente essas lides amorosas.

Não é nosso objetivo descrever em detalhes a complexidade das relações eróticas, frequentemente opostas às matrimoniais, nem de seus direitos e deveres e das múltiplas transformações que se operam ao longo dos anos e em diferentes lugares, em toda a Idade Média, mas apenas enfatizar alguns aspectos que nos permitirão compreender melhor as mudanças mais importantes realizadas ao longo dos séculos nas relações erótico-amorosas e mostrar que essas transformações são resultado de fatores de índole muito diversa que interagem modelando e modificando os comportamentos, tanto individuais como sociais e pessoais.

23. O amor rompe algumas cadeias

Os fatores que precipitaram a queda do sistema feudal foram muitos e bastante variados, mas essa queda teve enormes repercussões nas convicções do que e como deviam ser os sentimentos amorosos entre um homem e uma mulher.

Entre esses fatores pode-se citar a decadência do poder dos senhores feudais, as consequências derivadas da peste negra que dizimou os núcleos urbanos no meio do século XIV, o desenvolvimento de novas ocupações urbanas durante o século XV, entre outros. Durante esse período, cada vez mais pessoas encontravam formas de subsistência independentes dos senhores feudais e das fechadas sociedades rurais, graças aos trabalhos artesanais, o comércio ou a criação de pequenas manufaturas urbanas, entre outros ofícios que lhes permitiam subsistir. O par casado, ajudado por assalariados (serventes e aprendizes) e, em certas ocasiões, escravos, passou a ser a unidade familiar mais importante, e se tornou independente dos interesses familiares mais amplos que haviam primado durante vários séculos.

O Renascimento abre uma nova série de possibilidades à imaginação e à ação. Volta-se a valorizar o desnudamento do corpo nas artes plásticas e aparece também uma "nudez" na literatura, nas ciências e nas ideias em geral. A dissecção do corpo humano deixa de ser um tabu, e as ciências experimentam um importante impulso graças, em parte, também ao questionamento dos velhos sistemas científicos, fortemente oprimidos pelo pensamento religioso e a Inquisição medieval, que se prolongaria até muito tarde. Não nos esqueçamos das condenações que sofreram, por suas ideias científicas e religiosas, personagens como Giordano Bruno, Miguel Servet ou Galileu, mortos os dois primeiros na fogueira e recluso o último na prisão. No entanto, importantes invenções, como o telescópio e o microscópio (que permitiu, por exemplo, a descoberta dos espermatozoides),[20] entre outras, abriram novas portas ao conhecimento e possibilitaram elaborar novas visões do mundo, da vida e também do amor. Inicia-se uma verdadeira revolução que começa a pôr fim ao obscurantismo e à

---

20 Graças aos primeiros microscópios e apesar de sua escassa definição, Leuwenhoek descobriu a existência de espermatozoides no sêmen e acreditou ver "homúnculos pré-formados" em seu interior; mas foi preciso esperar até 1877 para que Fiol descobrisse a fecundação de um óvulo por um espermatozoide.

repressão medieval, naqueles lugares em que a Inquisição tinha menos força.

A exaltação do mundo antigo leva a generalizar, entre os pensadores da época e as pessoas cultas, a leitura dos autores clássicos e a se identificar com alguns aspectos de sua visão de mundo. As ideias sobre o amor experimentam também sua influência e aparecem algumas concepções amorosas inspiradas nas ideias de Platão que, embora sejam muito diferentes das do filósofo grego, tomam elementos importantes de seu pensamento sobre a temática amorosa. Nasce o *amor platônico*, baseado no respeito e na admiração entre o casal de amantes e na exaltação e idealização da outra pessoa. Essa ideia do amor torna possível se apaixonar por alguém conhecido apenas por uma descrição ou uma pintura, e realizar, por essa pessoa, as maiores proezas e sacrifícios. A projeção das próprias ideias na outra pessoa – independentemente da maneira de ser e da vontade desta – fica claramente patente nesse tipo de amor que pode proporcionar, no entanto, as maiores satisfações. "Nada é mais digno de amor que o impossível" poderia ser o lema dessa forma de amar que expressa, no fundo, um grande amor aos próprios ideais.

Apesar de tudo, o velho costume de contrair matrimônio por causas econômicas e obediência aos desejos paternos continuou até o século XVIII (embora em alguns lugares tenha se prolongado até o final do século XIX). Como qualquer transformação social, a mudança de ideias sobre como deveriam ser as relações amorosas se produziu de maneira paulatina. Já nos séculos XVI e XVII, a Igreja começou a falar da necessidade de que existisse amor no casamento e a pregar que o homem deveria governar o lar não apenas recorrendo à ameaça e ao medo, mas também ao amor, em igual medida.

No século XVII, na Europa, ainda se considerava que o marido tinha direito a infligir castigos físicos à sua mulher, embora se recomendasse que não o fizesse com excessiva severidade. As esposas que protestavam ou desobedeciam aos maridos eram consideradas dignas desse tipo de castigos. Nas colônias norte-americanas, multava-se e castigava o marido que não se fizesse obedecer por sua mulher, podendo ser julgado e declarado culpado se os vizinhos o denunciassem por essa razão. A partir do momento em que uma mulher contraía matrimônio, o marido tinha direito a obrigá-la a ter relações sexuais, como "débito conjugal", além de poder mantê-la fechada em casa e recorrer a castigos físicos para se fazer obedecer. Passava também a ser proprietário de todos os bens de sua mulher, que podia explorar e vender como bem quisesse.[21] Até o final do século XVIII, não se produziram protestos importantes contra esse estado de coisas, que coincidem com o nascimento do *amor romântico*.

As transformações políticas, sociais e pessoais que a queda da sociedade feudal trouxe consigo, e a consequente independência econômica das famílias, possibilitaram que pouco a pouco também os novos matrimônios se tornassem independentes do amplo círculo familiar em que se encontravam inseridos outrora. Como consequência, a escolha do par se converteu em um privilégio dos contraentes, que progressivamente optaram por uniões das quais se esperava mais a felicidade pessoal que o benefício econômico. O amor gozou de reconhecimento social como causa principal que legitimava o casamento. Durante a Ilustração, no século XVIII, surgiram importantes pensadores que defenderam os direitos individuais e as relações sociais baseadas na razão e na justiça, e não na força. Uma de suas consequências foi a condenação da violência exercida pelo homem contra a mulher e se

---

21 No entanto, esse estado de coisas não era exatamente igual em todos os lugares. Assim, por exemplo, na Catalunha, o marido era administrador dos bens da esposa, mas não proprietário dos mesmos. Uma mulher podia denunciar o marido por maus-tratos. Quando isso ocorria, o juiz a destinava a um lugar respeitável, fora do alcance do marido, que era obrigado a mantê-la com o dinheiro trazido pela mulher com seu dote. Se o marido fosse considerado culpado, a mulher recuperava os próprios bens e o casal obtinha a separação, embora não a anulação, e com isso nenhum dos dois podia voltar a se casar.

começou a considerar que as relações matrimoniais deviam se basear mais no amor e na justiça que no poder do marido.

No entanto, ainda se estava muito longe de considerar desejável a igualdade de direitos entre homens e mulheres. Quando, em 1792, a escritora britânica Mary Wollstonecraft reclamou a igualdade entre marido e mulher, sua proposta foi considerada inaceitável, inclusive pela imensa maioria dos homens que defendiam o amor romântico.

Paralelamente à exaltação do amor como um direito individual que proporciona felicidade e liberdade às pessoas – diante da repressiva carga que supunha o matrimônio arranjado pelos pais – surgiu a melhoria da condição das mulheres e a conscientização, por parte destas, de seus direitos e valores.

Os sistemas e as ideologias políticas influenciaram e continuam influenciando de maneira muito importante as formas que as relações matrimoniais e eróticas adquirem. Até o final do século XVII, a família era concebida como uma monarquia em miniatura, na qual o marido tinha a autoridade de rei sobre o resto da família. A maioria da sociedade aceitava o absolutismo, tanto no terreno da política como no do lar. Mas as mudanças políticas surgidas dos ideais das Revoluções Francesa e norte-americana, no último quartel do século XVIII, sacudiram também as raízes do autoritarismo patriarcal. John Locke, no final do século XVII, considerava que o poder dos governantes não era mais que um contrato que estes estabeleciam com os governados e que, se não governassem com equidade, podiam ser substituídos. O próprio Locke sugeriu que o matrimônio também podia ser considerado como um contrato entre dois iguais, embora estivesse convencido de que os homens é que deviam dirigir a família. A escritora Mary Astell, usando uma lógica consequente, perguntava: "Se a soberania absoluta não é necessária em um Estado, por que haveria de sê-lo na família?", e concluía que ela era mais daninha nas famílias que nos reinos; pela mesma razão, dizia que "100 mil tiranos são piores que um".²² Em 1791, Olympia de Gouges exigiu o sufrágio universal, por meio de um manifesto feminista no qual também reivindicava o acesso das mulheres a cargos públicos, assim como outra série de direitos que as equiparavam aos homens.

No momento atual, em que predominam os ideais democráticos, as leis dos países que se realmente apoiam neles estão proclamando a igualdade de direitos e deveres entre o homem e a mulher, dentro do casamento e fora dele. Isso não quer dizer que a equidade entre ambos seja uma realidade, mas uma reivindicação sustentada com força, sobretudo pelos movimentos feministas e pelos movimentos de homens que questionam o papel masculino tradicional, apoiados por uma parte cada vez mais importante da população, sobretudo pelos jovens que sonham com um mundo mais justo. Também neste momento – que a esse respeito pode ser considerado um momento de transição – aparece uma série de importantes defasagens que mostram as contradições produzidas ao se defrontar com dois sistemas sociais diferentes. Assim, por exemplo, enquanto se elogia o sistema democrático em público, há quem defenda privadamente o sistema antidemocrático próprio da família patriarcal, no qual as decisões importantes são privilégio do pai de família.

24. Da repressão exterior à autorrepressão

Contrariamente ao que poderia parecer, a liberação do amor não trouxe consigo uma drástica supressão dos tabus que pesavam sobre o sexo; apenas fez que adquirissem novas formas. O controle da sexualidade – que, na época medieval, era exercido pela Igreja e pelo clero em seu nome, junto com os senhores feudais, as famílias e inclusive os vizinhos – passou a ser um assunto

---

22 Ibid.

intrafamiliar. As famílias abastadas deixaram de controlar a vida sexual e amorosa de quem dependia economicamente deles para se ocupar do comportamento de sua própria família. As relações sexuais pré-maritais (e, em geral, todas as que tivessem lugar fora do matrimônio) eram muito malvistas.

Existe uma forma muito eficaz de evitar ao controlador a pesada carga de exercer uma vigilância constante, que consiste em conseguir que as pessoas a quem se quer controlar não se apercebam disso, interiorizando elas mesmas as proibições e deixando que a autorrepressão assuma seu papel. O instrumento que funcionou nesse caso foi a propagação de um modelo de mulher muito diferente do que se tinha nos séculos anteriores, no que se refere ao sexo. Como vimos, na Idade Média se interiorizou uma ideia das mulheres que as supunha incapazes de conter suas paixões, causa do pecado dos homens, a quem superavam em luxúria. Não em vão fora Eva quem não resistiu à tentação da serpente e quem induziu Adão a pecar, sendo por isso a causa de todos os males. Essa imagem já havia caído em desuso no início do século XIX. O modelo de mulher de então a apresentava como casta e pura, carente de desejo sexual, como uma de suas características inatas. Essa forma de feminilidade devia levar o homem a refrear seus impulsos diante dela. Uma vez mais se atribuía à mulher uma importante cota de responsabilidade na conduta sexual do homem, embora fosse de um ponto de vista oposto ao que se contemplava na Idade Média. É claro que a maioria das mulheres se adaptou e se apropriou desse modelo social para ser bem considerada e não sofrer o estigma de estar à margem do que se apresentava como a normalidade. A autorrepressão tornava menos necessária a repressão procedente do exterior, e os pais podiam descansar tranquilos, confiando na "virtude" de suas filhas, convenientemente adestradas para ser castas. O namorado devia proteger sua amada para que seguisse sendo virtuosa e pura até chegar ao casamento, que, naturalmente, era a culminação do amor e do desejo. A maioria dos filmes românticos do século XX e do presente século ainda termina com o casamento ou com a união feliz do casal protagonista.

Ao longo do século XX, as transformações se sucederam em um ritmo muito mais rápido, como se as mudanças se sobrepusessem umas às outras sem ter tempo de se cristalizar. Embora para quem as vivesse elas pudessem parecer lentas, se comparadas com as produzidas ao longo de toda a história que conhecemos adquirem um aspecto vertiginoso. Mas talvez convenha uma maior prudência e distinguir uma mudança aparente ou superficial de uma mudança profunda, ou seja, aquela tão temida por muitos porque é capaz de subverter as bases em que se assentam os sistemas políticos, econômicos, pessoais e sociais. As mudanças rápidas raras vezes são profundas. A história da vida nos ensina que as mudanças duradouras são fruto de evoluções e não de revoluções. As primeiras têm tempo de ensaiar, equivocar-se e consertar, supõem construções potentes porque levam em consideração muitas variáveis, ideias, tendências e possibilidades, e esse trabalho em profundidade as torna sólidas e duradouras. Criam convicções e evidências, convencem mais que impõem, não parecem ter pressa e estão vedadas aos impacientes.

A imagem da mulher como casta e pura, carente de desejo sexual, não durou muito, e o casamento adquiriu outros matizes. O casamento por amor, que aparentemente considerava ambos os cônjuges no mesmo nível, mas que dava ao marido o direito ao governo da família (que devia ser o provedor e concedia à mulher o governo da casa e o cuidado com os filhos), parecia ter um equilíbrio baseado na distribuição e na complementaridade de funções entre ambos os cônjuges. Porém, as coisas mudaram por diversos fatores. A industrialização e a consequente demanda de mão de obra favoreceu que as mulheres saíssem do lar e ganhassem um salário. As duas guerras mundiais as obrigaram a ocupar o lugar deixado vazio pelos contendentes e mostraram aos homens, e sobretudo às próprias mulheres, que elas eram capazes de fazer muitos trabalhos que lhes estavam proibidos em época de paz. Uma vez sendo esta recuperada, muitas tiveram de continuar trabalhando para manter os lares que as guerras haviam deixado sem pais, e outras o fizeram porque descobriram a importância de poder alimentar a si mesmas e dispor de independência econômica. As portas das universidades foram se abrindo paulatinamente às mulheres, que assim, pela primeira vez, podiam se igualar a seus companheiros em formação e discutir com eles no mesmo nível, dando-se conta de que não havia tanta diferença entre ambos. Também veio abaixo o mito da falta de desejo e da "frigidez" feminina, descobrindo-se em muitos casos que era apenas uma falta de habilidade masculina. "Não há mulheres frígidas, mas homens inexperientes", diziam alguns especialistas.

Os movimentos juvenis de final dos anos 1960, a ideologia liberadora do movimento *hippie*, os movimentos antibélicos ("faça amor, não faça a guerra") e as ideias e sentimentos que inspiraram o Maio de 1968 mostraram aos jovens que havia outra maneira de viver e, além disso, que era possível praticá-la, embora fosse por pouco tempo ou às margens de uma sociedade que não lhes satisfazia.

No entanto, as ideias e emoções que sustentavam o amor romântico não desapareceram, embora se modificassem e adotassem novas formas de coerência. Merecem por isso uma especial atenção.

III. As novas formas do amor romântico

> O entendimento se assemelha muito ao sexo. Serve a um propósito prático, mas essa não é normalmente a razão pela qual as pessoas o pratiquem.
>
> Frank Oppenheimer

A paixão existiu sempre, em todos os tempos e em todas as sociedades, embora tenha adquirido matizes ou formas diferentes. O que alguns chamam de "amor passional" sempre teve lugar entre os seres humanos de todas as etnias, sexos, ideologias, épocas e condições sociais, mas as formas de satisfazê-lo variaram muito.

O amor romântico, que segundo a maioria dos autores surge no século XVIII, é inspirado nos estados cognitivo-emocionais que a paixão provoca, lhe imprime uma particular forma que concorda com o pensamento dominante da época, e o estrutura e organiza com a intenção de convertê-lo em um estado permanente e, inclusive, em uma forma de vida e de relação entre amantes. No entanto, sabemos que a paixão é um estado emocional extraordinariamente intenso e polarizado que seria impossível de manter durante muito tempo. Do ponto de vista psicológico, baseia-se fundamentalmente na projeção, em outro ser, de um modelo imaginário construído pelo sujeito e que reúne as características que ele desejaria que a pessoa amada possuísse, e ao mesmo tempo faz o sujeito amante assumir o papel no qual gostaria de se ver contemplado por esta. É evidente que a pessoa amada não pode reunir todas as características desejadas e a pessoa apaixonada não deixa de tropeçar nessas "carências" à medida que o tempo passa e as situações vividas em comum refletem isso, mas não significa dizer que seja interpretado – de imediato – como algo que contradiz o modelo que foi forjado. Existem muitas maneiras de não escutar o que alguém não quer ouvir, e uma delas – como diria Einstein – é se afastar do emissor a uma velocidade superior à do som. Mas se isso não é viável do ponto de vista físico, o é do ponto de vista psíquico, já que nosso pensamento e nossa atenção podem se deslocar a outros lugares a enorme velocidade e deixar sem efeito o que vemos e ouvimos. Os dados não considerados (aqueles aos quais não atribuímos significado) constituem cotidianamente a maioria das coisas que percebemos, uma vez que, como dissemos ao tratar dos modelos organizadores, nosso cérebro realiza constantemente uma seleção daquilo que consideramos "significativo" e torna óbvio aquilo que não nos parece e ao que, em consequência, não atribuímos significado. Essa não é uma característica especial da mente apaixonada, mas, como vimos, é uma forma constante do funcionamento mental humano. O significado de qualquer ato realizado por outra pessoa é suscetível de ser interpretado de maneiras muito diversas e, como é óbvio, a pessoa apaixonada escolherá aquela que mais aproxime o ser amado de seu próprio modelo. Os felizes possuidores de um estado de paixão intenso se esforçarão para dotar de significado positivo aquelas ações da pessoa amada suscetíveis de destruir a fantasia amorosa que forjaram para si mesmos.

No entanto, essa situação não costuma durar muito tempo, e a experiência exterior acaba se impondo, quando o estado cognitivo-emocional e as correspondentes endorfinas geradas cedem lugar a outros estados mais prosaicos. É então que o amor se arrisca de verdade, quando os atos adquirem significados mais ortodoxos e a pessoa que ama deve modificar seu modelo fantasioso inicial e decidir – quase sempre de maneira não consciente – se as características positivas que emanam da outra pessoa são suficientemente satisfatórias para fazê-la abandonar suas antigas fantasias e construir outras novas baseadas nos aspectos do outro que ainda são atraentes. Se isso não ocorrer, a relação estará seriamente comprometida.

O amor romântico, como uma ideologia coletiva, se caracteriza por estar apaixonado pela paixão e querer erigi-lo em forma fundamental da vida amorosa, agitando a bandeira de uma liberdade que está distante de imperar nesse tipo de amor. A fuga de modelos amorosos guiados mais por interesses materiais, econômicos ou sociofamiliares que por laços afetivos conduz historicamente a uma explosão do desejo de liberdade. Liberdade para escolher a quem amar e como amar, sem que ninguém mais que os amantes tenha direito a se imiscuir em seus assuntos amorosos.

Deve-se dizer que o amor e a paixão estiveram francamente reprimidos (inclusive ainda mais que o desejo sexual) em muitas sociedades e em determinados momentos históricos, o que provocou um saudável desejo de liberação, como ocorre com qualquer necessidade injustamente reprimida.

O amor, tantas vezes dissociado do casamento, reivindica o direito a se tornar visível e aceito socialmente por meio dele, mas essa reivindicação de fato tem importantes consequências sociais e é, por sua vez, o resultado de outras mudanças sociais e econômicas.

25. A paixão romântica

> Tudo o que se faz por amor está além do bem e do mal.
>
> Friedrich Nietzsche

O ser humano precisa de intercâmbio e colaboração ("laborar com") com outros seres humanos. A cooperação nos fez surgir da simples célula, levou-nos a crescer e prosperar e nos manter nessa dinâmica de crescimento mental contínuo. Desejamos encontrar pessoas para avaliar, com quem trocar ideias e sentimentos, aprender formas de ver o mundo, que nos abram novas perspectivas, a quem compreender para alargar o reduzido campo de nossa existência individual e também a quem transmitir nossas construções do mundo. As demais pessoas podem ampliar nosso universo nos emprestando algo de sua existência e aceitando fazer parte da nossa. Esse desejo de proximidade cognitivo-emocional com outros seres humanos é consubstancial à nossa existência. Necessitamos da empatia para sentir que vivemos intensamente; por isso buscamos compartilhar nossas alegrias e nossas tristezas, nossos sonhos, nossas fantasias e ideias mais ousadas com alguém que possa compreendê-las. Essa necessidade nos faz conversar, discutir, apaixonarmo-nos, partir em busca de novidades que nos permitem refletir, sonhar, construir mundos e, às vezes, utopias. Para isso, contamos com uma eficaz aliada: a curiosidade.

O organismo humano conserva em todo o corpo os traços mnemônicos das estratégias às quais a vida recorreu para crescer e progredir. A mais fundamental é a união celular que deu origem a nosso corpo e o de todos os outros animais. O fato de se tratar de conjuntos organizados de antigas bactérias que perseguem objetivos comuns ou complementares não só deu origem à nossa existência, mas também a marcou de forma incontestável. Já dissemos que os seres vivos reproduzem estratégias muito antigas em níveis diferentes de complexidade, seguindo provavelmente os traços de comportamento que foram bem-sucedidos – às vezes depois de tortuosos meandros não isentos de erros – na evolução. Nós mesmas estudamos, em nível mental, seguindo a psicogênese, estratégias muito similares, que já citamos anteriormente, e que permitem a evolução cognitiva, seguindo quase passo a passo diversos momentos da evolução histórica do pensamento.[23] A evolução é necessária porque o pensamento é continuidade, não dá saltos no vazio nem na história da humanidade nem na do indivíduo. Como resultado de uma íntima e intensa cooperação e união celular, somos seres cooperativos, o que nos permite conseguir importantes êxitos que seríamos incapazes de alcançar sozinhos.

Essas estratégias estão inscritas em cada uma de nossas células. Como não continuar utilizando-as se nossa própria existência, em nível biológico, depende delas? Como vamos desperdiçar esse conhecimento que nos mantém com vida? Necessitamos disso para nos reproduzir, mas também para nos

---

23 Esse processo psicogenético, descoberto por Piaget e estudado junto com ele por Rolando García e posteriormente por nós em outros campos do pensamento, não tem nada de mágico nem se deve inferir necessariamente dele que a psicogênese resuma a filogênese. O pensamento, da mesma forma que o conjunto da vida, segue as vias que parecem mais plausíveis dado o estado mental de cada momento, o que o leva a percorrer caminhos já trilhados anteriormente, e repetindo inclusive os mesmos erros.

manter depois do processo reprodutivo. Está no mais profundo de nosso inconsciente. O que mais se parece com a íntima cooperação celular – em nível macro – é a união sexual.

Amar é uma necessidade vital, e o sexo é a forma física mais profunda de sentir a proximidade, a fusão com outra pessoa, de entrar em contato com sua intimidade. O contato sexual não tem necessariamente por finalidade a reprodução, mas buscar esse contato íntimo no qual a pessoa que ama imagina se fundir, diluir-se e passar a fazer parte de outro ser, ou seja, compartilhar seu próprio corpo, por alguns momentos. Algo parecido ao que fizeram realmente, há milhões de anos, as primitivas bactérias. Seu objetivo era se fundir para sobreviver, e a momentânea fusão reprodutiva não apareceu até muitos milhões de anos mais tarde. Isso não descarta as ideias que Freud lançou em relação à origem do desejo erótico, mas aponta para a ideia de que as coisas podem vir de muito mais longe, o que nos é apresentado como evidência se concordarmos com a ideia de uma continuidade evolutiva ininterrupta, difícil de ser concebida temporalmente em escala humana, mas nem por isso menos real. Essa continuidade evolutiva nos vincula, infalivelmente, às origens da vida, com todas as consequências que derivam desse fato.

A maioria dos atos sexuais praticados não busca a reprodução, mas a união entre dois seres e o prazer que esta proporciona. O orgasmo é vivido como o ato culminante ao qual tende o amor sexual. Mas essa não é a única forma intensa de amar, entre outras coisas porque é muito fugaz e nossa existência não pode se basear em breves momentos maravilhosos.

As formas – inconscientes, mas onipresentes – de colaboração, aproximação e união em nível humano se transformam, às vezes, em fantasias de uma impossível união permanente capaz de eliminar as distâncias físicas que nos separam daquelas pessoas em quem se projetam os desejos amorosos e de autorrealização. É o fenômeno que denominamos *paixão*, que produz estados psicofísicos que podem ser muito satisfatórios, levando a uma sensação inefável de felicidade e fazendo desejar que esse resultado não desapareça nunca, que dure para sempre. Para conseguir isso, o ser humano é capaz de renunciar ao que antes julgava como real, já que nesses estados é mais fácil renunciar à realidade que à fantasia.

Denominou-se esse estado de *paixão, amor paixão* e *amor romântico*, entre outras coisas. Preferimos adotar o termo *paixão* para distingui-lo de outras formas de amor, por razões que veremos mais à frente.

26. Características e consequências do amor romântico

Em nossa sociedade atual, é claro que o amor romântico está muito longe de ser a única causa que leva ao casamento. Há, naturalmente, muitas outras razões que conduzem a ele; no entanto, o amor continua sendo considerado a melhor das razões possíveis. Essa ideia está tão arraigada que, a menos que esteja muito claro que existem outras razões, se supõe que qualquer casal que contraia matrimônio o faz "por amor" e, se não for assim, só se admitirá como algo negativo e digno de ser criticado.

Essa nova concepção do amor, o amor romântico, que a maioria dos autores se negou a definir, tem uma série de características e normas que fazem parte do saber coletivo e que, embora não seja ensinado de maneira explícita em nenhuma escola, todo mundo reconhece e considera como evidentes.

Dado que se repetiu muitas vezes que um dos principais pilares que sustenta nossa sociedade (patriarcal, não nos esqueçamos disso) é a família, e que esta se baseia supostamente no amor, podemos inferir que o amor deveria constituir um dos pilares que sustentam nossa sociedade ou, melhor dito, um determinado tipo de amor – o amor romântico – cujas características nos convém analisar.

Mas quais são as características que predominam em uma relação amorosa para que possamos considerar que ela pode ser denominada "amor romântico"? Existe uma série de crenças que se supõe de maneira implícita que devem existir em uma relação amorosa para que a maioria das pessoas considere que se trata de um "verdadeiro amor" e que vários autores assinalaram como próprias do amor romântico.[24] Vejamos quais são.

O amor romântico não se distingue claramente da paixão, e a maioria das pessoas, inclusive muitas das que estudam e escrevem sobre o tema, tampouco o fazem. Na maioria dos casos ele é considerado como o "verdadeiro amor".

Suas principais características se baseiam nas seguintes crenças:

- Apaixonar-se *não depende da vontade da pessoa*. Não depende de algo que se faça de maneira premeditada, mas surge de imediato, independentemente de alguma intenção pessoal, não é algo racional. É inefável, por isso não pode ser definido, pois não é acessível à razão, apenas ao sentimento.
- O amor *pode tudo*. Produz uma série de emoções que provocam uma sensação de grande bem-estar, quase de onipotência. Graças a ele se pode dizer e fazer coisas incríveis das quais não se acreditava capaz: "O amor move montanhas".
- O amor *justifica tudo*. Qualquer coisa seria feita pela pessoa amada, acima do que é justo e razoável. Ela é de valor supremo, converte-se no mais importante e por ela se abandonaria tudo, porque tudo o mais se converte em secundário.

---

24 Ver, por exemplo, Branden (1980), Stenberg (1988), Verhaeghe (2000), Coria (2001) e Riso (2006).

- O amor *é suficiente*. Se há amor, não se necessita de mais nada. Está em todas as partes porque nos acompanha aonde formos e com quem estivermos.
- Provoca uma *entrega total* à pessoa amada. Confia-se plenamente nela e se faz tudo o que ela peça, inclusive aquilo de que não se goste, porque comprazê-la é o mais importante.
- As duas pessoas *se complementam*, foram feitas uma para a outra. Uma possui o que falta à outra e espera que esta se entregue para poder ser uma pessoa completa, um "dois em um" indissolúvel.
- O "verdadeiro amor" é *incondicional*. Não importa o que ocorra, não importa o que se faça, sempre estaremos ao lado da pessoa amada, tenha ela razão ou não.
- É *exclusivo e excludente*, não se pode compartilhar e tende a afastar todas as demais pessoas da relação dual. É impossível amar mais de uma pessoa ao mesmo tempo. A fidelidade é uma de suas características mais destacadas.
- O "verdadeiro amor" *dura sempre*. Se acabar é porque não era "amor verdadeiro", porque se havia equivocado de pessoa. Deve-se seguir procurando ou esperando que chegue, porque tem de estar em algum lugar.
- O estado geral que a paixão ou fascinação amorosa cria é de *felicidade* total, e faz perceber a pessoa como única e insubstituível, na qual apenas sobressaem qualidades. O fato de ser amado por alguém tão maravilhoso faz a pessoa amante considerar a si mesma especial e diferente de qualquer outra pessoa, é a "escolhida".

Nem sempre ocorrem todas essas características numa mesma pessoa apaixonada, mas, de fato, algumas delas.

Essa forma de considerar como devem ser as relações amorosas de casal, surgida no final do século XVIII e ainda vigente, não deixa de ter suas críticas. Essa importante mudança na política do que consideramos "vida privada" preocupou muita gente da época, receosa de que basear o casamento no amor poderia levar a um individualismo feroz, porque se prescindia dos interesses da família da qual os contraentes faziam parte e apenas se levava em consideração o desejo desses. Além disso, se os pais, a Igreja (frequentemente consultada antes do noivado) e o Estado já não tinham poder sobre a vida privada das pessoas, como assegurar que os indivíduos se unissem à pessoa adequada?

Por trás dessas objeções se escondia, além disso, a ideia de que um homem apaixonado por sua mulher era demasiado vulnerável à influência desta e podia chegar a querer compartilhar com ela decisões importantes e influenciar em seus interesses fora do matrimônio.

Algumas dessas críticas, que nasceram no desdobramento do amor romântico, apoiadas no conservadorismo, não são muito atraentes no momento atual. O que para os críticos parecia algo muito negativo, hoje em dia nos parecem as melhores contribuições que o amor romântico trouxe. Precisamente porque os tempos mudam, e com ele as perspectivas que geram "evidências", atualmente os argumentos empregados para sua defesa podem nos parecer ainda menos atraentes.

Um dos ferrenhos defensores do amor romântico, Nathaniel Branden,[25] o define como "uma relação apaixonada, espiritual-emocional-sexual, entre um homem e uma mulher, que reflete uma alta consideração pelo valor que a outra pessoa tem". Esse autor diferencia o amor romântico da paixão e também da mera atração sexual. Além disso, Branden o considera como uma das grandes novidades da era industrial e do capitalismo. Diz a propósito do amor romântico:

> Nasceu dentro do contexto de uma cultura que era predominantemente secular e individualista, uma cultura que valorizava de forma explícita a vida sobre essa terra, e que reconhecia a

---

25 Branden, *La psicología del amor romántico*.

importância da felicidade individual. Essa cultura apareceu no mundo ocidental (sobretudo nos Estados Unidos) junto ao nascimento da Revolução Industrial e do capitalismo.

Branden assegura que graças a eles e ao aparecimento do livre mercado, "pela primeira vez na história humana se reconheceu explicitamente que *os seres humanos deviam ser livres para escolher seus compromissos*. A liberdade individual e a econômica nasceram e floresceram juntas. Os seres humanos haviam descoberto o conceito de direitos individuais". No entanto, esse autor não fala das obrigações individuais, por exemplo, a de não pensar em si mesmo num contexto em que o capitalismo expropria outros países para obter seus benefícios e deixa milhares de famílias sem possibilidades de uma sobrevivência digna em benefício da liberdade de mercado.

O mencionado autor, depois de mostrar sua discordância em relação a quem critica as consequências do amor romântico, como o individualismo e o egoísmo, assegura, pelo contrário, que o grande benefício desse tipo de amor é "que nosso egoísmo se amplia para incluir nosso par". É uma lástima que não se estenda para toda a humanidade, porque então deixaria de ser egoísmo. Essa postura esquece, além disso, que "o amor", esse complexo de sentimentos que recebe esse nome, tem múltiplas formas de se manifestar e não pode se reduzir a um *egoísmo a dois* sob pena de deixar o casal sem descendência ou com uma descendência famélica e carente de afeto, além de sem parentes nem amigos. Em uma palavra: é um ostracismo total.

Naturalmente, a maioria dos autores manifesta ideias muito distintas das de Branden e contempla os inconvenientes que, da perspectiva atual, acompanham o amor romântico.

O certo é que as consequências desse amor nem sempre são benéficas para quem o experimenta. Assim, por exemplo, a crença em que os sentimentos amorosos têm o poder, por si sós, de modificar tudo – a vida de quem o sente, sua forma de ser e de agir e até o mundo em que vive – leva à ideia de que o amor e sua onipotência são suficientes, que não se necessita de mais nada e, portanto, não se deve fazer nada nem para manter a relação nem para melhorá-la ou se adaptar às mudanças que inevitavelmente se produzem. Sob a crença do amor romântico, uma pessoa romanticamente apaixonada pode se estender na rede do amor e deixar que este faça todo o trabalho. Mas não se pode ignorar que toda relação amorosa implica uma construção que devem realizar duas pessoas conjuntamente, e isso requer um trabalho que pode ser muito satisfatório caso se saiba desfrutar do próprio fato de se relacionar, de descobrir outra pessoa. Constitui um processo ininterrupto e, como tal, provoca mudanças que podem ser causa de melhoria ou deterioração da relação, se esta deixar de se alimentar. Os sentimentos amorosos, aquelas que vão além da fantasia, não são a causa da relação amorosa, mas sua consequência. Se ela for boa, os sentimentos também serão. Portanto, a existência de sentimentos amorosos depende sim da vontade das pessoas e de suas atuações.

    A entrega total e a incondicionalidade do amor são uma falácia, e continuar acreditando nisso pode levar a grandes desastres para quem pratica essa crença. Diz-se que o amor de mãe é incondicional: o filho ou a filha podem fazer o que quiser, a mãe continuará os amando da mesma forma. O amor romântico parece ter copiado essa norma. Mas a falsidade dessa afirmação não resiste ao mínimo raciocínio. Como se pode amar da mesma forma alguém que nos maltrate ou com quem a comunicação se limite a uma justaposição de dois seres e alguém que nos trate com amor e respeito e com quem nos enriquecemos por um intercâmbio de ideias e sentimentos? Amar é muito diferente de suportar. A entrega total e incondicional cria na mulher – que é quem mais a pratica – um estado de submissão do qual com frequência não está consciente e leva a uma subordinação que ela é incapaz de reconhecer como tal, já que está centrada apenas nos aspectos positivos e nas emoções que sente, e isso a incapacita para ver aquilo que lhe parecia inaceitável em outra mulher. É como se dissesse "o meu é diferente".

Essa atitude de entrega, de renúncia a possuir a si mesma ou até se dar a outra pessoa, rouba de sua própria existência quem se entrega. Cria a identificação da outra pessoa com "o Amor"; como consequência, caso se produzisse uma separação, não se perderia uma pessoa, mas o Amor, deixando um vazio que pareceria impossível de preencher. Isso implica acreditar que a capacidade de amar não reside em cada pessoa, mas naquela a quem se ama,[26] como se realmente o amor viesse de fora, alheio à vontade de quem o experimenta. Esse "amor alienado" ignora que cada pessoa é dona de si mesma e que seus sentimentos pertencem a ela da mesma forma que sua inteligência e sua capacidade de agir. Em posse deles, ela é livre para viver outras histórias.

A ideia de complementaridade, de "metade da laranja", converte uma pessoa em meia pessoa, com suas capacidades e possibilidades restritas a cinquenta por cento. Coxa e caolha, necessita de sua outra metade para pensar, decidir, fazer ou sonhar qualquer coisa; é a morte da iniciativa, da criatividade e da liberdade. Verhaeghe (2001) considera que esse tipo de relação não é mais que "uma coprodução vaticano-hollywoodiense" que serve a interesses econômicos.

A ideia de que o amor justifica tudo o situa no lugar do bem supremo, da bondade máxima à que se subordina e sacrifica tudo mais. Está além de toda ética, norma, justiça e "do bem e do mal". É um estado de alienação total, que permite as maiores injustiças e os maiores egoísmos. Os demais não importam, apenas a pessoa amada. Isso, que vai contra toda ética, pode ser defendido em nome de outra "ética" pessoal: a do próprio interesse justificado como altruísmo, porque supostamente não se faz por si mesmo, mas por outra pessoa, a qual evidentemente é a que mais nos

---

26 Coria, *El amor no es como nos contaron*.

interessa, ou seja, é em benefício próprio, mas disfarçado de altruísmo e aplaudido socialmente como tal.

Esse tipo de amor pode dar lugar ao que Riso (2006) denomina "esquèma de dependência psicológica". Exerce uma especial atração nas pessoas dependentes e com baixa autoestima, em relação àquelas figuras que lhe despertam a sensação de segurança e proteção. O medo de perder o suporte psicológico e não se sentir protegidas faz que se entreguem irracionalmente e persistam em relações disfuncionais.

Esse mesmo autor critica a ideia propagada de que "a mulher é o pilar da família", que produz, naquelas que acreditam nisso, o efeito de fazê-las assumir responsabilidades irracionais que provocam sua submissão em nome de um bem "superior", a família, da qual a mulher se sente coluna vertebral. Se chegar a acreditar nessa fábula, assumirá toda a responsabilidade sobre suas costas com total abnegação. Isso a impossibilitará de pensar em si mesma, e a encherá de culpa e ansiedade por tudo o que ocorra à sua família. Fará que ela suporte tudo com o objetivo de manter a união familiar, mesmo à custa de sua vida.

5
As formas do amor no século XXI

> Quantas vezes acreditei te ver
> onde só havia um pouco de ti...
>
> Rabindranath Tagore

Vimos que as normas e as ideias quanto às relações amorosas estão fortemente ligadas à organização social de cada cultura e cada momento histórico e, da mesma forma que ela, admitem muitas variedades. No entanto, embora a imensa maioria siga essas normas, na realidade o fazem apenas em aparência, já que abundam as transgressões em todas as sociedades e em todos os níveis sociais. Devido a essa ligação entre as formas que as relações amorosas adquirem e a estruturação social, resulta de grande interesse averiguar quais são as tendências que predominam no momento atual, transcorrida a primeira década do século XXI. São as pessoas jovens que melhor podem nos informar das novidades – se é que existem – em questões amorosas.

Continuaremos escrevendo a história do amor em termos de convencionalismos ou podemos observar indícios de mudanças possíveis de melhorar a vida cotidiana das pessoas em aspectos tão importantes quanto esses?

Uma análise do presente pode nos ajudar a ver que coisas estão mudando e quais continuam imutáveis e em que medida o são. Para verificar isso, recorremos ao estudo das ideias e dos comportamentos que jovens de ambos os sexos descrevem em relação ao amor erótico.[1] A mostra total estudada foi formada por 430 estudantes de duas universidades de Barcelona, de duas faculdades de ciências sociais e de uma escola técnica superior. Os participantes cursavam o primeiro ano de sua especialidade e suas idades estavam compreendidas entre os 18 e os 24 anos, com uma média de idade de 19 anos.[2]

Aplicou-se a 160 participantes (do sexo feminino e masculino) um questionário aberto, por escrito, elaborado por nós, que tinha por finalidade averiguar suas ideias e opiniões em torno ao que julgavam adequado e conveniente nas relações amorosas entre duas pessoas e sobre as formas de comportamento que consideravam mais oportunas ou frequentes. O questionário era composto pelas seguintes perguntas:

1ª: Quando uma pessoa está apaixonada, o que pensa e sente com relação à outra pessoa?
2ª: O que espera da pessoa que ama?
3ª: O que você acha que faria pela pessoa amada?
4ª: Que papel representa o ciúme em uma relação amorosa?
5ª: Pode existir amor sem ciúme?

A paixão é um acontecimento frequente na juventude e praticamente todos os participantes asseguraram ter se apaixonado

---

[1] Trabalho realizado graças a um projeto de investigação I+D+I subvencionado pelo Instituto de la Mujer.
[2] Na realização deste trabalho, participaram como pesquisadores Alba Gonzales e Marc Ros, graduados em Psicologia.

pelo menos uma vez. Para obter os dados necessários para nossa pesquisa, era muito importante que eles falassem de suas experiências, e dificilmente poderiam fazê-lo sobre experiências de amor conjugal ou de um amor de longa duração, dada sua juventude e sua condição de estudantes. Por essa razão, a primeira pergunta lhes remetia a uma situação emocional que haviam experimentado: a paixão. Poucos foram aqueles que a diferenciaram do amor, e uma pesquisa posterior nos confirmou essa indiferenciação, que imperava entre a maioria dos jovens dessa idade.

Na primeira parte do trabalho,[3] solicitava-se às pessoas participantes que explicitassem ampla e livremente suas ideias, sem se preocupar com o tempo, e que as ilustrassem com exemplos. Assegurava-se o anonimato. O fato de que se tratasse de um questionário aberto era de grande importância, já que permitia evidenciar amplamente as ideias das pessoas participantes, sem a sujeição limitadora de respostas previamente pautadas.[4]

As respostas ao questionário aberto proporcionaram uma grande quantidade de informação, rica em detalhes e matizes. Informaram-nos de como os jovens participantes veem as relações de paixão e amor. É evidente que não as consideram de um ponto de vista social, mas como algo íntimo e pessoal que lhes

---

[3] Às mesmas pessoas entrevistadas se pediu, posteriormente, que narrassem uma história real que conheceram ou que tivessem vivido, que reunisse as características que haviam descrito e que fizessem comentários avaliativos da situação e de suas consequências. Isso nos permitiu cotejar, com exemplos concretos, as afirmações feitas ao responder a pesquisa. Em uma segunda parte da pesquisa, foi explorada a capacidade de reconhecer os abusos de poder dentro de uma relação amorosa e de responder diante dela. Por último, realizou-se um amplo trabalho experimental de aprendizagem de estratégias que permitiram aos participantes reconhecer as situações que constituem maus-tratos dentro do casal e responder adequadamente a elas. Neste tópico, analisaremos os resultados da primeira parte do trabalho e reservaremos os da segunda parte para outra obra que está sendo preparada.

[4] Embora essa técnica seja muito mais difícil de analisar, tem a enorme vantagem de oferecer um amplo leque de respostas que eram imprevisíveis e trazem, portanto, respostas muito mais inovadoras.

afeta profundamente. Ao escrever suas ideias sobre o amor, os jovens não pensam que os sentimentos são um dos principais motores da sociedade e dos sistemas políticos e que participam nesse movimento com suas ações cotidianas. Apenas se centram em suas ideias e sentimentos com relação a essa questão que é tão importante nesse período de suas vidas.

27. As expectativas amorosas

Ao serem interrogados sobre suas ideias a respeito da paixão e do amor, os participantes elaboraram organizações mentais – que refletem algo parecido com um modelo – do que consideravam que seja adequado em uma situação amorosa. Expressam tanto a forma na qual creem que as pessoas costumam se comportar quando se apaixonam como o que pensam que fariam/fizeram quando se encontrassem/encontraram nessa situação. Isso não quer dizer que, ao chegar a ocasião, tenham de se comportar exatamente como descrevem, mas é um pano de fundo, um cenário mental em que se desenrola sua ação.[5]

As respostas dadas priorizam determinadas características, sobre as quais eles dão maior ênfase e que constituem algo como seu protótipo de conduta amorosa, aquilo que consideram que é habitual. Descrevem também tanto o comportamento que esperam da pessoa amada como o próprio.

Analisaremos, em primeiro lugar, as respostas às duas primeiras perguntas: *quando uma pessoa está apaixonada, o que pensa e sente com relação à outra pessoa? O que espera da pessoa que ama?*

---

[5] Aqueles que se dedicam à investigação psicológica sabem muito bem que existe uma grande defasagem entre o que se diz, o que se pensa e o que se faz. Essa é uma característica de todo ser humano que, embora carregado de boas intenções, é muitas vezes incapaz de se dar conta de suas próprias contradições. Os processos inconsistentes, muito mais amplos do que concebeu Freud, representam nisso um papel muito importante.

A expressão dos pensamentos, sentimentos e expectativas que os participantes criam em torno à outra pessoa nos possibilitará saber o que as vivências amorosas despertam em cada indivíduo, em seu imaginário, qual é a imagem que sua fantasia constrói da outra pessoa e da relação.

Reciprocidade. O amor equitativo

A porcentagem mais elevada de respostas (76%, sem diferença significativa entre ambos os sexos) é constituída por aquelas que refletem um desejo de *reciprocidade* nos sentimentos e comportamentos da pessoa amada. Espera-se e deseja-se correspondência no que se dá, receber amor pelo menos na mesma medida em que se ama, receber o mesmo tratamento que o oferecido:

> Você espera que a outra pessoa lhe corresponda, que tudo o que você sente receba do outro em igual medida.

> Uma pessoa apaixonada por outra espera que esta também esteja apaixonada por ela.

Essas respostas evocam o desejo de uma relação equitativa na qual a reciprocidade seja a norma, em que ambas as pessoas entreguem e recebam afeto, amor, cuidados e atenções na mesma medida.

Mas, apesar de que essas respostas sejam majoritárias, nem todas expressam as mesmas intenções. Há alguns casos em que se espera receber no mínimo o mesmo, mas de preferência algo mais do que se dá:

> O apaixonado espera apenas que a outra pessoa sinta o mesmo que ele sente por ela; ou seja, se eu te amo um determinado tanto

espero que você me ame o mesmo tanto ou mais; do contrário, eu estaria amando demasiado.

E algumas vezes apenas se menciona o que se espera receber, sem referência a dar nada em troca:

> Espera dele o melhor: respeito, fidelidade, compromisso e sexo.

> Pensa que necessita tê-la sempre por perto, poder contar sempre com ela, poder confiar sempre nela.

Essas respostas não implicam, evidentemente, que quem as formula não seja capaz de dar nada ao seu par: apenas indicam – ao menos no momento de responder o questionário – uma ênfase maior no que esperam receber do que naquilo que podem dar. A porcentagem dessas respostas no total da mostra é superior a 18,5% (25% de rapazes e 12% de garotas).

No entanto, em alguns casos, muito pouco numerosos (1,2%), se expressa a disponibilidade a dar sem receber nada em troca, acompanhada de um sentimento parecido com a resignação e a aceitação da maneira de ser do outro.

> Realmente não creio que se espere nada da outra pessoa, porque se supõe que, se você está apaixonado, aceita a outra pessoa totalmente; pode esperar que ela mude, mas é melhor aceitá-la como ela é.

O que não deixa de surpreender nessa resposta, de uma garota de 18 anos, é que parece que ela considera sua maneira de pensar como algo pressuposto ("se supõe...") e compartilhado de forma unânime. Constitui um exemplo de aceitação resignada e total da outra pessoa ("é melhor aceitá-la como ela é"), de quem não diz esperar grande coisa ("pode esperar que ela mude"), o que não parece constituir obstáculo para continuar a relação. Essas respostas – que só aparecem na amostragem feminina – indicam a sobrevivência de atitudes opostas à igualdade dentro do casal. Essa garota vê os sentimentos amorosos como uma desculpa que permite ao seu par fazer qualquer coisa, com a convicção de que ela suportará tudo estoicamente. Longe de ser uma prova de amor, a entrega sem esperar nada em troca é uma prova de desvalorização pessoal. O que se entrega – a própria pessoa – tem tão pouco valor que não requer contrapartida alguma.

O fato de que a maioria das respostas indique que se espera uma reciprocidade na relação mostra o desejo majoritário de equidade e o pressuposto de que uma relação amorosa tem de ser igualitária no que se refere à entrega e correspondência amorosa.

Idealização

Ao desejo de reciprocidade seguem, em importância quantitativa (45,5%), aquelas respostas que expressam uma idealização da pessoa amada, à qual se considera alguém muito especial e a quem não se atribuem defeitos.

Vejamos alguns exemplos:

> Quando uma pessoa está apaixonada, pensa que o outro é o melhor que podia acontecer a ela, não vê nenhum defeito nele e acha que quase tudo o que realiza e pensa é bem feito ou, em caso contrário, aceita o que ele diz e faz, mesmo que não compartilhe de sua opinião.

> Acha que a outra pessoa é perfeita, que não tem defeitos. Acha que essa pessoa deve ser sua, e para isso é capaz de fazer tudo. Também acha que tem de satisfazer todos os seus desejos para tê-la ao seu lado. Tem de fazer todo o possível para não decepcionar a pessoa que ama, para que não a rejeite.

A consequência dessa idealização é uma aceitação total do que a outra pessoa faz, que inibe a capacidade crítica do amante, o qual tende a se submeter aos seus desejos "para que não o rejeite" ou para manter o tão desejado bem-estar na relação.

Às vezes, os defeitos passam inclusive a ser vistos como algo positivo, algo que lhe acrescenta algum atrativo, diferenciando a pessoa amada de todas as demais:

> Quando uma pessoa está apaixonada também ama a outra pessoa por seus defeitos, pois isso a torna mais especial.

Os defeitos que se é capaz de perceber não são vistos como tais. Existe uma negociação de tudo o que possa ser desagradável, que não se deseja ver nem reconhecer e, portanto, não existe para os seletivos olhos da pessoa apaixonada. Os aspectos não desejáveis podem se transformar em algo positivo pelo simples procedimento de mudar seu significado.

Nem sempre se nega, portanto, a existência de defeitos na pessoa amada, mas lhes é concedido o significado de "especial", de "torná-lo mais amável"; definitivamente, de algo positivo. Outras vezes se consideram os defeitos como dados não significativos e, então, eles simplesmente são ignorados. Essa atitude dá aval ao dito popular que assegura que "o amor é cego". É interessante observar que o que faz um sujeito rejeitar ou não "ver" determinados elementos, ou se negar inconscientemente a atribuir-lhes significado, pode obedecer a diversas razões. Nesse caso, a ênfase emocional em elementos positivos impede de ver tudo aquilo que os contradiga ou os amenize.

A porcentagem de respostas de garotas e rapazes apresenta, nessa categoria, diferenças importantes (54% de respostas femininas e 37% masculinas). A maior tendência das mulheres a idealizar a figura masculina é uma característica que não surpreende, dada a maior valorização social do homem, que se manteve ao longo da história até nossos dias e que não poderia deixar de influenciar, de maneira inconsciente, ainda no momento atual, o comportamento de muitas mulheres.

A idealização, ainda que dê uma enorme satisfação e bem-estar à pessoa apaixonada pelo fato de amar alguém que possui grandes qualidades e valores, tem o inconveniente de impedi-la de conhecer a outra pessoa, pois, em vez de olhá-la, contempla-se a imagem que a fantasia de cada qual desenhou e suas ações são decifradas como um código de significados criado para ela. Constrói-se – com sua imagem, suas palavras e seus atos – um personagem fantasma que se adapta perfeitamente às próprias expectativas e desejos e, para completar, quando se descobre que a pessoa amada não obedece à imagem que lhe foi imposta, vive-se essa descoberta como uma traição.

A espera de carinho e outros sentimentos positivos

Outra categoria de respostas exprime o desejo de união entre o casal, enumerando diferentes atitudes que se espera da outra pessoa ou entre ambas. Isso é expresso simultaneamente de diferentes maneiras.

Em primeiro lugar (45%), aparece o desejo de que exista carinho, ternura, comunicação, afeto, amizade ou sentimentos similares entre ambos os componentes, com uma porcentagem um pouco maior nas garotas (50%) que nos rapazes (40%):

> Uma pessoa apaixonada por outra espera que ela a mime, cuide dela, lhe dê ânimo, que converse, que tenham momentos especiais.

> Espera carinho, dedicação, amizade etc.

O "amor", entendido como paixão amorosa, não é suficiente quando se trata de uma relação profunda. Os participantes, a julgar pela porcentagem obtida, também dão importância a outros sentimentos, que consideram que devem estar presentes em uma relação amorosa.

É interessante (e não deixa de ser surpreendente) que tanto os rapazes como as garotas participantes mencionem poucas vezes as relações sexuais como fazendo parte de suas expectativas (não chegam a 3%). É possível que as deem por certas (como se infere do fato de que os mesmos sujeitos as mencionem profusamente em outra situação experimental)[6] e que se concentrem aqui em descrever as relações afetivas, às quais dão grande importância em uma relação amorosa. Entre a maioria da população jovem, as relações sexuais são muito frequentes e se iniciam muito cedo, o que faz que as considerem menos importantes do que as gerações anteriores. Os sentimentos amorosos profundos, que acompanham as relações sexuais com menos frequência hoje do que há algumas décadas, são algo ao que dão grande importância, quando os experimentam.

As expectativas que seguem em importância à demanda de afeto se baseiam em expectativas de solidariedade, compreensão, apoio, ajuda, suporte moral etc., que implicam setores da personalidade muito mais profundos que os envolvidos em uma relação puramente sexual. Esse pressuposto se vê corroborado pelo fato de que a porcentagem de respostas que segue em importância ao anterior (35%) – com uma maior demanda por parte das garotas (44%) e menor (25%) por parte dos rapazes – são aquelas que incluem a expectativa de receber apoio, compreensão, ajuda, suporte moral – e às vezes proteção física – do casal.

> Espera amor, compreensão, respeito, cumplicidade e comunicação.

> Quando se está apaixonado, você espera da outra pessoa muita proteção física e moral.

---

6 Como é o caso quando se pede a eles que narrem episódios nos quais tenham vivido uma situação de casal.

Mas também respeito e valorização, em 24%.

Creio que o mais importante, e o que toda pessoa apaixonada espera receber de seu par, é respeito, porque por trás dele você resolve tudo o mais.

Você procura na outra pessoa aquilo que lhe falta, seja afeto, companhia, respeito. Você acha que a outra pessoa talvez possa te oferecer aquilo que você busca e é exatamente isso o que você espera.

Também nesse caso as respostas das garotas (36%) superam amplamente as dos rapazes (12%). Ter respeito e valorização por parte do par é algo que os rapazes, majoritariamente, dão por certo, ao passo que para muitas garotas isso constitui um objetivo importante a ser alcançado.

Outro aspecto que aparece mencionado é a confiança. Cerca de 22% das respostas a consideram como algo importante em um casal, no sentido de que se possa contar sempre com ela. As mulheres expressam essa necessidade de confiança em uma porcentagem mais elevada (27%) que os homens (16%).

Você acha que é uma pessoa em quem pode confiar o que for e à qual pode recorrer sempre que necessite.

Estar apaixonado é ter um ponto de apoio na outra pessoa, saber que você tem alguém em quem confiar.

Fidelidade, duração e sacrifício

A fidelidade e a duração do amor são mencionadas em 37% das respostas sem diferença significativa entre ambos os sexos. Essa porcentagem relativamente baixa de respostas (sobretudo se a compararmos com os 76% obtidos pela categoria reciprocidade) pode ser atribuída ao fato de que se acredita na fidelidade enquanto a relação durar:

> Suponho que um clichê que se espera é fidelidade; acho que, se você estiver apaixonado, é lógico que ocorre.

> Acredita que seu amor será duradouro, intenso e inquebrável.

Também é possível supor que os participantes deem menos importância à fidelidade. No entanto, essas não são as únicas interpretações possíveis. A seguinte resposta de uma garota nos sugere outra:

> Se alguém for muito ardiloso tentará fazer que a pessoa pela qual está apaixonada não tenha nenhuma outra relação amorosa, e provocará a infelicidade da pessoa amada. Há pessoas que dariam sua vida por quem amam e outras que seriam capazes de renunciar à pessoa amada para que esta seja feliz. Acredito que quando se ama alguém, você quer que ela seja feliz e, portanto, tem de fazer tudo o que está ao seu alcance para que assim seja; se tiver de renunciar a ela, então tem de fazê-lo.

Essa resposta surpreende porque parece atribuir mais valor ao sacrifício que ao amor que se experimenta, até o ponto que se deve renunciar ao ser amado em benefício dele mesmo, sem levar em consideração a si próprio ou seu desejo. Esse sacrifício se encaixaria perfeitamente na lógica rocambolesca que costuma predominar nos modelos de amor ultrarromântico levados às telas por seriados norte-americanos. Nestes, a baixa autoestima da mulher, que se apresenta como uma qualidade a ser elogiada, costuma ser uma constante.

O fato de que – como constatamos em outras pesquisas – as relações amorosas não costumem durar muito na idade em que se encontram as pessoas participantes não é empecilho para que algumas esperem, cada vez que se apaixonam, que a duração seja longa.

A felicidade

Um dos sentimentos que se considera inerente a uma relação de paixão é o da felicidade. Cerca de 22% das respostas o mencionam:

> Quando uma pessoa está apaixonada, é feliz. Pensa em como o mundo é maravilhoso.

> Não pensa, sente. É um momento de felicidade, de alegria por estar à vontade com outra pessoa. [...] Você pensa em como fazer o outro feliz.

Essas respostas refletem a sensação de euforia que invade a pessoa apaixonada, produzida tão só pela presença de seu amante, apenas por sua existência, que transforma a realidade até o ponto de estender o sentimento a tudo que a rodeia e fazê-la descobrir "como o mundo é maravilhoso".

No entanto, embora em poucas ocasiões (7% dos casos), também aparece um sentimento oposto – o sofrimento – ligado às relações amorosas:

> Também pode fazer que você sofra muito. Há mulheres que são maltratadas por seu companheiro.

Esse tipo de resposta é dado unicamente por garotas. Constituem 14% no coletivo feminino.

Essa sensação de felicidade e de euforia que a paixão proporciona faz que se deseje pensar continuamente, ou o mais frequentemente possível, na pessoa amada; por isso há participantes que asseguram que "não se pode deixar de pensar nessa pessoa" ou "você pensa constantemente na outra pessoa e em todas as qualidades que ela tem", "você pensa (quando está ausente) nos momentos em que essa pessoa está ao seu lado, em seus beijos ou carícias, é a beleza de compartilhar momentos". Esse tipo de resposta, que indica até que ponto a mente apaixonada se polariza em direção à pessoa amada, atinge 31% e não existe diferença significativa entre ambos os sexos.

Identificação e entrega

Um tipo de resposta interessante é a que denominamos *entrega total*. Aparece em 15% das respostas e se caracteriza por considerar desejável entregar-se totalmente à pessoa amada, mesmo em detrimento de si mesmo, preferir os interesses da outra pessoa e colocá-los no centro de sua existência.

> Você acha que essa pessoa é aquela para a qual você pode dar tudo, ao mesmo tempo que ela vai lhe dar o mesmo. É com quem você quer compartilhar toda sua vida, suas emoções, ilusões e angústias, e quem pode ajudá-lo a encontrar um sentido à vida. É quem lhe dará afeto e carinho quando você precisar.

Essa garota considera que a pessoa apaixonada entrega a si mesma ao seu par ("é aquela para a qual você pode dar tudo") ao mesmo tempo que deposita nele a responsabilidade de ajudá-la a encontrar um sentido para a vida. Se uma pessoa não é capaz de encontrar um sentido para sua própria vida, pode esperar que alguém o faça em seu lugar? O "dar tudo" supõe se demitir de sua própria autonomia, abandonar-se nas mãos de outro, derramar-se sobre outra pessoa, que terá o poder – amorosamente concedido por ela – de indicar-lhe que sentido deve dar à sua vida.

Clara Coria assegura que "sob o rótulo de 'atos de amor' muitas mulheres se submetem a situações que as colocam em posição de risco e muitos homens assumem prerrogativas à sua exclusiva conveniência ou comodidade".[7] A maioria de respostas dadas por mulheres nessa categoria possui essas características:

> Você só vive por seu companheiro. Cada vez que o vê, parece que ele é a única pessoa que existe. Como você o ama mais que sua vida, sabe aceitar seus defeitos [...] gosta muito dessa pessoa e não pode viver sem ela, necessita da vida dela para poder viver, para ser feliz.

Embora apenas 15% desse tipo de resposta apareçam na totalidade da amostragem, a porcentagem de respostas femininas alcança 21%, enquanto somente 9% são masculinas.

Também é interessante comentar outras respostas minoritárias, que aparecem apenas em 5% dos casos e que manifestam o desejo de identificação ou inclusive de fusão com a pessoa amada. Vejamos as respostas de duas garotas:

> É inevitável que toda pessoa espere daquela pela qual está apaixonada que pense igual a ela e busque as mesmas coisas da vida, que desejem o mesmo futuro.

> Quando o amor é muito profundo, os dois passam a ser uma mesma coisa, um só ser. Você se funde com a pessoa amada.

As respostas desse tipo alcançam, nas garotas, 6%, e nos rapazes, 4%, embora as diferenças não sejam tanto quantitativas como qualitativas. Comparemos uma resposta típica de um rapaz com as anteriores. O jovem também mostra desejo de identificação, mas o sentido de seu discurso tem características distintas dos exemplos anteriores:

---

7 Coria, *El amor no es como nos contaron*.

Você espera que a pessoa escolhida ou encontrada seja bem parecida com o que você procura. É impossível encontrar uma pessoa igual a você, então, de certo modo, você pensa que pode mudá-la e espera que ela aceite a possibilidade de mudança. Mesmo assim, sempre existirão diferenças entre ambos, portanto você tentará mudá-la cada vez com menos insistência, ou seja, deve pensar na possibilidade de aceitá-la como ela é, embora na maioria das vezes não seja nada fácil. [...] Não deixa de ser contraditório: quero que me aceite como sou quando estou quase seguro de que tentarei mudá-la.

Este rapaz parece considerar que o ideal seria: "encontrar uma pessoa igual a você", mas reconhece que essa esperança de identificação é algo impossível e espera poder mudá-la (supõe-se que com a finalidade de que se pareça o máximo possível com ele), sem pensar na possibilidade de que ele mude para se parecer com a outra pessoa. O fato de que ache sua resposta contraditória não o leva a retificá-la. Contudo na realidade não é contraditória, mas, além de esconder uma ideia bastante narcisista, mostra claramente a convicção de que ele tem direito de fazer o que não quer que façam com ele.

Essa atitude arbitrária que invade os sentimentos dos amantes, como já indicamos, é bastante minoritária. Com mais frequência, não buscam a identificação e a similaridade total de comportamentos, mas se contentam em acreditar que a outra pessoa possui e vai lhes proporcionar aquilo de que necessitam e do que carecem. Nesse caso, não se expressam desejos de indiferenciação nem de fusão, mas unicamente de complementaridade:

> Acho que a outra pessoa me complementa, que temos coisas para compartilhar.

> Você gostaria de compartilhar suas coisas, seus *hobbies*, seus objetivos. [...] É seu outro eu, sua metade da laranja, sua alma

gêmea. [...] Até agora você estava incompleto, o que fazia antes, sem aquela pessoa?

O ideal de complementaridade, a sensação de que a outra pessoa possui aquilo que falta a ela, se persistir durante muito tempo, tem o poder de anular em cada uma delas as características, habilidades e possibilidades que se considera o campo de ação da outra pessoa, chegando a converter os dois, do ponto de vista psíquico e de atuação, em uma "meia pessoa" incapaz de realizar as funções reservadas à outra metade.

A porcentagem total desse tipo de respostas chega a 28%, de novo com uma cifra maior entre as garotas (33%) que nos rapazes (22%). Embora esse tipo de resposta não seja predominante, tem, não obstante, um grande interesse para constatar até que ponto sobrevivem na juventude atual, com as características de quem participou de nosso trabalho, algumas das ideias que impregnam o amor romântico.

28. Os limites do amor

Com a pergunta *Quando uma pessoa está apaixonada, o que você acha que faria pela pessoa amada?*, introduzimos os sujeitos no terreno do hipotético. Ao se tratar de uma pergunta deliberadamente sem especificação (não dizemos em que ocasião nem diante de que situações), deixamos que cada um imagine as situações que considere possíveis de fazer "algo" cuja importância cada um deve considerar. O tipo de resposta nos informará sobre isso.

Eu faria tudo

A categoria que reúne uma porcentagem maior de respostas (61%) é a que indica que seriam capazes de *fazer tudo ou renunciar a coisas muito importantes* pela pessoa amada.

> Acho que uma pessoa que ama de verdade faria tudo e daria tudo pela outra pessoa.

> Majoritariamente se faz coisas para mostrar que você se importa com ela, que a ama e que por isso pode chegar a fazer qualquer loucura por ela. Acredito que, quando você está apaixonado, entra em estado de choque, no qual faz coisas que nunca acreditaria que chegaria a fazer.

A porcentagem de rapazes que dizem que uma pessoa apaixonada estaria disposta a fazer qualquer coisa por quem ama (70%) supera a das garotas (53%). Se olharmos mais detidamente quais exemplos concretos eles mencionam, depois de ter dito que fariam de tudo, encontramos as seguintes subcategorias: 24% das respostas masculinas afirmam que dariam a vida, diante de 13% das femininas:

> Quando o amor é verdadeiro (há muitos poucos casos), a pessoa apaixonada é capaz de dar inclusive a vida pela pessoa que ama. Cito a vida como exemplo porque acho que é a coisa mais valiosa que temos.

> Quando uma pessoa está apaixonada, acho que é capaz de se enfiar em qualquer discussão, de bater em seu melhor amigo se este falar mal dela. Acho que é capaz de se enfurecer com sua família. Defenderia seu amor e a outra pessoa até a morte.

Mas nem todo mundo está tão convencido de que esse tipo de afirmação realmente se efetive. A seguinte resposta de um rapaz de 18 anos mostra dúvidas bem razoáveis:

> Ao ler esta pergunta, a primeira frase que me vem à mente é que "eu faria qualquer coisa". Não estou certo de que não deva ser assim; além do mais, de certo modo estou convencido de que daria minha vida pela pessoa amada se a situação requeresse isso, mas por outro lado também rompi com uma garota por não suportar certos comportamentos dela e, se a amava, por que não fiz o possível para continuar com ela? Suponho que, embora reafirme a primeira de minhas respostas, eu cairia em outra contradição: faria qualquer coisa mas, ao mesmo tempo, quando não existe uma necessidade imperiosa e pensando de maneira mais individual e egoísta, acho que há coisas que eu não faria ou não abandonaria pela pessoa amada.

Esse rapaz expressa com lucidez a contradição entre o que supostamente deveria fazer, ou seja, o que marca o modelo social – o do "amor romântico" –, e o que faz na vida cotidiana. Oscila entre a resposta que considera adequada e a resposta que guia sua sinceridade, baseada em sua própria experiência.

Outra das subcategorias importantes reúne as respostas que asseguram que seria capaz de renunciar aos princípios éticos, aos sonhos e aos interesses pessoais em benefício da outra pessoa:

> A pessoa apaixonada faria qualquer coisa contanto que deixasse a outra feliz. Inclusive abandonaria seus princípios.

> Acho que se colocaria contra quem quer que fosse para defendê-la, inclusive sua família. Daria todas as coisas materiais porque essa pessoa a completa totalmente e não sente falta de mais nada para viver.

Não é possível saber se essas afirmações refletem realmente as ações que essas pessoas realizariam, já que uma coisa é pensar nelas e outra é efetuá-las. No entanto, como se disse dos filósofos, "se não vivem como ensinam, ensinam como se deve viver". Constitui sem dúvida para essas pessoas uma forma de agir que consideram, no mínimo, positiva e digna de aplauso.

Nessa subcategoria se situam 18% das respostas das garotas e 22% das dos rapazes.

Outra das subcategorias de renúncias importantes são aquelas formadas pelas respostas que asseguram que uma pessoa apaixonada renunciaria à sua família, pátria, lugar de residência, amigos e atividades importantes (trabalho, estudos ou atividades similares):

> Quando uma pessoa está realmente apaixonada, pode chegar a fazer muitas coisas por amor, como deixar sua cidade e ir viver em outro lugar, dar prioridade à sua relação em detrimento de outras atividades, ou ver menos outras pessoas para poder passar mais tempo com a pessoa pela qual está apaixonada.

Nessa subcategoria são prevalecentes as respostas das garotas (31%) diante da dos rapazes (11%). Em outro tipo variado de renúncias, entre as quais se encontram as que asseguram que fariam coisas extraordinárias ou importantes sacrifícios, sem especificar, figuram 38% das garotas e 43% dos rapazes. Estes manifestam ser mais capazes, por amor, de ações heroicas, arriscadas ou demolidoras que as garotas – ações que implicam sacrifícios e riscos importantes, mas, geralmente, pontuais (dar a vida ou matar). Elas, ao contrário, parecem mais dispostas a sacrifícios e renúncias contínuas e de longa duração (deixar sua cidade, seu país ou trabalho).

Ações moderadas

Outra categoria, que expressa ações menos extremas, reúne também porcentagens menores que aquela na qual se assegura que se faria praticamente tudo. Nesta se afirma que a pessoa apaixonada estaria disposta a fazer muitas coisas pela outra pessoa, se essas coisas não implicarem renunciar a seus princípios morais ou àquilo que lhes parece justo e razoável. Agrupa 30% do total da amostragem (32% correspondente às garotas e 28% aos rapazes). Diferentemente das respostas da categoria anterior, nestas não aparece uma dissolução de quem ama, em forma de entrega total à outra pessoa, mas conserva seus princípios e sua identidade, estabelecendo limites às suas ações.

> Como se costuma dizer, "faria tudo". No entanto, devemos impor limites. Faça tudo sem que isso implique uma ação contrária à sua pessoa, só faça algo se estiver mesmo decidido.

> No meu caso, acho que faria todo o possível até o limite de não me prejudicar em aspectos como a saúde, a família. Ou seja, eu faria e daria todo o possível até o ponto de não prejudicar coisas tão importantes como meu futuro pessoal.

Outra categoria, com poucos efetivos (6,8%), agrupa respostas que asseguram que se deixaria de fazer algumas coisas que não têm demasiada transcendência, já que não se considera justo ou pertinente sacrificar coisas importantes pelo par:

> Quando se está apaixonada, sacrificam-se algumas coisas (mesmo que seja uma partida de basquete com as amigas) para estar com seu companheiro. É uma injustiça, por assim dizer, sacrificar algo que é muito importante em sua vida pelo par. Acho que não é bom dar tudo a outra pessoa, inclusive sacrificando sua felicidade.

Nessa categoria predominam as respostas das garotas (12%) sobre a dos rapazes (1,6%).

A concepção apaixonada do amor fica claramente expressada pelos jovens entrevistados, 70% de cujas respostas indicam que se pode fazer sacrifícios extremos e heroicos por amor. Cerca de 24% consideram que a própria vida está incluída como um possível sacrifício. Mais moderadas, as jovens somente dão respostas que indicam grandes sacrifícios em cerca de 53% e apenas falam em dar a vida por amor em 13% das respostas. No entanto, essas porcentagens resultam muito elevadas para se ajustar aos lugares-comuns existentes entre muitos adultos, sobre as ideias que a juventude tem, sua suposta falta de compromisso e sua ausência de condutas de sacrifício altruísta. É interessante se perguntar até que ponto as ideias que expressam sobre o amor diferem das ideias da geração que lhes precedeu, ao menos em alguns de seus aspectos. Mais à frente voltaremos a essas questões.

29. O ciúme

A última parte desta pesquisa versou sobre o tema do ciúme e nos permitiu averiguar o valor que as pessoas entrevistadas concediam a esse sentimento, tão fortemente ligado à exclusividade que se atribui a uma relação amorosa, nas sociedades monógamas ocidentais. O ciúme constitui uma das causas frequentes de conflito entre os casais e serve muitas vezes de pretexto para a violência contra a mulher. Interessava-nos muito, portanto, explorar as ideias que os jovens que compunham nossa pesquisa tinham a esse respeito. Analisaremos conjuntamente os resultados às duas perguntas (*Que papel representa o ciúme em uma relação amorosa? Pode existir amor sem ciúme?*), dado que são complementares, e veremos os diferentes significados que atribuem a esse sentimento.

As respostas que alcançam uma porcentagem mais elevada são aquelas que consideram o ciúme como um componente do amor e que, portanto, pensam que *não pode haver amor sem ciúme* (48% do total das respostas):

> Sinceramente, acho que não pode existir amor sem ciúme porque, por menos que se tenha, ele sempre aparece.

> Se não há ciúme é porque realmente você não ama aquela pessoa.

Uma porcentagem menor de sujeitos (12%) admite que *pode existir amor sem ciúme*, em certos casos, embora não o considerem muito provável, e 30% assegurem que *é possível* amar sem sentir ciúmes:

> Sim, pode existir uma relação sem ciúmes, e essa relação será baseada na confiança.

> Estou certa de que existe amor sem ciúme. Se realmente você confia no outro, acredita que ele te ama realmente e que não vai falhar com você saindo com outra pessoa, não acho que os ciúmes devam aparecer, e isso não significa que não exista amor, muito pelo contrário.

Existe uma divergência de opiniões em atribuir um caráter positivo ou negativo ao ciúme. Uma parte muito pequena das respostas (5%) lhe atribui um caráter claramente *positivo* e inclusive o considera *necessário* em uma relação:

> Acho que o ciúme é necessário entre todos os casais. Acredito que é uma das coisas que mantém o casal e que o põe à prova.

Há inclusive "fãs" do ciúme, que não duvidam em elogiá-lo como imprescindível:

O ciúme representa um papel muito importante na vida amorosa. Com ele se demonstra se a pessoa está apaixonada ou não. O amor não existiria sem ciúme. É bom que ele exista.

Uma parte das respostas (39%) indica que o ciúme pode ser, ao mesmo tempo, *bom e mau*, dependendo do caráter e da intensidade que apresente. Distinguem entre o que algumas respostas definem como "ciúme bom, saudável ou normal" e "ciúme mau, patológico, exagerado, prejudicial etc.". O primeiro é aquele que não ultrapassa em intensidade certos limites que cada um estabeleceu, e o segundo é aquele que, por seu caráter de irrealidade ou por sua intensidade, ultrapassa tais limites. Outras respostas, dentro dessa mesma categoria, consideram que por uma parte é bom, já que supõe um incentivo à relação ou constitui uma inequívoca prova de amor, mas por outro lado é nocivo para a relação.

> O ciúme pode arrasar uma relação quando doentio, mas, quando saudável, faz que você se dê conta do quanto ama a outra pessoa.

> Quando inocente e não exagerado demonstra um interesse, em parte, lisonjeador: "Ele me ama de verdade!", mas quando é muito grande pode resultar realmente daninho, denota uma falta de confiança no outro.

Uma quantidade considerável de respostas (37%) afirma, sem ambiguidade nem distinções, que o ciúme é claramente mau e muito prejudicial em uma relação amorosa, embora, em alguns casos, o considere inevitável ou ligado à própria natureza do amor:

> É muito ruim em uma relação, pode chegar a destruí-la.

O ciúme é a pior coisa que pode existir em uma relação. Significa falta de confiança, de credibilidade. Apesar disso, sempre haverá ciúme entre um casal.

Há também alguns participantes cujas respostas minoritárias não coincidem com nenhuma dessas categorias.

A ideia de que o ciúme é inevitável predomina em uma parte muito importante dos entrevistados, tanto em quem o considera daninho para a relação como para quem o acha positivo em certa medida ou para quem o aplaude como um sinal inequívoco da existência de verdadeiro amor. O que certamente parece indiscutível é que o tipo de relação amorosa praticada no Ocidente favorece um modelo em que o ciúme representa um papel muito importante.

30. O significado do ciúme

Como já assinalamos anteriormente, uma pequena porcentagem das respostas (5%) atribui ao ciúme um significado positivo e o de ser um indicador inequívoco da existência do verdadeiro amor, já que orienta os componentes do casal sobre os sentimentos da outra pessoa e sobre seus próprios sentimentos. Nesses casos, a percepção de ciúme no outro lhes produz satisfação, pois o considera uma prova de amor. Não são raros os casos em que um dos membros do casal provoca ciúme na outra pessoa para ter uma confirmação de seus sentimentos amorosos. Mas se a esses casos acrescentarmos aqueles em que se considera que não pode haver amor sem ciúme, vemos que a maioria das pessoas entrevistadas pensa que o ciúme faz parte do amor, reconhecendo implicitamente que existem outros sentimentos (que a maioria das respostas descreve como negativos ou potencialmente muito prejudiciais) que acompanham o amor de maneira constante.

Porém, além de considerá-lo prejudicial ou potencialmente prejudicial e daninho para o casal, atribuem ao ciúme certos significados que evidenciam outros sentimentos em que se baseiam aquele e que constituem, em seu entender, a causa de seu aparecimento.

Cerca de 42% das respostas – independentemente do valor positivo ou negativo que lhe atribuam – indicam que o ciúme denota a *existência de amor*[8] ou, no mínimo, de um forte interesse ou atração pela outra pessoa. Para uma parte importante de nossos sujeitos (41%), o ciúme significa *desconfiança* em relação à outra pessoa e a prova de que não há segurança em seus sentimentos amorosos. Cerca de 31% dos casos o consideram uma indicação do *medo da perda* da pessoa amada, e esse sentimento pode acompanhar de maneira permanente quem o experimenta ou constituir unicamente uma circunstância ocasional e passageira. As respostas a essas três categoriais não são excludentes, já que uma mesma pessoa pode afirmar que o ciúme pode prejudicar a relação e, no entanto, denota a existência de sentimentos amorosos em relação à outra pessoa e, ao mesmo tempo, o medo de perdê-la.

Outros sentimentos considerados na base do ciúme são os de *insegurança pessoal e baixa autoestima* de quem os experimenta (17%), que o fazem considerar-se incapaz de despertar ou manter o interesse e o amor de seu par. Para 14% dos entrevistados, significam sentimentos de *posse* que podem levar a pessoa ciumenta a vigiar e controlar seu par, de maneira permanente, nos casos extremos. Para 5% das entrevistadas (não aparece nenhuma resposta desse tipo entre os rapazes), o ciúme adquire o significado de *violência e sofrimento*. Na grande maioria dos outros tipos de resposta, não existem diferenças significativas entre os sexos.

---

8 Uma velha novela da primeira parte do século XX dizia: "Pela fumaça se sabe onde há fogo, do fogo do carinho nasce o ciúme". Não são, pois, ideias muito inovadoras as expressadas pelas respostas analisadas.

O ciúme está muito integrado na cultura amorosa de nossa sociedade, fala-se muito dele, escreve-se muito a respeito, inspirou grandes obras literárias. A importância que a juventude lhe concede se reflete nas respostas à nossa pesquisa. Grande parte destas assegura que toda relação amorosa comporta ciúme, até o ponto de que o considere uma condição necessária, uma prova de sua existência: se não há ciúme, não há amor. Mas é interessante constatar que a maioria de significados que lhe atribuem são claramente negativos (desconfiança, insegurança, baixa autoestima, medo, posse, sofrimento etc.). Poder-se-ia deduzir disso que, dado que muitas das respostas indicam que o ciúme é uma condição necessária ou inevitável do "verdadeiro amor", todos os significados negativos que lhe atribuem deveriam ser atribuídos também ao "verdadeiro amor"?

Anteriormente, indicamos que o "amor" não era um sentimento, mas um conglomerado complexo de diversos sentimentos e emoções inconscientes, que estão ligados uns aos outros. Tais sentimentos e emoções inconscientes, entretanto, nem sempre são os mesmos em todas as pessoas que amam. Nunca se experimenta um sentimento isolado e o ciúme não é nenhuma exceção. Ligado às vezes – mas nem sempre – a sentimentos amorosos, é subsidiário de outros sentimentos e estados emocionais que o favorecem e acentuam: insegurança, desconfiança, desejo de domínio etc., tal como descrevem as pessoas entrevistadas. A única característica não negativa que lhe atribuem é a de indicar amor. Mas precisamente essa ligação que realizam entre o amor e o ciúme é o que induz a pensar que o amor comporta também todos esses aspectos negativos, que não são, no entanto, mencionados em nenhuma outra parte como inerentes ao amor. De onde procedem, portanto, essas ideias negativas dos participantes? É como se os modelos que elaboraram em relação ao "Amor", como sentimento único, tenham expulsado radicalmente os aspectos negativos. Do "Amor" (abstrato) só esperam coisas positivas, e isso é uma forma extrema de idealização; no entanto, não ocorre o mesmo com as *relações amorosas*, aquelas que experimentaram pessoalmente, nas quais existem frustrações, aborrecimentos, desenganos, contrariedades diversas e também ciúme, junto com experiências muito prazerosas. Isso faz que, quando se produz uma ruptura amorosa, muitas vezes o indivíduo atribua tudo de negativo à outra pessoa e conserve incólume seu ideal amoroso despersonalizado, sem necessidade alguma de questioná-lo ou modificá-lo.

Aparece um abismo entre o "amor" como algo abstrato, indicativo de coisas fantásticas e maravilhosas, e as relações amorosas, que são algo como um ideal obrigado a pôr seus divinos pés no chão. O primeiro, ao qual parecem aspirar a maioria dos participantes, se vê obrigado a aterrissar no segundo, um desastre similar ao de descobrir que o Papai Noel não existe.

31. O que resta daquele amor?

> E então compreendeu a natureza desesperada de seu apaixonado amor [...], o que a natureza das coisas torna impossível alcançar: a fusão e compenetração de duas vidas, de duas histórias distintas. Mas não poder alcançar uma coisa nunca foi motivo para deixar de desejá-la.
>
> Aldous Huxley

Depois de analisar as respostas dos 160 participantes na pesquisa, podemos nos perguntar o seguinte: persistem as ideias do amor romântico nas pessoas entrevistadas? A juventude universitária continua sob a influência das ideias do amor romântico que, no final do século XVIII, constituiu uma importante novidade nas relações amorosas? Apareceram novas tendências no século XXI?

Vimos que a porcentagem mais alta de respostas obtidas corresponde (76%) às respostas que indicam o desejo de reciprocidade nas relações amorosas – receber amor e atenção na mesma medida em que são dados –, o que não é incompatível com o ideal de amor romântico, mas tampouco o é com outras possíveis formas de conceber o amor. No entanto, recordemos que 46% das respostas indicam uma idealização da pessoa amada e uma persistente tendência a tornar invisíveis ou minimizar seus defeitos, perfeitamente compatível com a exaltação amorosa própria do amor romântico. Essas porcentagens vêm acompanhadas de outras muitas respostas que convém levar em consideração para não cair em apreciações parciais. Para isso diferenciamos, do resto da pesquisa, um grupo de participantes que na maioria dos itens dão respostas que se encaixam no modelo do amor romântico e comparamos seus resultados, em primeiro lugar, com os do resto da população participante e depois entre eles, segundo o sexo e a faculdade ou escola técnica superior à qual pertencem.

No total de 160 jovens participantes, há 23 (14,3%) cujas respostas concordam perfeitamente com o modelo de amor romântico, tal como o descrevemos no Capítulo 4. Há 17 (10,6%) que cursam uma carreira na área de humanas e 6 (3,7%) na área técnica. O total de mulheres é 13 (8%) e o de homens, 10 (6%). Vemos que aqueles que cursam uma carreira humanística parecem ter maior inclinação ao amor romântico que aqueles que escolheram uma carreira técnica, e que as mulheres parecem também mais inclinadas que os homens. No entanto, devido ao fato de que a pesquisa é reduzida, não é possível dar um significado relevante a essas diferenças entre os sexos. Essa afirmação é corroborada – além de por razões estatísticas – pelo fato de que, embora a maioria dos que se inclinem pelo amor romântico e cursem carreiras humanísticas são mulheres (11 mulheres e 6 homens), nas técnicas ocorre o contrário: encontramos 2 mulheres e 4 homens. Vamos nos aproximar mais para compreender, por uma análise mais detalhada e qualitativa de suas respostas, como as pessoas deste grupo concebem o amor romântico.

Como o leitor se lembrará, no Capítulo 3 falamos dos modelos organizadores e sua função na interpretação do mundo exterior por parte do sujeito. Veremos agora como podemos ler a interpretação dos participantes, partindo das características que vários autores e nós mesmas detectamos como as principais atribuíveis ao amor romântico, para comprovar até que ponto existem coincidências entre tais características e as respostas deste grupo.

A totalidade das respostas expressa um desejo de *fusão e uma busca de união total*. Essa atitude vem muitas vezes acompanhada de uma *identificação* ou inclusive de uma *indiferenciação* da outra pessoa. Expressa-se claramente o desejo de "fusão" que leva ao esquecimento de si mesmo:

> Quando se está apaixonado, deixa-se de conceber a ideia de um (individual) e passamos a ser os dois a mesma pessoa. Não é possível viver sem o outro.

O desejo de união sincrética com a outra pessoa está claramente explicitado e não se limita a uma ação pontual – a união sexual –, mas se expressa como desejo de união permanente com a outra pessoa, que leva a uma indiferenciação dela ("passamos a ser os dois a mesma pessoa") e se dá por certa a existência de uma identidade de desejos, o que é uma característica impossível de alcançar fora da fantasia. Quando o sujeito sai dela, deverá deparar inevitavelmente com uma sensação de frustração, com a qual só poderá lidar se existirem outros elementos importantes que compensem a relação. Algo assim expressa a seguinte resposta:

> No começo da relação tudo é mágico. Você só vive por seu par, para fazê-lo feliz, cada vez que o vê é um momento mágico, você sente que vive sonhando, parece que ele é a única pessoa que existe. Ao longo da relação toda essa magia se perde, você se dá conta de que em muitos aspectos entram em conflito, mas, como o ama mais que sua vida, sabe aceitar seus defeitos, que a princípio não podia ver, porque a pessoa era perfeita e você estava cega pela

maravilha que encontrou. Digamos que o verdadeiro amor diminui um pouco para dar lugar a um carinho exagerado. Você ama muito essa pessoa e não pode viver sem ela. Cada vez mais a confiança vai crescendo e você começa a pedir a ela que o entenda, que o ajude, que o apoie e você passa a esperar mais dessa pessoa. [...] Acredito que o amor é egoísta, você pede que a pessoa esteja com você, que te ame para que esteja sempre com você. Isto é o que você pede: sua vida. Você necessita disso para viver, para ser feliz.

Em sua apaixonada explicação, essa garota, depois de expressar a intensidade do amor ("o ama mais que sua vida"), acaba confessando o desejo ilusório de possuir a vida da pessoa que se ama.

Paralelamente a essa idealização da pessoa amada, aparece uma atitude de *entrega incondicional* em relação a ela, levando o apaixonado a confiar totalmente nessa pessoa e colocá-la no centro de sua vida:

> A pessoa apaixonada se entrega ao máximo até o ponto de ceder, ajudar, mudar, proteger, cuidar etc. do parceiro como nunca fez com outra pessoa e dessa forma fazer até o impossível para chegar à felicidade do amado e, ao mesmo tempo, à própria felicidade.

> A outra pessoa é tudo para ela, chega a idolatrá-la, ela se converte em uma fixação constante dentro de sua cabeça. Essa pessoa se converte nos olhos do outro e na razão e motivo de todos os seus atos.

Junto a essas características cresce a sensação de que *o amor basta* para tudo, que não se necessita de mais nada. As demais coisas ocupam um plano muito secundário na vida da pessoa amante:

> Você espera tudo da outra pessoa. Espera dessa pessoa que nunca falhe com você, que esteja sempre ao seu lado quando necessite dela e quando não necessite também. Pouco a pouco você vai

colocando essa pessoa no centro, no eixo de seu mundo, em que tudo gira ao redor dela. Às vezes exclui amizades e familiares, pois considera como prioridade a pessoa pela qual está apaixonada.

Essa polarização leva a certas exigências amorosas em relação à pessoa idolatrada claramente insustentáveis por esta ("que esteja sempre ao seu lado quando necessite dela e quando não necessite também"), que têm, além disso, a virtude de situar a quem ama dessa maneira em uma atitude satélite e de própria anulação, pouco propícia para despertar o amor e a admiração de quem se sente, dessa maneira, objeto de uma absorção total.

Unida à anterior aparece a ideia, característica do amor romântico, de que o amor *justifica tudo*. É o bem supremo ao qual deve se sujeitar tudo, está à margem de qualquer consideração ética e permite justificar ações que seriam moralmente injustificáveis por qualquer pessoa, se fossem realizadas em benefício próprio e não em benefício do *próprio* amor. A explicação desse jovem evidencia isso:

> Se você está apaixonado, faria qualquer coisa que sua parceira pedisse. Faria qualquer coisa que a beneficiasse ou beneficiasse você. Muitas vezes pode fazer coisas que talvez não sejam lógicas para outras pessoas, mas quando se está apaixonado você busca o benefício para os dois, sem levar em consideração os demais ou as pessoas ao seu redor. Eu menti, traí, tirei tempo de onde não tinha e renunciei a muitas coisas porque ela não considerava adequadas para mim, troquei meus amigos pelos dela... e tudo porque estava apaixonado e só queria estar com ela e ninguém mais.

Essa ideia de que o amor "está além do bem e do mal" está muito generalizada em quem participa do modelo de amor romântico, convicção que pode levar tanto ao sacrifício dos demais como ao próprio sacrifício, como ilustra a seguinte resposta de uma jovem:

Eu seria capaz de largar tudo por ele. Eu o defenderia diante daquilo que não se pode defender, mentindo se necessário. Seria capaz de perder tudo para estar com ele, de "me humilhar" em determinada situação, e inclusive de me declarar culpada, embora não fosse, para não prejudicá-lo ou fazê-lo sentir-se mal.

Esse "esquecimento" da existência de outras pessoas a quem podem estar unidos por importantes laços afetivos (familiares, amigos etc.), ou inclusive de si mesmo, evidencia o caráter solipsista do amor romântico e o mínimo círculo ao qual limita sua influência. Esse encerramento, se for prolongado, pode prejudicar não somente as pessoas ao redor mas também a quem o experimenta. Se as ações pouco éticas parecem justificáveis em nome do próprio amor, por que não haveriam de sê-lo, dentro do próprio casal, para conseguir mantê-lo?

O amor romântico produz em quem ama a sensação de *onipotência*. Tudo parece possível, inclusive aquelas coisas que nunca se teria acreditado ser capaz de realizar:

> Acho que a pessoa seria capaz de tudo, ou seja, de tudo aquilo que sempre lhe pareceu impossível. Por amor é possível fazer coisas que você nunca imaginou.

> Uma pessoa apaixonada seria capaz de fazer qualquer coisa pelo outro, desde morrer por ele/ela até matar por ele/ela. O amor não tem limites. […] Você pode se apaixonar pela pessoa mais "perfeita" ou a mais "imperfeita", dá no mesmo, você não verá diferença, para uma pessoa apaixonada sempre será alguém especial, perfeito.

Essa sensação de euforia que faz o amante se sentir capaz de qualquer coisa é o que fez às vezes o amor ser comparado a uma droga. A produção de endorfinas parece se ativar, assim como a de outros hormônios que têm, sem dúvida, efeitos claramente suscitados por fatores psíquicos. Os sentimentos são poderosos desencadeadores de ações, como fica claramente evidenciado em quem participa desses estados.

Outra característica do amor romântico – embora não seja privativo dessa forma de amar – é a *exclusividade*, que muitas vezes não se limita a afastar outras/outros possíveis amantes, mas que pode chegar a atingir outras pessoas, como amigos, familiares ou pessoas próximas do casal ou também de antigos relacionamentos, já distantes, que podem se converter – por meio do ciúme – em fantasmas que perturbam a vida do casal.

As respostas deste grupo não se diferenciam, no que diz respeito à exclusividade, das obtidas pelo resto dos participantes, exceto pelo fato de que concedem, em maior medida, o significado de expressar amor ao ciúme. Também são muito mais otimistas em suas previsões com relação ao tempo que a relação irá durar.

Por último, aparece, como característica exclusiva desse grupo, um tipo de resposta que mostra a convicção de que o amor surge de maneira fortuita, sem ser esperado e de modo alheio à vontade de quem o experimenta. Considera-se, além disso, que está dirigido a alguém especial, insubstituível e único.

> O amor é um sentimento que nasce em um momento determinado sem ser previsto nem provocado. Da mesma forma, a paixão se dirige a alguém concreto que se diferencia em algo das outras pessoas.

A crença de que o amor vem de fora, sem intervenção das pessoas implicadas, supõe uma curiosa negação da própria vontade de amar, como se procedesse de instâncias superiores e alheias aos próprios amantes, sem que nenhum dos dois possa fazer nada para evitá-lo. O amor fica atribuído, de maneira mágica, ao acaso ou a misteriosas vontades externas.

As ideias do amor romântico se manifestam com todo seu apaixonado dramatismo nas respostas e explicações – algumas com declarações evidentemente pessoais e íntimas – que acabamos de ver. É certo que constituem uma pequena parte do total das pessoas entrevistadas, mas o suficiente para nos dar a entender que continuam persistindo – ao menos entre cerca de 14% dos jovens de nossa pesquisa – as ideias que constituem o centro do amor romântico. Desse grupo, 100% deram respostas que indicam um desejo de fusão ou de entrega total e incondicional à pessoa amada, em porcentagens muito mais elevadas que o resto das pessoas participantes em respostas claramente indicativas do amor romântico.

32. Mais além do amor romântico

Embora não possamos incluir as respostas da maioria das pessoas que participaram desta pesquisa dentro da categoria "amor romântico", também não podemos dizer que sejam totalmente alheias a ele, como demonstram as elevadas porcentagens encontradas em algumas categorias como "idealização" (46%) e aquelas relacionadas ao ciúme, que refletem a crença em sua inevitabilidade ou a dúvida sobre ela (58%). Parecem existir alguns traços importantes, relacionados com o amor romântico, que persistem isolados do conjunto, ocasionando problemas e transtornos emocionais de consideração. No entanto, embora em alguns casos estejam muito arraigados – sobretudo no que diz respeito ao ciúme –, há elementos importantes que indicam a existência de um momento de mudança no qual os jovens questionam as relações amorosas de outra maneira. Isso requer, como toda mudança importante, um processo que necessita de tempo para adquirir estabilidade. É um caminho lento que cria desequilíbrios parciais devido à confluência de ideias desencontradas – o choque entre antigas crenças que persistem e novas ideias não amadurecidas totalmente, que provocam contradições, dúvidas e inseguranças que, como diz esta garota de 19 anos, nem sempre são compreensíveis:

Quando você gosta de uma pessoa, pensa em muitas coisas (com relação a tudo que você está vivendo), depende do que você vê, passa, experimenta... e muitas dessas coisas acabam sendo contraditórias e muito difíceis de entender.

Os modelos coletivos bem estabelecidos têm a vantagem de consolidar as condutas, torná-las previsíveis por outras pessoas próximas e proporcionar a segurança de agir conforme a maioria. Isso costuma nos levar a suportar, sem mudá-los, os inconvenientes que todo modelo traz consigo, mantendo uma atitude conservadora que leva ao lamento estéril sem fazer nada para mudar suas causas.

O processo de mudança é esboçado naquelas respostas que asseguram, sem rodeios, que o ciúme é ruim e prejudicial para o casal e consideram que é possível ter uma relação amorosa livre de ciúme, ao qual concedem um significado de desejo de posse e de baixa autoestima e deve, portanto, ser repelido. Também se manifesta nas respostas que esperam a existência de reciprocidade de ações e sentimentos, que tendem à obtenção de equidade e as que reclamam uma igual valorização, respeito e comunicação dentro do casal. Distantes estão do desequilíbrio emocional que provoca a entrega total de um dos membros do casal, dar tudo sem esperar nada em troca, ou o espírito de sofrimento que considera que se deve esperar que a outra pessoa mude e suportar, enquanto isso não ocorre, os aspectos negativos na relação. Essas não são, evidentemente, características explícitas do amor romântico, mas é muito possível que se convertam em suas consequências, sobretudo para as mulheres, que são as que mais parecem estar ligadas a esse modelo. Uma garota de 20 anos o expressa sabiamente:

> Se o amor for recíproco e igualitário, você dará sempre o justo e necessário, já que sabe que receberá o necessário. Pois bem, o amor em desigualdade é aquele capaz de fazer o impossível: renunciar

aos sonhos. Esse amor é doloroso, já que você dá tudo e não obtém resposta.

Perguntar-se por que isso ocorre implica remontar a fatores históricos dos quais já falamos e que estão relacionados precisamente com o surgimento do amor romântico e a idealização do papel feminino como elemento-chave para manter a união da família. Esta deve se manter graças ao sacrifício dos interesses, desejos e, em suma, da realização pessoal da mulher, de quem – em muitos casos – se continua esperando que somente encontre satisfação dentro do reduzido âmbito familiar e do papel de esposa e mãe.

Os indicadores de mudança nas pessoas/jovens se manifestam também com uma crítica ao modelo ultrapassado de amor de telenovela e com o surgimento de uma nova forma de conceber as relações. Expressam-se no pensamento e no comportamento de algumas jovens que analisam com olho crítico os modelos tradicionais que concernem à mulher, estreitamente vinculados ao amor romântico e às suas consequências. Vejamos a seguir algumas observações e reflexões feitas por garotas, à pergunta *O que você acha que faria pela pessoa amada?*

> Costuma-se dizer que quando se ama se faz tudo ou qualquer coisa pela outra pessoa. Em minha opinião, isso é muito bonito, mas devemos pensar em nós mesmas, naquilo de que gostamos e do que não gostamos, e sobretudo em quais aspectos deixaríamos pela outra pessoa e de que maneira isso pode nos afetar.

> É importante fazer muitas coisas pelo outro, mas nunca se deve deixar de fazer o que é importante para você.

> Sempre se deveria avaliar se é mais importante o outro ou a si mesmo e nunca deixar nem amigos, nem família, nem estudos ou trabalho por amor, é imprescindível não ser dependente.

Se compararmos essas opiniões com as que asseguram ser capazes de "fazer tudo" por amor, observa-se uma atitude muito mais equilibrada, de afirmação de si mesmas e de valorização das coisas que são importantes, além da relação amorosa. As demais pessoas são levadas em conta e valorizadas, como se depreende das palavras dessa jovem que considera incompreensível ultrapassar a ética mais elementar "por amor":

> Suponho que os extremos não sejam bons e o correto é um meio-termo, ou seja, fazer coisas que não mudem sua vida de maneira radical, ajudá-lo(a) no que puder [...], compartilhar segredos, mas nunca romper com tudo apenas por estar ao seu lado, já que essa é uma postura muito egoísta e o que é incompreensível é chegar a matar por amor, isso é uma barbaridade.

A mudança se manifesta também em respostas como a desta garota de 21 anos que, apesar de sua juventude, tira consequências de sua própria experiência:

> Friamente, é claro que todos pensaríamos ou diríamos: tudo; mas a verdade é que, embora seja um lugar-comum, é assim. Em minha experiência pessoal, acho que se deve fazer muito mas nem tudo, esta palavra é muito grande e só sabemos quando o momento chega. Certas vezes fiz "quase tudo". Agora só faço o bastante.

As experiências vividas, quando existem elementos pessoais que permitem a reflexão, implicam consequências que possibilitam a mudança individual que, ao se multiplicar, conduz inevitavelmente a uma mudança social. Daí a importância de uma educação que ensine a refletir, sem induzir ideias preconcebidas, no terreno do amor e no das relações interpessoais.

As reflexões anteriores das participantes citadas parecem uma crítica ao ideal de "entrega total" que deixa a mulher em uma situação de indefensabilidade emocional. Uma atitude assim favorece o domínio e o abuso, que podem se converter em realidade se a mulher cair nas mãos de um homem dominante ou agressivo.

Algumas participantes evidenciam os inconvenientes da paixão, e a desmitificam ou adotam uma atitude cética com relação à sua existência:

> As pessoas apaixonadas idealizam o outro e criam um mundo que nem sempre corresponde à realidade; mas, na maioria dos casos, esse ideal é totalmente errôneo.
>
> No início da paixão acredita-se que tudo o que o outro diz ou faz está bom, mas, à medida que o tempo passa, as coisas vão sendo vistas de outro ponto de vista, ou seja, aceitando (ou não) os erros. [...] É uma maneira irreal de pensar.
>
> A paixão é um estado de "atordoamento" que acaba rápido, e o amor... não sei se existe. Uma pessoa que está apaixonada pode fazer coisas por seu parceiro, mas as loucuras de amor não existem. São fruto de nossa sociedade que consegue nos fazer crer em imagens e estereótipos do amante que faz tudo por seu amor, e realmente não existem. A única coisa que você pode esperar deles é uma caixa de bombons e um buquê de rosas, quando muito.

Cerca de 16% de respostas desse tipo foram dadas por garotas e 8% por rapazes. Denotam a capacidade de desenvolver um pensamento próprio que lhes permite criar os clichês clássicos sobre a paixão e apontam para novas formas de relação amorosa. Embora minoritárias, evidenciam a possibilidade de se distanciar dos estereótipos hiper-românticos que a publicidade cultiva e elogia indiretamente por meio de seriados, novelas, certo tipo de filmes e romances, imprensa romântica, músicas etc. Uma das características fundamentais dessas novas formas de relação é pôr em prática a cooperação em todos seus aspectos e a igualdade de direitos e deveres dentro do casal, sem tolerar abusos, compartilhando decisões e responsabilidades.

33. Mudança e permanência

Às mudanças que começam a ser entrevistas e que descrevemos pelos exemplos de opiniões dos participantes de nossa pesquisa, deve-se contrapor as importantes mudanças, profusamente estudadas em outros trabalhos, que dizem respeito às relações sexuais entre jovens. Um fato interessante a destacar, como já apontamos, são as escassas menções que aparecem ao sexo, quando são interrogados sobre o amor e a paixão, até o ponto de que não obtivemos o mínimo de respostas sobre essa temática que justificasse a criação de uma categoria específica. É certo que – como enunciamos no início deste capítulo – não foram interrogados sobre sexo, como tampouco se fez sobre nenhum outro elemento que mencionamos com profusão, já que o que pretendíamos era que nos mostrassem, livremente e sem induções, quais eram os dados que consideravam fundamentais e aos quais conferiam maior significado.

Essa ausência é também um dado que, igual aos demais, pode ser interpretado de diferentes maneiras. Uma delas poderia ser uma inibição ao falar de relações sexuais, por considerá-lo pouco adequado. No entanto, as inibições neste terreno não são uma característica da amostragem selecionada, como pudemos comprovar em outros trabalhos realizados com as mesmas pessoas. Tampouco apareceram inibições desse tipo em trabalhos realizados com jovens por outros autores e autoras. Portanto, rejeitamos essa hipótese. Não se pode dizer, ainda, que o fato de não interrogá-los a esse respeito justifica, como dissemos anteriormente, essa ausência.

Segundo mostram estudos recentes, o intercâmbio sexual entre jovens – de idades cada vez mais precoces – é habitual em nossa sociedade, e a frequência com que mudam de parceiro parece ser inversamente proporcional à importância que lhe concedem. No entanto, esses intercâmbios não têm necessariamente uma relação direta com o amor. A liberalização – que não deve ser confundida com liberação – das relações sexuais juvenis não corre em paralelo com as amorosas, e esse era um fenômeno dificilmente previsível quando se iniciou o que uma vez foi chamado de "revolução sexual", no final dos anos 1960, sobretudo na Europa e nos Estados Unidos. Com efeito, às importantes transformações nos costumes sexuais não correspondem mudanças de igual importância nas relações amorosas. A desinibição sexual e a mudança frequente de parceiro não são correlatas de um desenlace da dependência extrema nem de uma liberação do ciúme, quando o casal se considera apaixonado. Quando alguns rapazes e garotas que costumavam mudar facilmente de parceiro sexual estabelecem uma relação amorosa de casal, frequentemente se veem enredados nas teias do amor romântico e se comportam, no terreno sentimental, como seus avôs e avós, com expectativas similares, atitudes extremamente possessivas, ideias de domínio e submissão, com profundas decepções e propósitos dignos do tango mais passional.

A mal intitulada "liberação sexual", dominada por convencionalismos tão poderosos – embora de signo diferente – como os de séculos atrás,[9] não comporta necessariamente um amadurecimento emocional. São os sentimentos que experimentam e o significado que atribuem a eles que fazem as pessoas se sentirem felizes ou desgraçadas, e as vias que adotam para conseguir estados emocionais agradáveis (como obter aprovação, estima

---

9 Os convencionalismos impediam, há anos, de manter relações sexuais desejadas fora ou antes do casamento. Hoje em dia as convenções impedem muitas jovens de se negar a ter relações sexuais não desejadas, para não parecer pouco "liberadas". Mudou o signo do convencionalismo, mas não a falta de liberdade que supõe.

ou admiração de quem valorizam) são, muitas vezes, a causa de sua infelicidade: a solução é o problema, como diria Watzlawick.

Já dissemos anteriormente que a cooperação, também nos seres humanos, implica uma série de consequências negativas – produtos colaterais, mas de modo algum insignificantes – que provocam mal-estar e problemas. Há alguns deles que podem ser derivados da necessidade de aceitação por parte do grupo ao qual se pertence ou se deseja pertencer. Dado que a aceitação da diversidade está muito longe de ser uma característica da maioria dos grupos humanos, a necessidade de se uniformizar em maneiras de pensar e agir é, em muitos casos, um requisito indispensável para o pertencimento ao grupo. Mas nem sempre determinados uniformes assentam bem em todo mundo. A opção de decidir é uma das coisas mais importantes que se necessita aprender, e se vê que nem sempre isso é feito de maneira espontânea.

O fato de que existam diferentes formas de conceber as relações amorosas nos faz questionar a ideia de que o amor seja algo espontâneo que nos "sai de dentro". Na realidade, as formas que toma estão profundamente moldadas pelo social, que de alguma maneira o condiciona, inclusive naqueles casos em que parecem estar em clara oposição à ideologia dominante. Antes, são o resultado da confluência entre os desejos individuais e os modelos sociais dominantes em cada sociedade e em cada época particular.

Segunda parte
O amor e os conflitos

6
O conflito

Nossa mente é um atributo coletivo.

J. Jiménez

34. O conflito como oportunidade de crescimento pessoal

Em nosso ambiente social, em nossa vida pessoal, observamos constantes oscilações entre a confrontação e o diálogo construtivo. Enquanto algumas práticas sociais parecem sustentar-se no embate, outras, pelo contrário, estimulam o diálogo. Lakoff e Johnson (1986) defendem que o idioma contém metáforas que partem, sobretudo, de pensamentos inconscientes e refletem formas de comportamento coletivo. Por exemplo, quando dizemos que "o coração saiu pela boca", utilizamos uma metáfora que todos compreendemos, embora o coração propriamente dito não saia de modo algum, ou quando dizemos que alguém "seguiu o fio de seus pensamentos", sabemos que o pensamento não tem fios. Lakoff e Johnson coletaram distintas metáforas que ilustram até que ponto está difundida a ideia de que uma discussão se assemelha a uma guerra:

- *Atacou* os pontos fracos de minha argumentação.
- Suas críticas *acertaram o alvo*.
- *Demoli* seus argumentos.
- *Disparou* todas suas queixas.
- Você *me matou*!

As metáforas bélicas aparecem na linguagem não somente quando nos referimos a discussões, mas também em um fenômeno tão oposto à guerra como o amor. Os temas amorosos contam com metáforas que não têm nada a invejar das imagens guerreiras empregadas para se referir às discussões:

- No amor e na guerra, todas as *armas* são boas.
- *Lutou* por ele, mas sua amante *venceu*.
- Está *ferido* de amor.
- Caiu *rendido* diante dela.
- *Sucumbiu* aos seus encantos.
- Foi pedindo *guerra*.

Essas expressões e muitas outras similares, empregadas sem que o falante perceba seu significado remoto, incitam a comparar – da mesma forma que ocorre com as discussões – o amor a uma luta, na qual alguém sai vencedor ou perdedor. Não iremos aqui analisar as origens das associações, mais ou menos conscientes, entre amor e violência, mas é interessante notar que, na medida em que a linguagem atribui significado àquele que nomeia, nos indica também como temos de vê-lo.

Os conflitos amorosos, como qualquer outro tipo de conflito, não são favorecidos pelas ideias que subjazem a essas metáforas nem pelos significados que coletivamente lhes são atribuídos, em razão dos quais tanto as discussões como os conflitos são vistos como situações negativas. No entanto, há outras maneiras possíveis de considerá-los, e é precisamente em uma perspectiva alternativa que nos situaremos: aquelas que o concebem como uma oportunidade de crescimento pessoal. Para isso, será necessário abrir a mente à compreensão dos fatores implicados nas divergências.

Por preconceito cultural, costumamos acreditar que os conflitos ocorrem apenas entre indivíduos com deficiência no terreno relacional, que entre pessoas de boa vontade e inteligência não ocorrem conflitos. No entanto, o que torna uma relação problemática não é a existência de conflitos, mas a não resolução dos mesmos. Como diz D. F. Schnitman (1998),

> as situações conflitivas, embora inevitáveis, podem ser vividas de formas diferentes. Quando são percebidas como episódios negativos, dão lugar a relações pessoais nas quais a confrontação e a luta ocupam um lugar central. No entanto, caso se abordem como possibilidades abertas à mudança, facilitam a construção de novos espaços de diálogo que articulam e respeitam as diferenças das partes.

Os laços de casal sentimental, mais que qualquer outro vínculo íntimo, atravessam circunstâncias diversas. Umas facilitam o desenvolvimento de experiências relacionais aprazíveis, enquanto em outras o sofrimento prima sobre o bem-estar. Em termos gerais, os conflitos amorosos são episódios pontuais nos quais um mal-estar interno aflora ao exterior. Quando isso ocorre, o casal busca uma boa saída para a situação e, nesse empenho, cada pessoa tem atitudes relacionais de acordo com sua peculiar maneira de interpretar o conflito.

Toda interpretação é resultado de processos mentais em que o sujeito vai selecionando os elementos de sua experiência que julga relevantes, lhes atribui significado e os vai relacionando entre si. Em função de seus objetivos e preocupações relacionais, cada indivíduo interpreta a situação conflitiva à sua maneira e age de acordo com seu modo de interpretar a experiência. Se as interpretações dos dois membros do casal não são coincidentes – como costuma acontecer –, os primeiros passos que dão em direção à busca de soluções costumam aumentar a distância que os separa. No entanto, ambas as pessoas podem abrir sua mente a distintas possibilidades interpretativas e considerar novas formas de solucionar o conflito.

Ao longo do processo resolutório de um conflito, surge um intenso intercâmbio de práticas relacionais que os ajuda a identificar novos elementos da experiência e a estabelecer novas conexões entre eles. Assim, passam a considerar relevantes fatos observáveis, pensamentos, desejos, expectativas ou sentimentos que haviam relegado a um segundo plano, e, ao mesmo tempo, tomam em conta a possibilidade de atribuir novos significados aos distintos fatores da experiência, o que os leva a estabelecer novas relações entre todos os significados.

Os pensamentos, os sentimentos, as crenças e expectativas de cada membro do casal, embora invisíveis, são tão "reais" como suas condutas observáveis, e como as outras características empíricas da situação conflitiva. Além do mais, apesar de sua invisibilidade, os aspectos cognitivos e afetivos são os elementos que mais influenciam no momento de conferir um sentido pessoal aos observáveis. Os vínculos entre o sentir e o pensar marcam o curso pelo qual transcorre a atribuição de significado à conduta. Dito em outros termos, o significado do elemento observável está fora do alcance dos sentidos, o que torna particularmente compreensível que os sujeitos sintam a necessidade de esclarecer os significados cognitivo-emocionais que dão à sua própria conduta e à de seu parceiro.

Nesse sentido, um conflito é uma ocasião para aprender a considerar, de distintas perspectivas, a problemática que separa e une o casal, é uma ocasião de crescimento pessoal que pode se reverter na construção de relações sentimentais mais harmônicas. Se esse trabalho não se realizar, a relação pode se deteriorar.

35. A força dos sentimentos

A teoria dos modelos organizadores postula que o pensar e o sentir marcam os cursos pelos quais transcorre a atribuição de significado dos fenômenos observáveis. Esse postulado dirigiu há muitos anos uma série de pesquisas que nos permitiram avançar nessa direção.

Queremos iniciar este tópico apresentando uma pesquisa que realizamos com o propósito de explorar a influência dos estados afetivos – emoções e sentimentos – na resolução de conflitos vinculados à prática educativa (Arantes; Sastre, 2003). Para realizar esse trabalho, selecionamos, aleatoriamente, noventa docentes que assistiam a um curso de formação permanente e os distribuímos também aleatoriamente em três grupos (A, B e C) de trinta pessoas cada um. Demos aos noventa participantes uma cópia de um texto escrito, no qual se descrevia uma situação em que uma professora havia encontrado um aluno se drogando. Pedimos a eles que imaginassem e explicassem por escrito – de forma anônima – como acham que a professora se sentiria, o que pensaria e o que faria.

Os textos dos sujeitos dos três grupos foram muito diferentes. Quase a totalidade de professoras e professores do grupo A descreveram uma professora solidária, desejosa de ajudar o aluno e dotada de habilidades para encontrar recursos de todo tipo, como falar em particular com o garoto, oferecer seu apoio, disponibilizar e comentar vídeos que mostrassem os danos que a droga causa, fazer murais sobre as consequências do vício, convidar à sua aula especialistas sobre o tema, pedir a colaboração dos pais etc.

A maioria dos professores do grupo B imaginou que a professora veria a si mesma com poucos recursos para confrontar o problema e optaria por delegar a responsabilidade à direção da escola, por expulsar o aluno ou, em alguns casos, por se comportar como se não tivesse se dado conta do que estava acontecendo por medo de se confrontar com uma problemática que podia lhe trazer más consequências.

O grupo C deu respostas dos dois tipos mencionados, em uma proporção similar.

Se as pessoas que participaram da experiência constituíam uma amostra homogênea, de características muito similares, e haviam sido distribuídas aleatoriamente em cada um dos grupos, a que se podiam atribuir as importantes diferenças encontradas em suas respostas?

Cada um dos três grupos havia realizado, antes da experiência, uma atividade diferente. Havíamos proposto aos participantes do grupo A que recordassem e explicassem – por escrito e de maneira anônima – uma experiência pessoal, na qual a forma que tiveram de se comportar com outra pessoa lhes houvesse proporcionado uma profunda satisfação. Uma vez terminada sua escritura, perguntamos se havia pessoas do grupo que se ofereciam voluntariamente para ler seu texto e, depois dessa leitura, alguns encenaram, também voluntariamente, um dos relatos lidos.

Pedimos aos membros do grupo B que escrevessem uma experiência na qual seu comportamento lhes houvesse produzido uma profunda insatisfação. Da mesma forma, algumas pessoas leram seus escritos e se representou um dos textos lidos.

Ao grupo C, nos encarregamos de oferecer uma palestra sobre um tema didático com pouca carga emocional.

Embora todo o professorado tenha tratado do mesmo problema do vício de um aluno, cada grupo havia realizado antes uma atividade distinta, que marcou seu estado de ânimo de determinada maneira. A prévia autoindução de um estado emocional que os sujeitos dos grupos A e B realizaram afetou a forma em que se situaram diante de uma mesma problemática profissional. O fato de reviver uma autoimagem satisfatória fez os professores do grupo A imaginarem que a professora da história tinha vontade de ajudar o aluno e que, além disso, possuía as habilidades e os recursos necessários para intervir positivamente na situação. Pelo contrário, a recordação de uma autoimagem vinculada à insatisfação pessoal levou os professores do grupo B a pensarem que a única coisa que a professora podia fazer era se inibir e se proteger diante de uma situação que achavam muito complicada.

Os professores que participaram da pesquisa não se deram conta da influência que seu estado de ânimo prévio teve na resolução da tarefa e, no entanto, os sentimentos experimentados dirigiram sua mente a uma determinada direção. A satisfação por seu comportamento pessoal os induziu a imaginar uma professora solidária e capaz de idealizar distintas formas de intervenção; enquanto a insatisfação os levou a imaginar uma professora recolhida em si mesma e pouco disposta a ajudar seu aluno.

Essa pesquisa nos permitiu revelar a influência dos sentimentos na vontade de ajudar os alunos problemáticos e na capacidade de encontrar recursos para fazê-lo. Dos resultados da pesquisa se deduz que os estados internos favoráveis promovem estilos de funcionamento cognitivo que repercutem de maneira positiva nas atividades exploratórias do ambiente e nas análises das experiências conflitivas, com o consequente aumento da solidariedade e da eficácia na elaboração de estratégias resolutórias.

A influência dos sentimentos não se limita à conduta. Cada vez dispomos de mais trabalhos que associam o desfrute de uma boa qualidade de vida com o desenvolvimento das habilidades cognitivas, afetivas e sociais. Rein, McCraty et al. (1995) realizaram um estudo no qual pediram a voluntários que recordassem um episódio de sua vida que lhes houvesse produzido um intenso sentimento de raiva. Os resultados desse estudo mostraram que a simples evocação do acontecido induzia um período de vários minutos de caos em seu ritmo cardíaco. Depois desse período, a secreção de imunoglobulinas-A[1] caiu durante seis horas, em média, reduzindo assim a resistência do indivíduo diante dos

---

1 Que constituem a primeira linha de defesa do organismo contra os agentes infecciosos.

agentes infecciosos. O mesmo estudo permitiu verificar que uma recordação positiva vinha acompanhada de um aumento na produção de imunoglobulinas.

Assim como os estados afetivos, com os quais deparamos em determinada situação, repercutem na representação que fazemos dela, também as características próprias de cada experiência influenciam em nosso estado corporal.

A ressonância afetiva que distintos acontecimentos têm em nossa mente também repercute em nosso estado físico e nos inclina a priorizar aspectos da experiência em detrimento de outros possíveis, a lhes dar um significado particular e a tomar determinada atitude. Em consequência, os juízos que emitimos sobre eles são distintos. Por outro lado, esses processos mentais – abstração e seleção de elementos, atribuição de significado e posicionamento pessoal – vão gerando novos estados emocionais que, por sua vez, modificam nossa primeira representação, incorporando novos dados da experiência ou então modificando o significado que anteriormente lhes havíamos dado, e assim sucessivamente. Ou seja, a interpretação da experiência é resultado de sucessivas aproximações mentais e em todas elas os sentimentos estão presentes.

Esse *feedback* entre a natureza dos acontecimentos e os estados emocionais se reflete nos resultados de uma pesquisa realizada por Antonio Armada (2002).[2] Nesse estudo se utilizou uma história hipotética[3] cujo protagonista carecia de recursos econômicos para adquirir um medicamento muito caro que era imprescindível para salvar a vida de sua esposa. Dado que tampouco dispunha de algum meio legal (empréstimo, ajuda de amigos, serviço social etc.) para obtê-lo, perguntava-se se devia roubá-lo. O texto escrito dessa história foi apresentado a 144 estudantes de Psicologia ou Direito de diferentes universidades

---

2 Tese de doutorado realizada por Antonio Armada e orientada por G. Sastre.
3 História inspirada em um dilema de Kohlberg.

da Catalunha, pedindo-lhes que escrevessem sua opinião sobre o que o marido deveria fazer, justificando sua resposta. A maioria afirmou que o marido tinha o dever de roubar. Vejamos, a título ilustrativo, algumas das respostas obtidas:

> Acho que deve roubar o medicamento, pois se trata da vida de uma pessoa que ele ama e não quer que ela morra. Não é ruim que roube, é um ato de valentia e ele deve se arriscar e carregar a culpa antes que sua mulher morra.

> Tem de conseguir o medicamento e, se para isso for necessário roubar, tem de roubar. Há uma mulher que está sofrendo e, por solidariedade, ele tem de roubar, devemos ser solidários com o sofrimento dos outros.

Depois de terem escrito suas respostas, foi-lhes dado um novo texto no qual se explicava que, finalmente, o marido tinha roubado o medicamento, foi denunciado e um júri popular o declarou culpado. Nessa segunda parte da história, foram interrogados se acreditavam que o juiz devia ou não ditar uma sentença contra o marido. Uma parte importante das pessoas que haviam opinado que o marido devia roubar afirmou que o juiz devia castigá-lo:

> O marido fez bem em roubar o medicamento. Eu, em seu lugar, teria feito o mesmo. Mas roubar é um delito e o juiz tem de castigá-lo. Quando roubou o remédio, ele já sabia que podia acabar na prisão.

> Sim, o juiz tem de ditar a sentença contra ele. As leis devem ser cumpridas e o juiz não pode fazer exceções. Moralmente o marido tem razão, não podia deixar que ela morresse, mas agora tem de pagar porque todos nós temos de respeitar as leis. Todos somos iguais perante a lei e o juiz não pode fazer exceções. Se o juiz não

castigasse o marido, todo mundo poderia roubar. O farmacêutico também é culpado: não tinha de vender tão caro a medicação.

Por que os mesmos indivíduos deram respostas tão díspares em relação a uma mesma situação? Quando se centraram na problemática do marido levaram principalmente em conta a vida da mulher, enquanto ao se situar no ponto de vista do juiz focaram na necessidade de preservar a ordem social.

Na primeira parte da história, quando se colocaram no ponto de vista do marido, consideraram o roubo como o único recurso que podia preservar a vida da mulher e o viram como um ato de amor, valentia, cuidado e solidariedade ("servirá para salvar sua esposa"; "está angustiado e, na falta de recursos legais, é o melhor que pode fazer"; "é uma prova de valentia"; "necessita roubar para continuar cuidando de sua mulher"; "é solidário com uma pessoa que sofre"; "prefere levar a culpa que deixar uma pessoa morrer" etc.). No entanto, quando se colocaram no lugar do juiz, adotando o ponto de vista que acreditavam que devia ser o do magistrado, o mesmo roubo foi, taxativamente, considerado um ato de delito ("vai contra a lei"; "é um delito"; "não está certo"; "é uma transgressão das normas"; "deve ser castigado"; "se os ladrões não fossem castigados ninguém respeitaria as leis etc.").

Essas duas formas tão distintas de considerar o roubo se sustentam nas diferentes estruturas relacionais que estão em jogo. A figura do marido fomenta a representação de uma relação amorosa entre duas pessoas concretas – marido e esposa – que se deparam com uma situação vital de extrema dureza e que demanda uma rápida tomada de decisão por parte de uma delas. O juiz, pelo contrário, promove a representação de uma figura profissional que, com a finalidade de assegurar a correta aplicação das leis, deve prescindir das necessidades da pessoa que está julgando. As pessoas que participaram do estudo circunscreveram o dever do marido em um universo afetivo/emocional formado por amor, cuidado, solidariedade, responsabilidade e vínculo. Ao contrário, associaram o dever do juiz a componentes afetivos de obrigatoriedade, temor à desordem social e respeito. É que as categorias, os sentimentos e as normas morais com as que avaliamos eticamente os comportamentos são coerentes com o tipo de relação na que se originaram os comportamentos (S. Benhabib, 1990).

Vejamos, por exemplo, como repercute a mudança de perspectiva no raciocínio de um mesmo sujeito quando avalia a sequência protagonizada pelo marido e a protagonizada pelo juiz:

O que você acha que o marido deveria fazer?

Eu acho que Enrique deve roubar o medicamento porque ele pensa na vida de sua esposa e faria o que fosse para que ela não morresse. Acho que Enrique pensa que, embora roubar não seja certo, ele tem de fazer isso para salvar a vida de uma pessoa que, sem o remédio, morreria.

O que você acha que o juiz deveria fazer?

A lei castiga o roubo e o juiz teria feito o mesmo se quem estivesse doente fosse sua esposa, mas, como juiz, deve ditar a sentença contra o marido e fazer cumprir a lei [...] se não, todo mundo poderia roubar por alguma coisa que acreditasse justa. O que está claro é que Enrique cometeu um delito, justo ou não, moralmente é um delito.

Posteriormente, G. Sastre fez uma nova pesquisa com um total de trezentos estudantes que estavam cursando Psicologia e Pedagogia, aos quais, depois de perguntar o que o marido e o juiz deviam fazer, pedimos que lessem as duas respostas que haviam dado, comparassem ambas e explicassem suas semelhanças e diferenças. Vejamos um exemplo:

Minhas respostas se parecem pelo fato de que, moralmente, se nos pusermos no lugar de Enrique, todos faríamos o mesmo, roubar por alguém que amamos. Nesse caso, o roubo está justificado e todo mundo, até o juiz, o entende. Nossa consciência nos diz que foi bem feito. Mas, por outro lado, existe a lei e não se pode pensar sempre com o coração. Na primeira resposta se pensa mais com o coração e na segunda se utiliza mais a razão.

Para a maioria das pessoas entrevistadas, a mudança da estrutura relacional dos protagonistas do conflito comportou uma mudança de contexto afetivo/emocional que as levou ao paradoxo de afirmar que o juiz devia ditar a sentença contra um homem que havia cumprido com seu dever. Apenas uma minoria considerou que o marido devia roubar e que o juiz não devia emitir uma sentença contra ele.[4]

A afetividade é uma parte constitutiva do raciocínio ético: "As emoções e os sentimentos, seja qual for o modo em que se manifestem, estão sempre entrelaçados com a cognição, a percepção, a linguagem, a interação e a experiência da realidade social, física e cultural, ao menos nas esferas da vida que nos importam" (Chodorow, 2003). Os distintos estados afetivos fazem parte de nossa forma peculiar de conhecer e organizar nossas experiências.

Cognição e afetividade estão na base de nosso comportamento. As três pesquisas mencionadas mostram que a penetração dos sentimentos toma caminhos diversos, e também tem diferentes repercussões. O mesmo problema de vício foi analisado de formas variadas de acordo com as atividades previamente desenvolvidas por três grupos de docentes. Os professores que previamente haviam recordado experiências pessoais satisfatórias se manifestaram mais eficientes na exploração de recursos docentes apropriados à situação e mais solidários com o aluno.

---

4 O Código Penal contempla o estado de necessidade que exime de culpa o protagonista dessa história.

Os professores que tinham revivido situações insatisfatórias exibiram uma forte carência de habilidades exploratórias e pouco interesse em ajudar seu aluno. As pessoas que assistiram a uma conferência – pouco relevante do ponto de vista afetivo – se situaram entre os dois grupos.

Nosso corpo também é afetado pelas emoções. Assim, os indivíduos que voluntariamente evocaram situações que lhes haviam produzido sentimentos de raiva experimentaram, durante vários minutos, uma mudança em seu ritmo cardíaco e uma posterior queda de imunoglobulinas. Por outro lado, avaliar o roubo de um medicamento em contextos afetivo-emocionais diferentes supôs uma mudança radical de julgamento.

Outras muitas investigações corroboram, no momento atual, o resultado do que descrevemos. É difícil duvidar, à vista de todas elas, da enorme influência que exercem as emoções e os sentimentos na organização do pensamento, tanto em um sentido positivo como negativo. Não levá-las em consideração ao tratar de conflitos equivaleria a se omitir de uma parte importante da problemática e impossibilitaria a busca de soluções adequadas.

36. O casamento: um modelo social e um modelo organizador

As culturas ocidentais contemporâneas situaram no cume da afetividade um modelo de casal que proclama aos quatro ventos sua sujeição ao amor romântico. As pessoas que acreditam nesse modelo social sustentam que o casal é o artífice e soberano de um espaço relacional protegido contra os fenômenos alheios a seu vínculo amoroso, e essa convicção esfumaça a visão da estrutura social a partir da qual todas as pessoas conformam sua afetividade. É certo que os mitos e rótulos culturais não bastam para explicar como se vivem as relações afetivas, mas também é certo que o casal, isolado de seu marco social, não pode tornar compreensível seu comportamento sentimental.

A crença no poder absoluto, ilimitado e preexistente do amor tem uma história longa e difícil de seguir, pois suas manifestações externas vão se acomodando às peculiaridades de cada sociedade. Quando Rut Benedit afirmou que cada sociedade dispõe de um amplo leque de condutas do qual elege só um arco e descarta o resto, expressou uma ideia potente, ampla e geral, à qual a teoria dos modelos organizadores pode dar uma forma precisa quanto à estrutura do matrimônio. Nossa sociedade atual selecionou, dentro de muitas outras possibilidades, um arco de condutas delimitado pela união sequencial de quatro elementos: amor, casamento, sexo e procriação, e deixou de lado outras possibilidades; relacionou esses elementos, aos quais atribuiu um significado particular, e extraiu desse conjunto uma série de implicações que formulou como leis ou acordos invioláveis. Ou seja, criou um modelo de casamento que chega de tal modo às novas gerações que estas o percebem como um fenômeno natural, como uma grande evidência. Ao nascer, descobrimos uma família que nos rodeia, que nos envolve como o ar, como a casa, como a paisagem e é, na realidade, a primeira paisagem humana na qual cada indivíduo começa a construir seu mundo.

Durante séculos, o casamento foi evoluindo até se converter no que é, obedecendo à seguinte sequência: amor, casamento, sexo e procriação. Transcorreram muitos séculos até que se chegasse a criar esse modelo social que – como qualquer modelo – se modificará com o tempo. Por mais que pareça o contrário, a ligação entre essas quatro sequências é relativa e, para que se torne evidente, é necessário acreditar nela. Assim, em termos biológicos, o amor e a procriação são muito mais antigos que o sexo – há reprodução sem sexo, assim como há sexo sem reprodução – e o casamento é uma convenção relativamente recente que não nasceu para justificar a procriação, mas como pacto social que garante a cooperação. Esses elementos, independentes, podem se organizar de mil maneiras, mas não se deve esquecer que não são os únicos possíveis e que, em momentos do passado, outros elementos representaram os fatores mais importantes, como a economia, o poder etc.

O mérito desse casamento, recentemente "tradicional", é a união dos quatro elementos e a manutenção dessa união, já que isso supõe uma luta titânica porque têm uma forte tendência a se desagregar; pode-se amar sem nenhuma das três outras condições ou, mesmo estando casado(a), pode-se ter sexo independentemente das três restantes, por exemplo. No momento atual, no qual se operam importantes mudanças, aparecem as sequências temporalmente alteradas: o casamento pode ser o último elo quando o sexo é seguido pela procriação; o amor pode ou não estar presente, mas o casamento, ao institucionalizá-lo, pode também fazê-lo nascer.

Os países industrializados do Ocidente situaram no centro do casamento o controle da sexualidade e do erotismo feminino. Sob o temor à infidelidade da mulher, qualquer vínculo que esta estabeleça se torna suspeito de encobrir uma atração física e de usurpar espaços relacionais que, embora fluam por cursos alheios ao erotismo, são consideradas cercas protetoras da intimidade de um casal que se presume autossuficiente. A obsessão por fiscalizar a sexualidade feminina é o centro de um modelo relacional que se mantém graças à fusão de vínculos afetivos e sexuais, à hierarquia de gênero, à exclusividade sexual e à socialização da prole. Em seu conjunto, essas características constituem o núcleo fundamental do vínculo de casal sentimental e proporcionam ao modelo uma estrutura fechada e autossuficiente.

Não é nossa intenção considerar, de novo, as causas pelas quais esse modelo foi imposto. Desejamos apenas apontar que é apenas uma das diversas formas possíveis de canalizar a vida afetiva. O fato de que tenha se convertido no caminho mais seguido pela maioria se deve a que nos países ocidentais se tratou e se impôs esse modelo como a única forma "natural", como o único modo socialmente correto de organizar as relações amorosas. E, posto que as representações culturais fazem parte de nossas elaborações identitárias e são companheiras inseparáveis de nossa subjetividade, todos os indivíduos foram, e continuam sendo, obrigados a interagir com esse modelo.

No entanto, interagir com as estruturas e imagens socioculturais não comporta obrigatoriamente sua aceitação. É certo que todos os indivíduos usam as imagens culturais para dar um significado próprio a suas experiências pessoais, mas não é menos certo que cada indivíduo faz uso à sua maneira e as transforma com o uso. Além disso, no plano cultural há um leque de ofertas possíveis de ser ligadas à diversidade pessoal. Cada indivíduo, de acordo com sua idiossincrasia pessoal, escolhe dentre os significados culturais de que dispõe aqueles que considera mais relevantes para si, e realiza com eles autênticos processos criativos que, por sua vez, revertem na construção de novos significados culturais. Esse potencial criativo dá lugar a uma polifonia de vozes dialogantes que desembocam em diferentes posicionamentos individuais diante do modelo social.

O casal clássico é uma das categorias culturais mais controversas na atualidade. Cada vez há mais indivíduos que, de uma maneira ou outra, estão flexibilizando ou negando aqueles aspectos do modelo que se afastam mais de seus gostos e necessidades individuais. Pense, por exemplo, no aumento de separações e divórcios, na baixa taxa de natalidade, no incremento da adoção, na diversidade de famílias monoparentais, nos casais formados por indivíduos do mesmo sexo, na busca de equidade relacional, nos casais que decidiram não compartilhar a casa ou na figura dos "amigos com direito a sexo".

Poderíamos pensar que esse novo cenário social despojou a estrutura de casal de qualquer legitimação pretensamente natural. No entanto, as pesquisas realizadas sobre conflitos mostram que essas novidades não oferecem um panorama social em que o vínculo de casal figure como mais uma opção dentre outras possíveis. Atualmente, os primeiros passos amorosos continuam sendo representados por um casal autossuficiente e fechado em si mesmo, o qual nos impõe a necessidade de buscar uma explicação de por que uma juventude, que reivindica maior liberdade que a que tiveram seus pais, mantém o discurso do casal tradicional. As explicações desse fenômeno são complexas, pois devem se enraizar nos processos de mudança e conservação de culturas e indivíduos.

A ideia de que a vida é um processo dinâmico, aberto a mudanças, e que essa qualidade de transformação contínua afeta tanto a evolução das culturas como o desenvolvimento das pessoas (Benjamín, 1996) não justifica o esquecimento de que ambas experimentam a necessidade de estabelecer pontos de referência que lhes permitam se organizar diante das descontinuidades transformadoras (Mitchell, 1988). Mudança e conservação são necessárias. A coexistência dessas necessidades nos situa diante de um panorama socioindividual, dinâmico e complexo, em que se dão múltiplos processos criativos resultantes de distintos equilíbrios entre mudança e conservação (Mugny; Pérez, 1986; Inhelder; Cellerier, 1996).

Em nosso percurso, vamos criando um fluxo de pensamentos, sentimentos, desejos ou expectativas que vão modificando nossa maneira de ver o mundo e, em consequência, nossos modos de usar e significar tudo aquilo que nos rodeia. A busca de relações estáveis é um dos contrapontos que nos sustenta diante da mudança contínua. Podemos ver nosso modelo de "casal tradicional" como uma das distintas criações humanas às quais essa busca de estabilidade deu lugar? É possível que os jovens acreditem encontrar no amor romântico um instrumento suscetível de sustentá-los diante das vicissitudes que os cercam?

O estudo das expectativas e mudanças amorosas da juventude ilumina um momento do desenvolvimento cheio de ensinamentos úteis para esclarecer a unidade entre indivíduos e sociedade e facilita novos conhecimentos que podem se reverter em uma maior atenção educativa, social e terapêutica. Durante mais de quinze anos pedimos a alunos de distintas universidades estaduais espanholas que recordassem e escrevessem, anonimamente, o relato de um conflito que haviam vivido recentemente com seu parceiro sentimental. De certo modo, uma parte deste livro é o resultado do trabalho desses anos, embora para a elaboração deste capítulo tenhamos nos centrado na análise do material recompilado mais recentemente.

As narrações recompiladas nos deram a oportunidade de submergir, várias vezes, em sua problemática relacional e ir sucessivamente desvendando as incógnitas que a análise de seus textos ia nos colocando. A todo momento tentamos ter consciência de que apenas reconhecendo as diferenças dos pontos de vista a que as mudanças dão lugar podíamos nos aproximar da "oculta e silenciosa dimensão subjetiva do objetivo; da dimensão racional do afetivo e das dimensões afetivas do racional" (Keller, 1988).

Resulta óbvio que cada texto é único, mas sua singularidade não é incompatível com o fato de que possamos abstrair traços comuns a todos eles. Embora sob distintas modalidades, a maioria de nossos sujeitos iniciou sua relação sob os auspícios da exclusividade e entrega total ao parceiro. Pouco a pouco, foram se afastando do romantismo amoroso e elaborando um modelo mais de acordo com sua experiência pessoal. Centrados em sua própria subjetividade, garotas e rapazes começaram descrevendo seus primeiros passos sob a resplandecente luz de um amor sem limites e expressaram, em primeira pessoa, a recordação que tinham naquele momento de sua experiência. Em seus textos, o amor irrompe de maneira súbita em suas vidas e, embora não falem nem de mitos nem de arquétipos culturais, seus relatos estão cheios de conotações difíceis de entender sem ver neles sua total absorção a um imaginário coletivo que os levou a se diluir aprazivelmente em uma concepção do amor percebido como um ente com existência própria, atemporal, independente e superior aos indivíduos que o vivem.

Atualmente, a maioria das garotas e rapazes jovens tem relações sexuais sem que faça derivar nenhum compromisso explícito, nem no terreno da sexualidade nem em outros campos de sua vida pessoal. No entanto, quando estabelecem um vínculo de casal, mudam de perspectiva e aderem com satisfação ao modelo social que marca os laços de casal, com sinais de entrega e exclusividade amorosa. Sob a ilusão desse paradigma, cada pessoa acredita encontrar em seu par a metade que lhe falta, e canaliza todo seu desejo sexual, amoroso e relacional a um parceiro que lhe forneça a ocasião de recuperar a "unidade perdida".

A fase de mútua identificação tem uma vida curta. Os sonhos do casal não resistem aos embates do cotidiano, e eles não podem continuar negando diferenças culturais que se tornam cada vez mais patentes. Suas diferenças estão aí, sua superação requer que estabeleçam equilíbrio entre o vínculo de casal e o nível de autonomia que cada indivíduo deseja manter dentro e fora dele. Não é um equilíbrio fácil de construir. Nesse processo lidarão com o ciúme, o desejo de posse, a contradição entre ideais igualitários e ideais hierárquicos e suas diferenças pessoais. A resolução dessas temáticas conflitivas demanda um processo criativo que se sustenta na satisfação de construir um espaço comum que abrigue seus projetos sentimentais.

37. Vínculos amorosos e criatividade

Talvez possa parecer exagerado aplicar a palavra criação à construção de vínculos sentimentais. Em nossa opinião, esse termo se adapta perfeitamente a uma obra que, em seu início, parece ser o decalque de um mito cultural que absorve seus seguidores e que depois, pouco a pouco, em alguns casos vai se transformando na expressão do vínculo amoroso entre dois indivíduos com uma história, identidade e dinâmica relacional concretas. Indivíduos aos quais os primeiros esboços de sua obra não lhes produziram a satisfação desejada e que, diante da evidência de que algo não funcionava tal como queriam, foram descobrindo a necessidade e o prazer de criar conjuntamente aspectos relacionais que antes não existiam. Desse modo, a nova experiência relacional foi ganhando espaço e alimentando fantasias mais próximas de suas próprias vivências e, por sua vez, essas fantasias foram tornando possível a criação de novas formas de relação e assim sucessivamente. Em síntese, podemos dizer que esses processos criativos permitiram a quem optou pela via construtiva abrir e abrir-se para outra ordem de relações.

As primeiras fases de seus conflitos fizeram ver, para alguns sujeitos, que tinham de abandonar sua ideia romântica do amor e transformar a trama relacional na qual sustentavam seu vínculo. Em alguns casos, essa transformação comportou a ruptura da relação e, em outros casos, a construção de um novo equilíbrio relacional. Essa última opção foi possível apenas quando as duas pessoas experimentaram o prazer de construir um caminho de liberdade e respeito, caminho em que, progressivamente, cada sujeito foi transformando a imagem que tinha de si mesmo, a da outra pessoa e a do vínculo que estavam criando.

Como já dissemos antes, o significado que damos ao que comumente se entende por amor não está de acordo com nenhum tipo de definição parcial ou descontextualizada desse sentimento. Nosso enfoque teórico se apoia em dois pressupostos. Um deles postula que os processos vitais de todos os organismos são resultados de equilíbrios constantes entre suas necessidades de conservação e de desenvolvimento; o outro sustenta que esses equilíbrios requerem a conexão de redes dinâmicas de fatores de índole diversa (Piaget, 1969).

A consideração simultânea de ambos os postulados nos levou a esquadrinhar os processos biológicos mais elementares em busca dos primeiros indícios de algo que pode ser relacionado com o que denominamos amor. O resultado dessa busca foi associar o amor com uma qualidade da vida que, em nossa cultura, recebe o nome de *cooperação*. Damasio (1996) compara algumas manifestações de comportamentos sociais de outras espécies com os comportamentos sociais humanos e conclui que "um mesmo dispositivo simples aplicado a sistemas com ordens de complexidade muito distintas e em circunstâncias diferentes leva a resultados diversos, mas relacionados". De nossa parte, quando relacionamos a cooperação amorosa humana com uma qualidade, básica e presente em formas de vida de extrema simplicidade, estamos dizendo que nossos vínculos amorosos têm suas raízes mais profundas nos processos pelos quais canalizamos nossas necessidades psicossociobiológicas de conservação e desenvolvimento.

O amor recebeu, ao longo da história, diferentes significados e usos culturais que influenciaram nas formas individuais de amar. Além do mais, dentro de um mesmo período e de uma mesma cultura há diferenças individuais. De modo que, em nosso entender, os sentimentos amorosos estão profundamente arraigados em uma qualidade da vida, que toma formas diversas em função de suas escalas biológicas, de momentos históricos, culturas, grupos e indivíduos.

Os vínculos amorosos são formados por redes de elementos de distinta natureza: ações observáveis, pensamentos, emoções, sentimentos, expectativas ou desejos, que algumas vezes dirigem a conduta à consecução da satisfação individual e outras à preocupação pelo bem-estar do parceiro, ou à integração mais ou menos harmônica das duas partes. O que costumamos denominar "amor" participa desses componentes, e só artificialmente podemos dissociá-lo deles. Dito em outras palavras, o amor, como sentimento isolado, não existe, faz parte de uma estrutura sentimental que lhe confere significado. Nos capítulos seguintes, a análise de conflitos amorosos permitirá demonstrar essas ideias por meio de imagens concretas. No momento, iremos nos limitar a apresentar e comentar fragmentos de um conflito que ilustra o conceito de amor que o autor do texto tinha no momento de escrever seu relato.

38. Um significado particular do amor

O rapaz que escreveu o conflito do qual tiramos dois fragmentos se lamenta das contínuas discussões que tem com sua companheira, pois nos finais de semana ele quer dormir e sair com os amigos, enquanto ela quer passar mais tempo com ele. O garoto explica que se acostumou com as discussões; sabe que, quando ela se cansa de que ele continue dormindo, vai procurar sua família, e que, quando acha que ele se levantou, volta para sua casa. Ele está convencido de que tem razão e manifesta com orgulho sua intransigência diante das demandas dela. A teimosia da qual ele mesmo se orgulha lhe dá uma imagem de autossuficiência que se dilui em um sábado quando, ao se levantar, às 19h, viu que ela não estava em casa. Vejamos esse fragmento de seu texto:

> Eu me levantei às sete da noite. Estava com fome. Comi um pouco. E vi que ela não tinha telefonado. [...] Depois de um tempo telefonei a ela. Estava na casa de sua mãe e tinha uma voz triste e chateada. Eu lhe disse: "Estou indo" e desliguei. Fui à casa de sua mãe. Quando a vi, ela tinha os olhos inchados. Estivera chorando. Apenas olhou para mim. Fomos para casa. Já em casa, começamos a conversar mas, como sempre, terminamos gritando, e eu não gosto disso. E o que me dá mais raiva de tudo é que ela então começa a chorar, porque isso faz que eu me sinta mal. E voltamos a ter a mesma discussão de sempre. Nunca chegamos a lugar nenhum.

O fato de que ela não tenha voltado à sua casa modificou ligeiramente seus costumes, por isso decidiu não esperar que ela voltasse e foi buscá-la. Tampouco a discussão seguiu os rumos habituais. Ela se mostrou decidida a não ceder às pressões dele e, a partir do momento em que ela disse que não podia continuar como estava, ele mostrou sua vulnerabilidade e falou de amor. Vejamos em que termos fez isso:

Eu me senti muito mal, e não pude evitar chorar:
— Eu vou mudar, você sabe disso. Mas você tem que ter paciência — disse a ela.
— Sim, você sempre diz o mesmo, e nunca dá o primeiro passo para tentar ser mais compreensivo — ela me disse.
— Eu sei, mas é muito difícil para mim me controlar. Eu te amo muito. Não posso viver sem você. Você sabe disso — eu disse.
A verdade é que, quando penso que poderia perdê-la, fico arrasado. Não poderia viver sem ela. Eu a amo muito, o que eu faria? E ela? Ficaria com outro? Procuraria outra pessoa? Não posso nem pensar nisso, é muito duro.
Nesse momento nos abraçamos e choramos juntos. Acho que é minha maneira de pedir perdão. Sinto que estamos muito unidos e que ela também se sente muito bem, está tranquila. Finalmente nos reconciliamos. Ela me disse que me perdoava e eu lhe disse que, quando me levantasse, tentaria controlar meu mau humor.

Esse é o único fragmento de seu texto no qual ele falou de amor, o que nos leva a perguntar se somente tinha consciência de seus sentimentos amorosos quando pensava que poderia perder sua parceira, e que significado ele dava a esses sentimentos. Vejamos até que ponto suas palavras podem nos ajudar a resolver nossas incógnitas.

Nesse momento, seu "amar muito" estava impregnado de um mal-estar derivado de sua forte dependência e do temor de ficar arrasado se perdesse sua companheira. Seus sentimentos amorosos estavam mais dirigidos a seu próprio bem-estar que ao de sua parceira e esse egocentrismo amoroso o levou à busca de uma estratégia resolutória que lhe permitiu conservar ao máximo uma dinâmica relacional centrada em suas necessidades pessoais. Ele mesmo mencionou, várias vezes, que ela desejava ter uma maior presença dele na relação e, no entanto, sua proposta resolutória não contempla essa demanda.

As primeiras palavras amorosas ("Eu te amo muito. Não posso viver sem você. Você sabe disso") expressam a ideia de que ele sente um grande amor, enquanto suas últimas palavras ("eu lhe disse que, quando me levantasse, tentaria controlar meu mau humor") mostram os limites de um amor que, embora grande, não passa de uma irrisória promessa de uma mudança circunscrita ao controle de seu mau humor. Para ele, amar muito não contempla a introdução de grandes mudanças em seu comportamento relacional e, como queria continuar dispondo dos finais de semana a seu gosto e não podia suportar que ela o deixasse por outro, é claro que, se se comprometesse a controlar seu mau humor, poderia continuar organizando os fins de semana em função de suas preferências.

Ao longo de todo o texto ele foi apresentando, de forma clara e explícita, os seguintes elementos:

- Nos finais de semana queria dormir e sair com os amigos.
- Sabia que o que mais preocupava sua companheira era o pouco tempo que ele dedicava à relação.
- Não estava disposto a mudar.
- Somente quando viu que a relação se desestabilizava afirmou que amava muito sua companheira e que não poderia viver sem ela.
- Para conservar a relação, estava disposto a controlar seu mau humor, mas não a reorganizar a distribuição do tempo nos fins de semana.

Se contrastarmos as premissas desse esquema com uma visão romântica do amor, diremos que ele não a amava. Em tal caso, deveríamos justificar em que nos baseamos para negar-lhe certos sentimentos que ele mesmo se atribui. Em nossa opinião, é mais interessante explorar o significado que ele deu a suas expressões amorosas do que afirmar ou negar a existência de um amor sem levar em conta o significado que o rapaz lhe atribui. O que seu texto indica é que moldou seus sentimentos amorosos de acordo com suas necessidades pessoais de afirmação e posse; que conseguiu elaborar uma dinâmica relacional adequada às suas necessidades e que não quer introduzir mudanças que limitem seus privilégios.

O significado que cada indivíduo dá aos sentimentos amorosos depende de sua história pessoal e da especificidade do vínculo que está criando. Em toda relação de casal se dá a confluência de três histórias, a particular de cada um dos indivíduos e aquela que seus dois membros constroem juntos. No conflito desse rapaz, essas três histórias têm um ponto de união muito frágil. Ele quer dedicar seu tempo aos amigos e a dormir; quer que ela se sujeite à sua vontade; ele a ama, quer que ela não o troque por outro; tem medo de ficar mal se ela se for; e, apesar de tudo, quando vê que seu poder se desestabiliza, não duvida em pedir à companheira que coopere na manutenção de uma relação na qual ela não tem o espaço que deseja.

Nosso protagonista está usando a magnitude de seu amor como moeda de troca do desejo dela de ocupar mais espaço na relação? Por que muitos casais tentam encurtar as distâncias que os separam apelando para a magnitude do amor, em vez de prestar atenção ao tipo de ações, pensamentos e sentimentos com os quais configuram o sentido que naqueles momentos dão ao vocábulo "amor"?

Nos capítulos seguintes abordaremos essas questões.

39. A complexidade dos conflitos amorosos

Os conflitos amorosos ocorrem no ponto de encontro de águas procedentes de distintas fontes e que cruzaram diferentes paisagens culturais, pessoais e relacionais. A compreensão de um conflito requer se remontar às suas fontes e seguir a corrente até encontrar o ponto de encontro. Os conflitos amorosos contêm, indissociavelmente unidos, elementos de distinta natureza, uns têm sua origem nas estruturas sociais e nas imagens culturais, outros nascem de uma dinâmica relacional que é o produto das diferentes idiossincrasias pessoais. A tripla natureza desses conflitos demanda uma tripla leitura dos mesmos.

Lancemos um olhar à vertente social. Ao longo da história das culturas, a cooperação humana tomou formas diversas. As sociedades pós-industriais têm uma multiplicidade de lógicas de dominação cada vez mais diferenciadas e individualizadas que fraturaram grande parte das estruturas de intercâmbios sociais entre pessoas com preocupações, interesses e desejos próximos. Mas isso não pôde despojar o indivíduo humano do prazer de compartilhar ilusões, inquietudes e preocupações comuns. O que conseguiu foi limitar consideravelmente as possibilidades de cooperação no âmbito público e fez grande parte dos indivíduos se devotar à clássica relação de casal, como se esta fosse o único refúgio suscetível de compensar a pobreza de sua vida social. "Na perspectiva atual dos processos denominados 'globalização'", pelo mundo afora – especialmente o ocidental, mas não só ele –, "se produzem todo tipo de modificações do laço social a um ritmo vertiginoso que afetam o próprio coração de homens e mulheres" (Sinatra, 2003).

Nosso marco cultural restringe a criação de sentimentos amorosos a uma estreita zona delimitada pelas margens da afetividade e da sexualidade, a supremacia do homem sobre a mulher e a exclusividade sexual. Portanto, estamos falando de uma cooperação amorosa regida por uma estrutura formal de casal sentimental, que tem a ver com um conceito de família, e no qual toda tentativa de tirar o corpo fora é vista como traição (Galindo). Esse casal fechado e autossuficiente se presta à confusão entre fatores tradicionalmente considerados de âmbito público e fatores mais ligados à privacidade, confusão que, entre outras coisas, gera conflitos amorosos que são vividos como problemas exclusivamente pessoais quando, de fato, têm uma importante base psicossocial.

É particularmente evidente que há enormes diferenças entre a informação que se obtém mediante a observação externa de um conflito e a que se obtém por meio de uma experiência vital. Apesar dessa evidência, o costume de comentar de maneira crítica a lentidão dos casais para resolver seus conflitos é mais frequente do que parece. Esse tipo de crítica é um indicador de que não se tem uma clara consciência de que a complexidade dos conflitos amorosos escapa da percepção imediata dos acontecimentos observáveis.

O vínculo de casal tem uma intensidade emocional elevada que, nos momentos críticos, não facilita a tranquilidade necessária para discernir o pessoal, o relacional e o social. Por exemplo, nossa cultura tem uma disposição permissiva em relação ao controle e ao poder que o indivíduo ciumento exerce sobre seu par, e essa tolerância social o reafirma em sua atitude. Além disso, muitas produções artísticas exaltam o amor e a paixão do protótipo ciumento, e esses objetos culturais induzem, aos casais formados por indivíduos com tais características, a interpretar condutas abusivas como sinal de amor. É fácil para uma pessoa maltratada por um indivíduo ciumento acolher as imagens culturais para desculpar a violência de seu parceiro e, desse modo, poder viver o controle e domínio do qual é objeto como uma consequência do amor que ele sente por ela. Por outro lado, um indivíduo inseguro e desconfiado encontra nas imagens culturais a legitimação de sua conduta. O ciúme, da mesma maneira que os outros estados mentais, reflete a união indissolúvel entre o cultural, as vivências individuais e a dinâmica do casal.

Quanto a este último, interessa-nos destacar que as pessoas unidas por laços amorosos vivem um intercâmbio contínuo de influências, no qual as ações de um indivíduo incitam o outro a elaborar uma resposta, em nível de conduta observável, em nível mental ou em ambos os níveis. Por sua vez, essa resposta se transforma em uma demanda dirigida ao agente do primeiro comportamento e assim sucessivamente. Nesse processo cíclico, cada indivíduo é coautor de uma relação dual e, consequentemente, é alternativamente receptor e emissor de mensagens que vão se entrelaçando. Uma relação amorosa é como um tear no qual os atores experimentam o prazer de entrelaçar os fios de suas vidas. Suas influências estão arraigadas no exercício cotidiano de uma cooperação íntima, amorosa e, como tal, aberta aos imprevistos das relações e à criatividade pessoal.

O intercâmbio de influências não elimina a singularidade de cada parte, já que cada um, de acordo com sua idiossincrasia pessoal, responde ao seu modo à incitação de seu parceiro. Ou seja, os processos que veiculam a influência ultrapassam amplamente as linhas da limitação direta. Assim, por exemplo, as palavras de um sujeito podem canalizar a mente do outro tanto em direções similares como distintas ou opostas às suas. Esse intercâmbio de influências tem lugar nas situações aprazíveis e também nos momentos conflitivos. Mas enquanto, nos contextos agradáveis, cada indivíduo sente que há uma sintonia afetiva com o outro, as situações conflitivas rompem a percepção dessa sintonia e ainda correm o risco de causar danos irreparáveis, pois cada indivíduo reclama o direito à sua autoafirmação.

Quando duas pessoas levam tempo ajustando mutuamente seus sentimentos, pensamentos, desejos, necessidades e um de seus membros emaranha a trama da relação, faz-se necessário consertar a situação, seja restaurando o equilíbrio anterior, seja construindo um novo. Qualquer que seja o caminho escolhido, em seu trajeto cada indivíduo irá, progressivamente, tomando consciência da resposta do outro diante de sua conduta e de como ele se sente perante essa resposta.

Esse saber relacional, construído a partir das vivências e histórias pessoais de cada um, facilita o progressivo afastamento de um olhar totalmente subjetivo, com a consequente aproximação a um olhar compartilhado que, como tal, está apto à construção de sistemas interpretativos mais flexíveis e abertos.

Em síntese, a dinâmica relacional criada na resolução de um conflito abre as portas para um crescimento pessoal compartilhado entre indivíduos envolvidos no intercâmbio de afetos, crenças, expectativas, desejos, pensamentos, sentimentos, práticas relacionais etc. Por meio dos processos que sustentam esse intercâmbio, as pessoas enriquecem o conhecimento que têm de si mesmas, da outra pessoa e da temática em que se cristalizou o conflito relacional.

A vertente social e a dinâmica relacional do conflito são importantes, mas não suficientes para dar uma visão global dos processos relacionais que ocorrem nos conflitos amorosos. Além delas, é necessário considerar a maneira de ser de cada um dos membros do casal.

40. Da "verdade subjetiva" à "verdade compartilhada"

> Não existe o simples, mas somente o simplificado.
>
> Gaston Bachelard

Iremos agora tocar em um problema central na resolução de conflitos amorosos: as desavenças do casal. Começamos fazendo duas perguntas. Em primeiro lugar, por que duas pessoas unidas por um vínculo amoroso chegam a ter visões tão distintas de um mesmo fragmento de sua história? Em segundo lugar, como construímos nossos conhecimentos relacionais?

Toda interpretação da experiência é subjetiva. Nos conflitos de casal confluem as vivências de dois sujeitos que, apesar de seus laços amorosos, seguem tendo sua própria subjetividade e, portanto, podem ter maneiras distintas, e inclusive opostas, de interpretar a experiência. A gestão dessas diferenças requer que cada pessoa respeite a interpretação da outra e que ambas realizem um trabalho conjunto no qual tentam chegar a um acordo e/ou a uma interpretação compartilhada.

A teoria dos modelos organizadores postula que a experiência, por mais simples que seja, é demasiado complexa para que a mente humana possa abarcá-la em todos seus componentes. Superamos nossos limites mentais colocando em funcionamento certas estratégias funcionais que nos permitem simplificar aquilo que resiste a ser aprendido em toda sua amplitude. Simplificamos a experiência reduzindo mentalmente os elementos que a integram. Selecionamos só alguns elementos, aqueles que em cada momento nos parecem mais significativos, e não levamos em consideração os que não nos parecem relevantes. Também simplificamos os significados que damos aos elementos selecionados, limitando-nos aos que aparentam mais interessantes, e nos comportamos como se a significação que lhes aplicamos fosse a única possível. Por outro lado, os significados atribuídos aos elementos selecionados se prestam a distintas relações, das quais fazemos novamente uma seleção. Organizamos o conjunto de relações de determinada maneira e, finalmente, tiramos determinadas implicações dentre todas as possíveis. Por conseguinte, as interpretações de cada um dos membros de um casal podem diferir em razão de suas diferenças em todos ou em alguns dos planos anteriormente mencionados: elementos, significados, organização e implicação.

    Vejamos um exemplo. Um rapaz depende de sua companheira para lhe levar o jornal e, quando esta chega, ele vê que ela não tem nada nas mãos. O rapaz considera relevante o fato de que sua companheira tenha esquecido de comprar o jornal; relaciona esse esquecimento com o pouco entusiasmo que no dia anterior havia manifestado em comentar com ele assuntos da atualidade; conclui que o que sua companheira mais gosta é de sair para fazer compras com as amigas, e começa a discutir com ela, sem lhe dar tempo para que dê sua versão dos fatos. Por sua parte, ela havia dado preferência a chegar a tempo para ver o telejornal; pensou que antes de ir trabalhar poderia trazer o jornal; considerou totalmente injustificadas as palavras de seu companheiro, e pensou que ele descontava nela seu mau humor porque um resfriado o obrigava a ficar de cama. A interpretação de cada indivíduo se apoiava na organização de certos dados, significados e relações diferentes dos de seu parceiro, em consequência chegaram a conclusões distintas.

A vida cotidiana está cheia de situações muito mais complexas que a do exemplo que apresentamos. Com isso quisemos visualizar, de forma simples, características básicas de nosso funcionamento mental, situadas em um nível não consciente, que regem todas nossas atividades mentais.

Abordemos agora nossa segunda questão. Começamos nossa vida nos relacionando e nascemos com as competências necessárias para estabelecer relações simples com nosso ambiente. O posterior desenvolvimento dessas competências depende das possibilidades de interação que o meio ofereça e de como cada indivíduo se comporte diante dessas possibilidades.

O construtivismo piagetiano, a psicologia intersubjetiva, a teoria dos modelos organizadores dão à interação pessoal um lugar relevante no desenvolvimento do conhecimento social. Em seu livro sobre a formação do símbolo (1969), Jean Piaget diz que

> cada um dos personagens ao redor da criança dá lugar, em suas relações com ela, a uma espécie de "esquema afetivo", ou seja, de resumo ou de molde dos diversos sentimentos sucessivos que esse personagem provoca, e são esses esquemas que determinam [...] com frequência, no futuro, certas simpatias ou antipatias difíceis de explicar de outra forma a não ser por uma assimilação inconsciente dos modelos de comportamento passados.

A psicologia intersubjetiva parte do postulado de que não nos tornamos sociais; nascemos sendo sociais. O reconhecimento da mãe – ou da figura cuidadora – é muito precoce e estabelecemos com ela uma conexão muito intensa. A partir desse vínculo primário, mãe e bebê vão desenvolvendo uma relação interpessoal. A criatura constrói seu primeiro sistema de representações mentais sobre essa relação e também graças a ela. Mais adiante, em e por meio de sucessivas interações com o mundo exterior, o bebê vai construindo sistemas de representações cada vez mais complexos, de si e das pessoas que lhe são significativas (Mitchell, 1993).

A teoria dos modelos organizadores pode trazer à psicologia intersubjetiva a compreensão de alguns processos funcionais que o sujeito realiza na construção de sistemas organizados de representações mentais (ver Capítulo 3). O indivíduo humano reconhece as pessoas na medida em que pode interagir com elas e constrói sistemas organizados de representações mentais, ou seja, modelos organizadores, sobre essas relações. Mais à frente, usa e/ou modifica esses modelos cada vez que seus desejos o levam a estabelecer novos contatos com os mesmos, ou com outros parceiros. À medida que os contextos relacionais se enriquecem com o aparecimento de novas pessoas, objetos ou situações, a criatura experimenta a necessidade de melhorar seus modelos até transformá-los em outros diferentes. Se os modelos de que dispõe lhe permitirem uma adaptação apropriada ao novo contexto, inclina-se a favor da conservação. Caso contrário, iniciará a construção de novos sistemas organizados de representações que se adaptem às características do momento.

A importância dos modelos organizadores, elaborados na primeira infância, é indubitável. Tendemos a generalizar nossas primeiras maneiras de interagir com as pessoas e essa generalização implica a conservação de elementos do passado. Mas também é certo que a infância não é suficiente para explicar nem a riqueza nem o tipo de vínculos que vamos construindo ao longo de todo o ciclo vital. A vida social e a prática da relação envolvem todas as etapas da vida, e cada uma delas requer a reelaboração dos modelos anteriores, cuja transformação dá lugar a outros novos. Graças aos modelos previamente construídos, podemos nos orientar em contextos relacionais análogos e aplicar neles comportamentos cuja eficiência foi verificada em situações anteriores, mas diante de novas situações precisamos transformá-los. Na infância, adolescência, juventude, na época adulta e na velhice elaboramos e aplicamos modelos com os quais dotamos de significado nossas experiências relacionais. Nesse percurso, vamos aprendendo, de maneira consciente e não consciente, a contextualizar nossas relações, adaptando os modelos do passado à nova situação. Quando a modificação dos primeiros modelos não nos basta, iniciamos sua transformação para administrar a experiência que não conseguimos apreender com os anteriores.

Nos capítulos seguintes, apresentaremos e analisaremos conflitos amorosos vividos e explicados pelos rapazes e garotas que participaram de nosso trabalho. Comentaremos detalhadamente o trabalho pessoal e relacional que os dois membros do casal realizaram no transcurso do conflito, os esforços que fizeram para conservar intactas suas opiniões e atitudes iniciais, e sua posterior abertura à construção de novos equilíbrios. Optamos por apresentar um detalhe minucioso de conflitos porque desejamos mostrar a riqueza dos processos mentais interativos implicados nas relações amorosas, e essa riqueza é independente de que o casal chegue a um melhor entendimento, pareça regressar ao ponto inicial ou se separe. A resolução de um conflito é um trajeto no qual os indivíduos vão gerando modificações de si, com a esperança de construir um futuro melhor que o presente, e esse dinamismo é uma fonte de progresso.

7
O ciúme como eixo de conflitos

> Quando estamos tratando de um assunto de importância emocional, convencer alguém de que mude de crenças é uma tarefa praticamente desesperada.
>
> Nico Henri Frijda

41. O amor romântico e o ciúme

As certezas profundamente arraigadas na mente resistem à confrontação empírica e a qualquer argumento que ponha em dúvida sua veracidade. O ciúme se alimenta do convencimento de que o outro membro do casal está interessado por outra ou outras pessoas, e essa crença adquire na mente do indivíduo ciumento tanta ou mais força que qualquer outro elemento observável da experiência. O temor da perda do par leva o indivíduo ciumento a ir centrando sua atenção nos elementos da experiência aos que mais facilmente possa atribuir um significado que concorde com seu estado emocional e que relegue os dados restantes como não pertinentes. À medida que vai selecionando e significando os elementos que considera relevantes, vai estabelecendo, entre eles, redes de relações, flexíveis e móveis, que dão entrada a novos dados e a novos significados, e assim sucessivamente até formar um sistema organizado de representações com o qual sustenta uma peculiar interpretação da experiência que o reafirma em suas convicções iniciais. Esse funcionamento mental faz que a pessoa ciumenta tenda a gerar as situações que teme e que deseja evitar, e também é responsável pelo fato de que os dois indivíduos do casal interpretem seus episódios conflitivos de distinta maneira. Fatos que para um são sinais inequívocos de que seu par está interessado por uma terceira pessoa podem ser para o outro piadas carentes de interesse, ou dados que só existem na imaginação de seu parceiro.

As imagens culturais rodeiam o ciúme com uma aura que impede ver com clareza a gravidade de suas consequências. O paradigma do amor romântico é parcialmente responsável pelo fato de que um número importante de jovens considere o ciúme como algo positivo e veja nele uma manifestação de amor. Adornar o ciúme com qualidades inexistentes não evita a dor que este acarreta. O ciúme sempre é prejudicial e, nos casos mais árduos, suas consequências podem ser devastadoras. No entanto, com frequência se minimiza sua gravidade e se justificam as condutas abusivas, utilizando o pretexto de que quem as executou experimentava ciúme. Um dos resultados dessa tolerância é que seja muito propagado e que sob sua pressão alguns sujeitos se empenhem menos em se autocontrolar e desemboquem com maior facilidade em condutas socialmente classificadas como maus-tratos.

Susana Velázquez afirma em seu livro *Violencias cotidianas, violencias de género* que, para abordar a dinâmica de relações presididas pelo ciúme, é necessário identificar as diferentes instâncias pelas quais deve passar o sujeito ciumento, mencionando as seguintes:

1. O desejo veemente de exclusividade e privilégio, com o consequente surgimento da inveja e da rivalidade.
2. O desejo de ser o preferido, com a dor e a humilhação que se experimenta caso se suponha relegado ou não levado em consideração, para se colocar no lugar do terceiro excluído.
3. Dificuldade para tolerar que a pessoa amada escolha outras, com a consequente necessidade de comparar-se com os outros.
4. Sensação permanente de estar em perigo, com o aumento da desconfiança e do sofrimento.

Esses quatro pontos fornecem uma imagem do ciúme muito diferente da que o romantismo alimenta. Para começar, o indivíduo ciumento tem sérias dificuldades para perceber o dano que causa ao seu par, sofre e faz sofrer. Por outro lado, a pessoa que é objeto de ciúme se sente impotente para consertar os erros de seu parceiro. A análise de conflitos vividos por garotas e rapazes nos permitiu constatar que o ciúme está muito enraizado na juventude e que esta não dispõe de todos os recursos necessários para resolver a problemática amorosa derivada desse sentimento. Para dar uma visão panorâmica da variedade de situações conflitivas que os indivíduos ciumentos criam, transcrevemos alguns fragmentos de textos escritos por sujeitos que participaram de nossa pesquisa.

Violência e hostilidade

Ele dizia que eu dormia com todos os meus amigos, me insultava e sempre brigava com todos os rapazes que se aproximavam de mim. Ameaçava meus amigos dizendo que ia matá-los, proibia que eles me enviassem mensagens. Um dia, quando quis evitar uma briga entre eles, meu namorado me bateu e me jogou no chão.

Quando me viu, começou a me insultar, disse que eu gostava que todos os homens olhassem para mim e que, do jeito que eu me vestia, parecia uma prostituta. Isso me afetou muito. Não sei de onde tirei coragem para lhe dizer que ele não era ninguém para me tratar daquela maneira. [...] No restaurante, começou de novo com seu ciúme e ainda por cima com agressividade. Jogou o copo no garçom e lhe perguntou quem era ele para me tocar, que já tinha percebido que passáramos a noite inteira flertando, que ele fosse à rua para aprender. O garçom não lhe deu importância até que meu companheiro o empurrou; nesse momento, disse-lhe que não fizesse nenhum escândalo, que tudo não passava de imaginação, que sua namorada estava ali e ele não tinha interesse em mim. [...] Mais tarde, enquanto eu estava dançando com um amigo, ele lhe deu uma porrada, não havia nada entre meu amigo e eu, pois este era homossexual e não tinha nenhum interesse por mim. Mas o ciúme o cegava até o ponto de ver coisas que não existiam.

A pessoa ciumenta sofre e faz sofrer, está centrada em sua dor e não leva em consideração a hostilidade de seu próprio comportamento. O suposto engano do qual se sente vítima lhe produz um intenso mal-estar que costuma acabar em brigas e disputas. O ciúme é mais frequente entre os rapazes que entre as garotas, embora não seja exclusividade deles. Também as garotas ciumentas atacam verbal ou fisicamente seu companheiro.

Vejamos como um jovem explica a reação que sua namorada teve quando soube que ele havia ajudado a namorada de um amigo seu a estudar para um exame:

> Ela estava convencida de que essa garota me atraía fisicamente e começou a discutir. A discussão foi subindo de tom até que ela pegou um jarro e o jogou na minha cabeça. Eu a empurrei violentamente para o outro lado do quarto e lhe disse que saísse de minha casa imediatamente.

A violência expressada nesse exemplo não é habitual, já que o comum é que as garotas se esforcem mais que os rapazes em controlar seu ciúme e raras vezes o exteriorizam desse modo.

Confusão

Em plena crise, os indivíduos ciumentos mesclam elementos cujo único referente é sua própria subjetividade e elementos abstraídos do comportamento da outra pessoa e/ou dos condicionantes externos da situação. Essa mescla de elementos lhes dificulta a percepção de sinais que poderiam orientá-los na tarefa de discernir e relacionar, adequadamente, o que ocorre apenas em sua imaginação e o que podia lhes remeter aos elementos restantes da experiência. Via de regra, quando se dão conta de que seus temores eram infundados, se surpreendem com seu desconcerto inicial:

>Acho que nenhum dos dois queria terminar de verdade [...] nos amávamos muito, mas, ao passar essa série de acontecimentos, entendo que ela quis romper comigo porque o ciúme me fez ficar louco, cheguei a pensar em coisas que não existiam, o ciúme havia me cegado.

>Eu ficava muito mal, mas o maior problema é que ficava mal sem ter motivo, sem ter razão, porque sinceramente eu não tinha motivo para pensar mal dela, pois sabia que ela me amava com todo seu coração e que nunca me decepcionaria. Realmente é uma pena que nossa relação tenha tido que acabar para que eu me desse conta do tanto que lhe fiz mal... para dar-me conta de que não confiava nela, porque eu acreditava, de fato, que confiava. Não posso acreditar como estava enganando a mim mesmo. Como é possível que, sem confiar nela, em meu íntimo acreditasse que estava confiando totalmente nela? Ainda não entendo.

Essas palavras revelam os perigos de uma confusão que tem o poder de arrastar a mente por caminhos sinuosos nos quais temores e realidade parecem ser a mesma coisa. Por que esses rapazes não se concederam a serenidade necessária para evitar sua dor? Por que não escutaram sua companheira? Por que aceitaram uma interpretação dos fatos que, mais à frente, consideraram errônea? O ciúme pode ser prevenido?

Comparações

As pessoas que têm um desejo desmesurado de amar e ser amadas são insaciáveis; esperam que seu par se dedique a elas com exclusividade e estabelecem comparações contínuas entre as manifestações de afeto que recebem de seu par e as atenções e cuidados que este tem em relação a outras pessoas.

> Eu acreditava firmemente que ela valorizava mais o resto das pessoas que eu, que ficava comigo para se distrair e coisas do tipo. [...] Comecei a agir de uma forma muito irracional, e cada passo que ela dava, eu o interpretava como se ela buscasse nos demais o que não encontrava em mim. Como se eu não valesse nada.

> O "suposto amigo" de minha companheira ia provocando todas aquelas discussões que minha namorada e eu tínhamos, discussões nas quais o principal objetivo era meu ciúme, para que assim, como por mágica, ele aparecesse para consolá-la e tranquilizá-la de todo o mal que o "suposto namorado" lhe havia feito; assim ele podia entrar em ação e fazer que minha namorada percebesse que ele era o homem de sua vida, ele a entendia melhor que eu, e que era o que mais a amava.

Temor da perda do par e desconfiança

A atribuição de ideias e sentimentos que giram ao redor da perda do companheiro pode ter lugar sem que observadores externos identifiquem comportamentos que estejam de acordo com o receio que os fatos suscitam nas pessoas ciumentas. Apesar desse desajuste, o temor está ali, faz parte da situação, porque está na mente de um sujeito que dá vazão aos seus medos atribuindo à conduta manifesta o significado de "risco de perda":

> Ela começou a ter muita intimidade com um amigo em comum. Nesse momento comecei a pensar que ia aproveitar qualquer oportunidade para ficar com ele.

> Comecei a me sentir mal e a desconfiar muito. Ainda tenho ideias desconfiadas, mas sou capaz de controlá-las porque agora as considero irreais.

> A raiz do problema se baseia em meu ciúme exagerado; eu sou um cara muito ciumento, já que minha experiência em relações anteriores me ensinou que é muito fácil perder sua companheira.

> Desconfiava de tudo e não compreendia que eu pudesse amá-la e ao mesmo tempo ter amigos e amigas.

Domínio e posse

Superioridade, domínio e posse formam um triunvirato com o qual as pessoas ciumentas vão semeando a culpa na mente de seu par.

> Ele se sentia superior, parecia que queria demarcar seu território em mim, como se fosse meu dono e eu uma marionete que faria tudo

o que ele quisesse. Disse que tudo o que ele havia passado tinha sido culpa minha, que eu gostava que ele brigasse com todo mundo. Eu disse a ele que não era propriedade sua, e que tudo pelo qual ele passava era por insegurança sua, que não tinha total confiança em mim, e ele me respondeu perguntando como ia ter confiança se eu me comportava daquele jeito. Eu disse que já não aguentava mais, que nossa relação havia acabado. E ele começou a chorar; dizia que me amava muito e que não podia suportar a ideia de não me ver. Nesse momento me senti culpada, mas... eu não tinha feito nada de mal, nada de que pudesse me arrepender!

Ele não podia tolerar que eu agisse livremente, queria decidir todos meus atos. [...] Cheguei a me sentir culpada por coisas que não havia feito e ao mesmo tempo não sabia o que fazer, me sentia impotente.

Exclusividade e controle

Os fatos observáveis são apenas uma parte dos elementos presentes na experiência, junto deles há aspectos inacessíveis à percepção imediata e que são tão ou mais importantes que aqueles que se podem observar. Um indivíduo ciumento tem dificuldades para administrar seus desejos, expectativas, pensamentos, sentimentos, crenças etc., e por causa disso superdimensiona dificuldades que são comuns em qualquer relação.

Ambicionar tudo para si dirige o olhar para aquilo que se deseja ter e não se tem, mas que as demais pessoas têm. Quando um indivíduo teme estar compartilhando uma relação que deseja manter em exclusividade, atribui ao seu par intenções que este não tem e busca em seu comportamento "provas" irrefutáveis da existência de uma terceira pessoa. O desejo de descartar a suposta certeza de uma traição desperta a necessidade de exercer um controle obsessivo que pode ser esgotador.

Eu, nessa época, parecia um espião, toda hora verificava se ela estava no computador, se alguém telefonava para ela, se escreviam, olhava suas mensagens etc. Preocupava-me mais com essas besteiras que com nossa relação.

Ele me perguntava insistentemente se eu o amava, se ia me apaixonar por alguém, se ia enganá-lo e se, no caso de que eu tivesse me apaixonado por outro, lhe diria, e um sem-fim de etcéteras.

Essas palavras refletem até que ponto a crença de que os vínculos amorosos sejam incompatíveis com outros tipos de relações produz um desassossego e uma ansiedade que pode desembocar na necessidade de controlar constantemente o parceiro.

Os exemplos que citamos impõem a necessidade de indagar por que há pessoas que se adaptam ao ciúme de seu par. Uma possível explicação reside no fato de que, no início do vínculo amoroso, costuma-se esconder o ciúme e suas primeiras manifestações se confundem facilmente com o "amor".

No início, não me dava conta de quão ciumento e agressivo ele era, mas pouco a pouco fui abrindo os olhos. Minha família viu isso e dizia a mim, claro..., eu pensava que não. Além disso, tenho de acrescentar que, no começo, seu ciúme me enchia de orgulho e satisfação.

Às vezes, no começo de uma relação, você confunde ciúme com paixão. É preciso distinguir as duas coisas. A partir do momento em que seu parceiro está procurando fazer que você mude sua maneira de agir ou que você se sinta culpada sem ter motivos, a coisa deixa de ser uma demonstração de paixão e passa a ser uma prova de futuros problemas de ciúme e posse.

Sabemos que os traços negativos do indivíduo ciumento não surgem imediatamente ao exterior e que, de algum modo, isso pode influenciar na tolerância aos abusos de um parceiro ciumento. Mas, em nossa opinião, uma das principais causas dessa passividade está nos processos de socialização que refletem a imagem do ciúme no espelho do romantismo.

Obviamente, para abordar as situações de ciúme, é importante levar em consideração as instâncias pelas quais os indivíduos ciumentos passam. Mas essas instâncias não são suficientes para abordar a dinâmica na qual se originam os conflitos interpessoais. Para isso se requer, além do mais, analisar detalhadamente a conjunção entre, por um lado, as interpretações que o sujeito vai fazendo de si mesmo, de sua conduta e de seus estados internos, ao longo dos distintos episódios que constituem a trama conflitiva e, por outro lado, suas interpretações acerca da outra pessoa e dos condicionantes externos ao casal.

A psicologia relacional postula que "existe uma poderosa necessidade de conservar o sentimento duradouro de si mesmo relacionado com um matiz de outras pessoas e com referência a elas, em termos de transações reais e de presenças internas" (Mitchell, 1993). Nos conflitos amorosos se vive um confronto entre essa necessidade de conservar o sentimento duradouro de si mesmo e a necessidade de preservar uma história comum cuja manutenção pode se ver ameaçada pelo ciúme.

No próximo tópico, nossa proposta é descrever a dinâmica das transações que ocorrem em um conflito de casal que gira em torno ao ciúme. Para isso, analisaremos o texto de uma garota no qual ela explica o conflito que teve com seu companheiro sentimental. Mas antes gostaríamos de esclarecer alguns pontos:

- Todos os sujeitos escreveram sua lembrança de experiências do passado, portanto seus textos são resultado da reconstrução que sua autora ou seu autor fez de acontecimentos que fazem parte de seu passado.
- O relato seguinte, da mesma forma que os que aparecerão depois, não é uma cópia fidedigna dos acontecimentos

tal como aconteceram, mas a interpretação subjetiva que a protagonista fez daqueles fatos enquanto estava escrevendo seu relato.
- Os textos que iremos mostrar são transcrições dos escritos produzidos por nossos sujeitos. Introduzimos pequenas modificações, necessárias para evitar aqueles dados que podiam identificar a autoria do texto e, obviamente, os nomes de seus protagonistas são fictícios.

42. Um conflito de ciúme: "Ele era devorado pelo ciúme"

> É impossível conhecer as partes sem conhecer o todo, assim como conhecer o todo sem conhecer as partes.
>
> Blaise Pascal

Os conflitos amorosos dão lugar ao desenvolvimento de uma história conflitiva formada por uma sucessão de episódios nos quais vão aparecendo novos aspectos da problemática inicial. A teoria dos modelos organizadores facilita a identificação e a análise detalhada de cada episódio e das relações que os sujeitos estabelecem entre eles. Uma primeira análise parcial de cada fase permite apreender o processo mental do sujeito quando elabora os modelos organizadores correspondentes às diversas partes do conflito. A análise final do conflito dá uma visão geral do acontecimento seguido por um indivíduo que, ao mesmo tempo que vai elaborando os significados de cada unidade, relaciona e organiza entre si os significados das distintas partes, ou seja, mostra como vai construindo o sentido que toda a história tem para ele. Cada fase dessa história é uma unidade com sentido próprio e, por sua vez, o todo só existe graças ao sentido das partes.

Vejamos agora a análise de um conflito no qual identificamos quatro fases. Começamos cada fase com a transcrição do texto que lhe corresponde e depois apresentaremos seu modelo organizador. O encadeamento desses modelos evidencia a plasticidade e as possibilidades do sujeito para se adaptar ao desenvolvimento das circunstâncias tanto externas quanto internas.

Primeira fase

Quando Marta se dispôs a escrever seu conflito, tinha uma recordação idílica do começo da relação, e tirou dessa lembrança os aspectos que lhe pareceram mais significativos. Seu texto começa com o seguinte fragmento:

> Quando o conheci, tinha 18 anos e estava passando o verão em um povoado de Valência, na casa de alguns parentes. Ele tinha uma maneira de ser que me encantava, era amável, divertido e lindíssimo. Sempre falava com ele, procurava-o com o olhar e, quando o via, meu rosto se iluminava com um sorriso que eu nem sabia que existia em algum cantinho do meu ser.
> No final das férias, por amor, eu estava disposta a tudo e pedi aos meus pais que me deixassem morar na casa de meus parentes.

O texto a levou a reviver o passado e, a partir dessa reconstrução, concedeu especial relevância a três categorias de dados: as qualidades positivas de seu companheiro; as repercussões que essas qualidades tiveram nela; e a força de seu amor.

Do companheiro, começou dizendo que "era amável, divertido e lindíssimo" e complementou essa descrição acrescentando que, quando lhe via, afloravam nela, exteriormente, qualidades que ela mesma desconhecia. Desse modo, Marta expôs o significado pessoal, próprio e pouco comum que deu aos termos "amável", "divertido" e "lindíssimo". Também, graças às suas palavras, sabemos que, para ela, amar significava estar "disposta a tudo". As relações que estabeleceu entre esses significados avivaram seu desejo de permanecer perto de Ricardo. Em consequência, Marta pediu aos pais que lhe permitissem morar na casa de seus parentes. Dito de outra forma, sua escrita seguiu os fios de sua mente e moldou uma lembrança da qual destacou os aspectos que lhe agradavam de si mesma, de seu companheiro e da relação que os unia. Além disso, relacionou e organizou os significados desses elementos de tal modo que não restava nenhuma dúvida acerca de que a melhor opção era fazer o que estivesse a seu alcance para permanecer perto dele.

Quando duas pessoas estão apaixonadas, imaginam que a sintonia entre elas é total e têm a firme convicção de que seus pensamentos e sentimentos vibram em uníssono. Sob os efeitos dessa certeza, dirigem seu olhar para aqueles aspectos que favorecem sua crença e passam por alto os aspectos que poderiam colocá-la em dúvida. Marta, da mesma forma que a quase totalidade das pessoas que participaram da pesquisa, tinha uma lembrança do início de sua relação amorosa totalmente idealizada. Em sua mente, Ricardo só aparecia revestido de qualidades positivas e ela correspondia de maneira muito similar.

Marta pôde expressar o início de sua relação com um discurso de notória simplicidade porque o modelo organizador com que o elaborou também era simples. Apesar dessa simplicidade, fez confluir nele três facetas de sua relação, enriquecendo depois com novos dados e/ou novos significados que, inseridos em redes relacionais distintas, darão lugar a organizações mais complexas.

À medida que seu relato foi se aproximando do núcleo do conflito, as diferenças existentes entre ela e Ricardo adquiriram importância e Marta assumiu que os dois tinham maneiras muito diferentes de viver a relação.

Segunda fase

Quando voltei a Valência, nos falávamos muito pelo telefone e logo surgiram problemas.

Para ele, era muito difícil entender que eu saísse com meus amigos nos fins de semana, ele achava que sair não era apropriado para uma garota com namorado.

Tentei fazê-lo ver que eu não fazia nada de mau, que tinha meus amigos da mesma forma que ele tinha suas amigas, e que se ele podia sair eu também necessitava disso.

Ele me deu um ultimato, me pediu que não falasse com ele até que estivesse disposta a fazer o que ele dizia e desligou o telefone.

O detonador de sua primeira crise relacional não demorou. Os condicionantes ao seu redor fizeram aparecer abruptamente em cena alguns traços negativos do rapaz. Os dois eram muito jovens para permanecer em casa nos finais de semana e sentiram necessidade de sair. Novos aspectos da situação abriram caminho na mente de Marta e a levaram a prescindir dos elementos do modelo anterior e focar nos dados que ele usava para considerar que, o que era lícito para ele, não era para ela. Ele, por ser rapaz, se atribuiu o direito de sair com os amigos. Ela opinava que sua situação era a mesma que a de seu namorado e, se ele podia sair, é lógico que ela também podia. Marta e Ricardo deram a essa controvérsia distintos significados éticos. Ela defendeu a equidade e ele a diferença hierárquica; ela falou de necessidades pessoais e ele, de código social; Ricardo se aferrou à sua crença de que uma garota com namorado não devia sair e Marta se encontrou diante do dilema de aceitar o ultimato de seu companheiro ou renunciar à relação. Essas diferenças debilitaram a "paixão" que havia levado Marta a acreditar que suas subjetividades tinham se fundido em uma só.

Aquele era um momento crítico da relação que demandava um diálogo profundo sobre as bases subjetivas em que os dois cimentavam suas crenças e atitudes relacionais. Ela conhecia a postura de seu companheiro, não compartilhava dela, mas entendia suas dificuldades. Aos seus olhos, Ricardo deixou de ser o garoto perfeito do modelo anterior, porém ela continuava apaixonada, percebia suas dificuldades e esperava que ele reconsiderasse e retirasse seu ultimato; coisa que ele não fez porque, em sua mente, a busca de um caminho aberto às diferenças não tinha cabimento.

As relações que Marta foi estabelecendo entre todos esses elementos e significados a inclinaram a tomar a decisão de sair com seus amigos, confiando em que ele repensaria e modificaria sua atitude.

Terceira fase

Depois de duas semanas sem ter notícias dele, eu estava arrasada e pensei que meu amor me daria forças para aceitar suas condições. Falei com ele, jamais chorei tanto como chorei naquela situação, implorei que me perdoasse e disse que lamentava, embora ainda não soubesse por que estava lhe pedindo desculpas.

Ele continuava teimando e se negava a continuar saindo comigo se eu não ficasse em casa; eu aceitei tudo o que me pediu.

Sentia-me cada vez mais sozinha e triste. Não tinha Ricardo e não tinha ninguém. Ele era devorado pelo ciúme, pensava na possibilidade de que eu me apaixonasse por outro e se sentia impotente para evitá-lo. Eu, por minha parte, me dei conta de que ele não confiava em mim, mas ainda assim chegava, embora seja risível, a entendê-lo.

Ele, depois de me criticar por qualquer coisa, me dizia que se sentia muito mal, que precisava me ver, que estava morrendo e eu acreditava, entre outras coisas, porque sentia o mesmo.

Quinze dias se passaram antes que Marta recebesse notícias de seu companheiro. A pressão desse silêncio se tornou insuportável. A experiência tinha lhe ensinado que ele não estava disposto a mudar e, a partir desse ensinamento, ela elaborou uma interpretação do conflito que incluía, simultaneamente aos seus sentimentos amorosos, a negação do rapaz em aceitar que ela pudesse desfrutar das mesmas prerrogativas que ele. Marta explica sua necessidade de mudança com as seguintes palavras: "Depois de duas semanas sem ter notícias dele, estava arrasada e pensei que meu amor me daria forças para aceitar suas condições".

Não sabemos até que ponto Marta tinha consciência de que fez sua chamada telefônica com expectativas amorosas distintas das anteriores. Mas, se compararmos os textos das duas primeiras fases do conflito, vemos que, a princípio, ela situou a procedência das possíveis dificuldades em fatores externos ao casal, como eram os elementos inerentes à distância geográfica, enquanto que, depois, as colocou em seu par. Em consequência, na primeira fase pensou que "por amor, [...] estava disposta a tudo", referindo-se com essas palavras à sua vontade de ficar morando no povoado de seu companheiro e, no entanto, na segunda fase esperava que seu amor lhe desse forças para aceitar o comportamento de seu namorado.

Em qualquer caso, ou seja, estando ou não consciente de que tinha depositado no amor significados diferentes, como veremos a seguir, a conversa que manteve com seu companheiro aumentou sua crise e produziu uma mudança relacional ainda mais importante que a anterior. A conversa telefônica foi a porta de entrada para o ciúme, que ocupou um lugar preeminente no estado interno do rapaz.

Suas diferenças aumentaram e Marta atribuiu a si mesma e a seu parceiro estados mentais mais complexos. Consequentemente, formou um modelo com mais dados, alguns específicos de cada protagonista e outros compartilhados. Por outro lado, alguns dados dos modelos das fases anteriores aparecem agora com significados diferentes e também são distintas as relações entre esses significados e sua organização.

Na etapa anterior, o rapaz fazia referência a códigos sociais, enquanto nessa terceira fase estava dominado pelo ciúme e não sentiu necessidade de justificar sua hostilidade e intransigência sob a bandeira de princípios sociais discriminatórios. O temor de perder seu par, a ânsia de controlá-la e sua hostilidade o mantiveram no centro de um torvelinho afetivo que o fez distorcer sua visão do comportamento de sua companheira.

Quais efeitos essa imagem do rapaz teve em Marta? O que resta daquela Marta que quando via seu par "meu rosto se iluminava com um sorriso que eu nem sabia que existia em algum cantinho do meu ser"? Por que, se no início soubera defender suas necessidades e opiniões, naqueles momentos se autoculpou e pediu desculpas sem nem sequer saber do que devia ser perdoada? Por que aceitou as agressões de que era objeto?

Nas palavras de Marta, encontramos as respostas a nossas perguntas: "Eu [...] ainda assim chegava, embora seja risível, a entendê-lo. Ele, depois de me criticar por qualquer coisa, me dizia que se sentia muito mal, que precisava me ver, que estava morrendo e eu acreditava, entre outras coisas, porque sentia o mesmo".

Na primeira crise, Marta entendeu seu companheiro, e na segunda também o compreende. Compartilham o mesmo sofrimento. E, sob esse novo estado emocional, ela foi perfilando duas imagens distintas e complementares: a dele como reclamador e juiz implacável; a dela na condição de sofredora e compreensiva.

Marta voltou a se encontrar em uma encruzilhada marcada pela aceitação das exigências dele ou a renúncia ao vínculo. Embora, aparentemente, a disjuntiva fosse a mesma que a da fase anterior, a entrada na controvérsia de significados dos novos dados e suas relações com os anteriores levou Marta a dar um aspecto distinto ao contexto relacional e, por conseguinte, modificar seu posicionamento diante da disjuntiva na qual se encontrava. Assim, vemos que, por um lado, expressou um mal-estar mais forte que o manifestado anteriormente, falou de seu sofrimento pessoal, solidão, desconsolo, culpa, tristeza, e se queixou da desconfiança de seu namorado. Por outro lado, a experiência havia lhe ensinado que ele não estava disposto a mudar e que, se ela não aceitasse suas condições, o rapaz terminaria a relação. Sabemos que, antes de entrar em contato com ele, Marta confiava na força necessária que seus sentimentos amorosos lhe dariam para enfrentar de maneira satisfatória a nova situação. Ou seja, o modelo organizador dessa fase é mais complexo que o das anteriores, não somente porque é formado de mais dados, mas também porque contém significados de qualidades distintas. Com todos esses sentidos, Marta organizou uma trama relacional que deu espaço às pressões dele e ao seu desejo de conservar a relação, mesmo à custa de ter de ficar em casa nos finais de semana. Por tudo isso, optou por se amoldar aos imperativos de seu companheiro.

Com isso, sua situação melhorou? O que uma garota fechada em sua casa todos os fins de semana faz? Seu amor pôde suprir suas necessidades sociais? A continuação de seu relato nos permitirá ver que efeitos essa mudança provocou nela.

Quarta fase

> Minha solidão se tornou insuportável e voltei a sair com meu grupo de amigos, mas sem contar nada a ele.
> Um dia, por telefone, voltamos a tocar no assunto e ele voltou a adotar a mesma atitude de sempre: se eu saísse, ele me deixaria. Eu insisti dizendo que não fazia nada de mau e ele voltou a romper a relação.
> Voltei a ficar muito triste, não podia entender por que ele não confiava em mim, eu o amava e, embora também sentisse ciúme, conseguia controlá-lo.

Pela primeira vez levei muito a sério sua falta de consideração em relação a mim. Ele era muito egoísta.

Deixei novamente de dormir, de comer, só podia pensar nele e chorar, mas dessa vez também pensei em mim mesma e fiz todo o possível para superar o momento ruim. Ele era o grande amor de minha vida, eu só tinha olhos para ele e, se pudesse, teria ido viver com ele, mas não me sentia com forças para fazer o que me pedia.

Com o tempo, um dia ele me telefonou, me disse que não podia viver sem mim, me pediu desculpas, e pela primeira e última vez disse que o ciúme o traía e fazia que ele visse coisas que não existiam. Mas continuou defendendo que eu devia me dedicar a ele e que não podia sair com meus amigos.

Dessa vez não cedi.

Nesse fragmento, ela disse que ainda considerava que ele era o grande amor de sua vida e que, no entanto, preferiu separar-se que aceitar suas condições. A que se deve sua mudança de atitude? A consideração dos elementos que introduziu, pela primeira vez, no relato, o significado conferido e a forma de relacioná-los com os dados dos modelos anteriores podem nos ajudar a entender as bases que sustentaram sua decisão.

Naqueles momentos, ela viveu a experiência de uma solidão que lhe resultou insuportável. Ricardo continuava sendo o "grande amor" de sua vida, mas Marta já não esperava que esse amor lhe desse forças para suportar seu isolamento. Fazendo de seu mal seu remédio, usou a solidão para pensar o vínculo da perspectiva que seu companheiro defendia, segundo a qual ela devia se dedicar a ele. Esse novo enfoque lhe facilitou a identificação de elementos do comportamento de Ricardo que foram desenhando uma imagem negativa dele e uma positiva sobre si mesma.

Entre os elementos de sua autoimagem se destacam: a consciência de seus limites pessoais em relação às exigências dele, a defesa de sua própria atitude, a confiança em si mesma e a desmitificação da dor do ciúme dele, reconhecendo o seu próprio. Junto a essa imagem positiva dela, Marta foi elaborando uma imagem cada vez mais negativa dele. A intransigência e a imposição de Ricardo significaram para ela uma prova irrefutável de desconfiança, desconsideração, egoísmo, posse e insegurança. E esses defeitos não eram suficientemente compensados nem pelo leve sentimento de culpa nem pelo fato de que aceitasse que seu ciúme distorcesse a realidade, nem por seu amor. Ou seja, em torno à ideia de que ela devia se "dedicar a ele" e da proibição de sair com seus amigos, Marta formulou um novo sistema organizado de representações que apontavam para o término da relação.

Condenada ao ostracismo, sua solidão realçou o tratamento arbitrário e injusto dado por um companheiro pelo qual se sentia julgada, condenada e amada. A vivência contínua de um estado interno de características tão complexas como as mencionadas foi um incentivo para que Marta levasse mais em consideração suas próprias dores, avaliasse a situação com olho crítico e se concedesse o direito de quebrar seu compromisso. Ou seja, a reclusão à que o ciúme de Ricardo a condenara incentivou um processo que desembocou na ruptura definitiva da imagem que Marta havia feito dele.

43. Considerações gerais

Os casais vão configurando sua história conjunta a partir da elaboração de processos nos quais intervêm fatores de índole diversa. No caso deste casal, seu conflito se cristalizou em torno à distância geográfica e ao ultimato do rapaz que, sob o amparo de uma cultura discriminatória, concedia a si mesmo o direito de sair com seus amigos e impunha à sua companheira o dever de ficar em casa. Essa diferença hierárquica entre os direitos e os deveres dos dois membros do casal serviu de tela atrás da qual o rapaz escondia seus ciúmes. Na lembrança de Marta, ele impôs suas condições no início de seu distanciamento geográfico e as manteve até o final do conflito.

Os distintos e sucessivos modelos que aparecem nesse conflito são o reflexo de um dinamismo mental no qual certos significados evocam outros que, por sua vez, modificam os primeiros e assim sucessivamente. É um processo dinâmico que, como uma onda expansiva, deu lugar a uma sucessão de interpretações relacionadas com um mesmo fato observável: o ultimato do rapaz, segundo o qual se ela saísse com seus amigos ele cortaria o vínculo amoroso.

Os efeitos da paixão levaram Marta a se entregar por completo a um ser que ela mesma havia investido de qualidades agradáveis, entre as quais destacamos o poder de fazer surgir aspectos de seu íntimo que ela mesma desconhecia: "[...] quando o via, meu rosto se iluminava com um sorriso que eu nem sabia que existia em algum cantinho do meu ser". De modo geral, podemos dizer que, durante a paixão, se experimenta um intenso prazer que isola o casal das pessoas ao seu redor e polariza suas mentes em relação à identificação de qualidades agradáveis do ser querido e a negação de traços de signo contrário. Unidos por um processo de mútua idealização, percebem-se a si mesmos com os atributos que seu par lhes projeta, e se sentem capazes de suportar todas as dificuldades que o futuro lhes apresente. São momentos de euforia, nos quais o desejo de fusão com a outra pessoa dilui tudo o que possa perturbar a consecução de um desejo que, em si mesmo, é inalcançável.

Quando Marta escreveu seu texto, levou muito em conta a satisfação de sua paixão e afirmou que "por amor, [...] estava disposta a tudo". Encontramos essa mesma ideia em quase todos os textos que tivemos a oportunidade de coletar e analisar.

O imaginário coletivo configura os primeiros anseios amorosos sob a crença dos poderes ilimitados do amor. O enraizamento dessa crença nas consciências individuais diminui as possibilidades de solucionar as dificuldades que surgem no seio do casal. Tal foi o caso de Marta, que, firmemente convencida da força do amor, se deparou com a obsessão de ciúme que, lenta mas firmemente, foi aparecendo em cena.

O descomedimento do ciúme pôs um ponto final à sua fantasia. As exigências do rapaz marcaram as primeiras fissuras na imagem que Marta havia construído dele e a obrigaram a considerar que tinham formas distintas de viver o vínculo amoroso. Essa primeira crise foi saldada com a imposição de uma estrutura hierárquica com um acentuado predomínio das ideias do rapaz.

Por que uma garota, que começou defendendo que ambos tinham as mesmas necessidades e os mesmos direitos de satisfazê-las, aceitou, durante algum tempo, a ordem de permanecer os finais de semana fechada em sua casa, enquanto seu companheiro concedia a si mesmo o direito de sair com seus amigos?

Não nos parece surpreendente que uma garota que "por amor estava disposta a tudo" enfrentasse sua primeira crise de casal com uma atitude compreensiva e tentasse salvar ao máximo o deterioramento da imagem do rapaz, dizendo: "Para ele, era muito difícil entender que eu saísse com meus amigos nos fins de semana, ele achava que sair não era apropriado para uma garota com namorado". Ela não compartilhava dessa crença e considerava o pedido dele injusto. Mas o aceitou, confiando que "meu amor me daria forças para aceitar suas condições".

A imposição do rapaz precipitou um afastamento mental de consequências mais graves que as derivadas da distância geográfica. Cada nova crise aprofundou a distância que os separava e modificou as expectativas que ela depositava em seus sentimentos amorosos, de tal modo que, a princípio, disse que "por amor, estava disposta a tudo", referindo-se com essas palavras às dificuldades que as pessoas próximas poderiam colocar a seu vínculo com o companheiro. E, no entanto, mais adiante, quando tomou consciência de que as dificuldades eram impostas por seu próprio companheiro, pensou na força de seu amor para aceitar as imposições de Ricardo e acabou reconhecendo que não tinha forças para fazer o que lhe pedia "o grande amor" de sua vida.

Junto à atribuição desses três significados distintos aos sentimentos amorosos, encontramos outras mudanças não menos relevantes. Assim, Marta descreveu uma fase na qual se via como uma pessoa fraca, sofredora, que mantinha fortes vínculos amorosos com um ser ciumento, hostil, dominante e que, como não podia deixar de ser, sofria do mal de amor. Também substituiu a imagem idealizada de seu companheiro por outra na qual destacou sua desconfiança, falta de consideração, egoísmo, ciúme e insegurança.

Suportou a dor até que suas forças se esgotassem. Quando já não pôde mais, tomou consciência de seus limites; propôs-se a ajudar a si mesma a superar sua dependência com suas próprias forças e se separou.

Marta iniciou sua relação sob a crença de que a força de seus sentimentos venceria todos os obstáculos que se interpusessem em seu caminho, sem prever que o maior obstáculo surgiria do significado que Ricardo dava a seus próprios sentimentos amorosos. Ricardo e Marta viveram seus sentimentos amorosos de maneira distinta. Ele os situou em uma dinâmica relacional presidida pelo ciúme, o controle e os códigos de uma cultura sexista, que impõe às mulheres deveres dos quais exime os homens. Ao contrário, ela os assentou no marco de uma ética relacional baseada na igualdade das necessidades e, portanto, na igualdade de direitos.

Dois anos depois de ter se separado de seu namorado, Marta escreveu: "Agora sei que ninguém deve controlar a vida de ninguém e eu não aguentaria uma relação na qual não houvesse confiança. A confiança, junto ao respeito e ao amor, são ingredientes indispensáveis para que um casal funcione".

O que se costuma designar com o vocábulo "amor" é um mito, uma fantasia totalmente desligada da solidez que configura a cotidianidade da relação. Os sentimentos amorosos fazem parte do contexto relacional que os sustenta. Nesse conflito, pudemos identificar as mudanças de significado que uma mesma garota foi dando a seus laços amorosos, em função das características dos contextos relacionais de cada momento. Ao longo desse conflito, Marta aprendeu, entre outras coisas, sobre a importância da confiança para o bom funcionamento de uma relação.

O ciúme tem muitas facetas distintas. Neste capítulo mostramos só algumas de suas manifestações. Tanto os fragmentos transcritos no início deste capítulo como o relato praticamente integral de Marta evidenciam alguns dos devastadores efeitos que o ciúme teve nos vínculos amorosos desses sujeitos. Em todos eles, os motivos desencadeadores das crises relacionais são a interpretação subjetiva que o indivíduo ciumento faz de acontecimentos que ativam o temor da traição de seu companheiro.

Marta viu truncadas suas tentativas de construir uma história compartilhada. Ele, fechado em si mesmo, não pôde ou não quis cooperar com ela na criação de um caminho comum; em sua caminhada não havia espaço para ouvir sua companheira; ele se sentia mais protegido pela crença social da superioridade dos homens que pelas palavras de sua namorada. Em sua busca de nexos de união, Marta esteve disposta a aprender a partir do imprevisto, a buscar novas soluções; falou, escutou e agiu em defesa de sua atitude pessoal; falou sobre o sacrifício de sua liberdade e sua impotência para aceitar as condições que ele lhe impunha. Mas nem as palavras amorosas nem o sofrimento de Marta conseguiram transpor o muro com que Ricardo protegeu seu ciúme. Ele, polarizado em seus sentimentos, não percebeu nem as palavras nem os atos que ela fez para desemaranhar o ciúme do qual era objeto.

Por que Ricardo preferiu terminar a relação ao invés de aceitar que Marta saísse com suas amigas e amigos? Por que ela pôde controlar seu ciúme melhor que ele? Podemos explicar os comportamentos desse casal prescindindo totalmente do modelo social?

O estudo de um conflito relacional requer penetrar na união "sujeito/meio". Apenas pela compreensão desse vínculo podemos explorar de que modo cada sujeito usa o meio que lhe dá condição para construir seu próprio ambiente, e como ambos os meios – o recebido e o construído pelo sujeito – fazem parte do sujeito.

Desde o início da vida, canalizamos nossas interações em direção àqueles aspectos do meio mais vinculados à satisfação das necessidades – físicas e mentais – de desenvolvimento e conservação. Ou seja, já desde o começo de nossa história selecionamos partes do entorno e prescindimos das restantes. A escolha daquilo que nos interessa, com a consequente rejeição do que não é interessante, é uma prova de que estabelecemos nossa relação com o meio de forma ativa e pessoal. Vivemos distintas etapas vitais e em cada uma delas submergimos em um ambiente social, dentro do qual construímos nosso nicho ecológico.

Em todos os níveis do desenvolvimento, escolhemos, de acordo com nossas capacidades e as possibilidades do momento, aqueles elementos do meio que melhor se adaptam a nossos interesses, desejos, problemas e necessidades. Também podemos conceder diferentes significados afetivos e cognitivos aos elementos selecionados. Nossa história pessoal é a história do desenvolvimento de "nossas" capacidades de discriminar e selecionar determinados elementos da experiência, em detrimento de outros possíveis, e de lhes atribuir um significado entre outros possíveis.

Com esses processos de escolha e significação, o indivíduo penetra e se apropria do ambiente social e físico que o acolhe e, também graças a esses processos, pode se enriquecer a si mesmo e a seu entorno. Selecionar e significar os elementos pertinentes são processos funcionais, dinâmicos e ativos que empregamos consciente e inconscientemente e que têm a função de unir, de maneira indissolúvel, indivíduo e meio. A partir dessa união vamos construindo nossas maneiras de viver em relação às outras pessoas.

A exaltação do amor romântico comporta, como vimos em capítulos anteriores, certa complacência diante do ciúme.

A primazia do homem sobre a mulher, junto ao ciúme, fazem parte do modelo social dominante. Ricardo vivia este modelo como próprio. Marta aceitou a parte correspondente ao amor romântico, mas negou uma convenção social que a condenava a ficar em casa e que, ao contrário, dava a seu parceiro o direito de sair. Essa diferença presidiu a relação entre ambos. Ricardo, para assegurar sua superioridade, impôs um ultimato, o qual incitou Marta a defender sua necessidade de ter uma vida social. Por sua vez, a resposta de Marta levou Ricardo a se posicionar diante da atitude de sua companheira, e assim sucessivamente. Ao longo do conflito, cada pessoa foi interpretando a seu modo as condutas, os pensamentos, os sentimentos, os desejos de seu parceiro. Consequentemente, cada pessoa elaborou sua resposta a partir da interpretação pessoal, subjetiva, que fazia do mundo interno e externo da outra pessoa.

Por que nossa cultura continua ancorada em um modelo de casal que contém o germe de conflitos amorosos? Por que apresenta esse modelo como o único possível? Por que não oferece uma formação que favoreça o desenvolvimento das habilidades cognitivo-afetivas que permitam atingir uma maior autonomia diante do modelo social? Como aprendemos a identificar as emoções e os interesses que o contexto social estimula e a cotejá-los com os próprios?

Em nossa opinião, enquanto o ciúme continuar sendo aceito como natural e incontrolável por nossa cultura, esta tem parte de responsabilidade no sofrimento que ocasionam as formas de comportamento dos indivíduos ciumentos.

8
Conflitos em torno de amizades

> Aquele que não sabe o que busca não entende o que encontra.
>
> Claude Bernard

44. O controle dos afetos

Os conflitos amorosos estão baseados em experiências relacionais nas quais se alternam sentimentos, pensamentos e ações de signos nem sempre coincidentes entre si. Uma pessoa pode sentir-se amada e ao mesmo tempo marginalizada por seu par, devido às relações amistosas que esta tem com outras pessoas. No capítulo anterior, comentamos que a desconfiança, posse, exclusividade e insegurança são elementos constitutivos do ciúme, e relacionamos esse sentimento com o modelo cultural dominante. Neste capítulo nos interrogaremos acerca do lugar que as amizades ocupam em um modelo que "formalmente" situa o erotismo nos limites de uma estrutura de casal que postula a fusão sexual e afetiva. Se sexualidade e afetividade formam um todo sincrético, podemos nos perguntar se, da mesma maneira que o sexo deve ser reservado apenas para o casal, também se considera que os afetos são uma reserva destinada somente ao casal. Se fosse assim, com efeito, da mesma maneira que o sexo, os afetos seriam submetidos ao controle.

É importante esclarecer que, quando mencionamos as dificuldades relacionais impostas por um modelo social, não estamos dizendo que as dificuldades individuais procedem simplesmente da interiorização de determinado modelo cultural. Como dissemos, nosso marco teórico postula que a interação indivíduo/sociedade dá lugar a processos criativos que abarcam duas vertentes indissociavelmente unidas, a individual e a social. O indivíduo se desenvolve, dia a dia, mediante o uso das ferramentas culturais que fazem parte de seu cotidiano, e nesse uso vai criando a si mesmo ao mesmo tempo que transforma os elementos de seu entorno. Em todos os relatos que coletamos, encontramos a expressão das ilusões, expectativas e desajustes pessoais que o modelo dominante alimenta em alguns jovens. Seus escritos também refletem a lembrança dos processos que realizaram para – entre outras coisas – se adaptar ao modelo e se livrar dos obstáculos que este lhes apresentava. A natureza fluida de suas narrações nos permitiu seguir os traços dos processos psicossociais de indivíduos concretos, equipados com suas histórias pessoais, em um momento particular de seu vínculo amoroso.

Os pensamentos, desejos, expectativas, emoções e sentimentos constituem aquilo que dá um sentido subjetivo aos conflitos amorosos, são sua face oculta. Apesar de não serem observáveis, induzem a agir de determinada maneira. O significado que damos aos atos depende de nossa idiossincrasia pessoal e da especificidade da situação concreta em que nos achamos, conduzindo nossas ações a uma determinada direção.

Agravamos nossos conflitos quando separamos os atos do sentido que têm para nós e para a pessoa que os executa. A negação das emoções e dos pensamentos não desejados significa a negação de uma parte da experiência, daquela parte que não vemos, mas que está tão presente como as partes visíveis. Também escamoteamos uma parte da experiência quando distorcemos o sentido que a outra pessoa dá a seus próprios atos. Em ambos os casos nos "contamos mentiras" que, em vez de nos aproximar do ponto em que desejamos estar, nos afastam dele. Nas situações conflitivas necessitamos identificar, diferenciar e relacionar adequadamente os atos e as vivências internas que lhes conferem um sentido pessoal. Um mesmo ato pode receber múltiplos significados, e nos conflitos amorosos é necessário não confundir os atos com os significados que damos.

Neste capítulo, abordaremos o medo de ter de compartilhar com as amizades do parceiro um espaço e um tempo que se deseja ter com exclusividade. Dentro do modelo dominante de casal sentimental, o considerado correto é que, quando uma pessoa inicia uma relação de casal, se distancie de suas amizades. Mas nem todos os indivíduos se comportam do mesmo modo diante desse padrão social. Quando os dois membros do casal não concordam com a função que as amizades devem cumprir, é frequente que surjam conflitos nos quais a pessoa mais aberta reclame uma liberdade, o que desperta na outra o temor de ser relegada a um terceiro lugar.

Para tratar essa temática, selecionamos quatro textos. No primeiro, um rapaz pede à sua companheira que não dedique tanto tempo a uma amiga. No segundo, a garota é quem quer impor limites ao seu companheiro. No terceiro e no quarto, as duas pessoas estão de acordo em conceder importância à amizade, seus conflitos surgem em relação ao modo de administrar esse trato. As quatro narrações evidenciam, por um lado, a importância que os afetos têm na conservação e no desenvolvimento da identidade pessoal e, por outro, os desejos de exclusividade.

45. Primeiro conflito: "Você estava me deixando de lado"

O autor desse texto começou seu escrito mencionando sucintamente a causa de seu conflito: "Acho que o motivo de meu conflito foi o fato de que minha companheira passava muito tempo com uma amiga. Elena achava que o que fazia estava certo, já que sua amiga estava passando por um mau momento, e não se dava conta das consequências que isso tinha para nossa relação".

Ao longo de todo o texto, o rapaz se queixou do tempo que sua namorada, Elena, dedicava a ajudar sua amiga. A seguir reproduzimos um fragmento ilustrativo dos elementos e significados que deu a suas queixas:

> Durante o tempo que tive esse conflito, estava convencido de que nossa relação passava por um mau momento, que Elena estava menos interessada por mim do que eu acreditava, mas depois de ajeitar as coisas e voltar à normalidade [se refere ao fato de que sua namorada se distanciasse de sua amiga para salvar a relação], eu me dei conta de que estava equivocado. Suponho que pensei isso porque me sentia, para dizer de alguma maneira, como um segundo prato. A amiga de Elena morava em Mataró, mas naquela época passava os finais de semana na casa de minha namorada e eu me sentia como se ela ficasse comigo apenas nos momentos livres deixados por sua amiga; sentia-me abandonado, incompreendido e pouco valorizado. Ela me oferecia o tempo que não estava sendo dedicado à sua amiga e pensei que estava me deixando de lado, que já não contava comigo para nada ou, inclusive, que preferia passar o tempo longe de mim.

Como elementos relevantes citou a vontade de sua namorada de ajudar a amiga, o mau momento que esta passava e o fato de que sua namorada dedicasse mais tempo à sua amiga que a ele. Esses dados apareceram associados a significados distintos. Para ela se tratava de uma questão de justiça em relação à amiga, que não afetava sua relação amorosa. No entanto, para ele esse mesmo comportamento significava um importante desajuste relacional.

Como podemos interpretar o fato de que um rapaz que inicialmente percebeu e identificou a preocupação de sua namorada pela problemática da amiga se comporte depois como se esse dado não existisse? O significado desse comportamento resulta evidente se levarmos em conta que a conduta de sua companheira lhe produziu o sentimento de ser relegado, abandonado, incompreendido, pouco valorizado e repudiado. Esses sentimentos o levaram a desvalorizar elementos da situação, aos quais ela concedia uma especial relevância, tais como os problemas de sua amiga e seu interesse pessoal em ajudá-la. A forma que teve de relacionar e organizar o conjunto de dados e significados escolhidos e o repúdio de outros o levou a pensar que sua relação amorosa passava um mau momento, que era necessário acertar as coisas para voltar à normalidade e que, nessa normalidade, não cabiam nem a amiga nem o desejo de sua namorada.

No capítulo anterior, tratamos as consequências relacionais da percepção exagerada de que uma terceira pessoa pudesse se interpor entre o casal. Neste conflito iniciamos a investigação do medo de que as relações de amizade se apropriem de uma parcela da vida da outra pessoa. De onde vêm esses medos e como se alimentam?

É certo que o modelo cultural de "casal autossuficiente" e de "complementaridade" alenta esses medos. Mas é evidente que nem todos os indivíduos se comportam diante deles do mesmo modo. A própria trama desse conflito mostra a resistência das duas garotas a dar por terminada sua amizade. O rapaz é o único que parece aceitar que a relação de casal é incompatível com prestar ajuda a uma amiga em apuros. Portanto, nem tudo é imputável ao modelo social.

A atitude e as palavras do rapaz foram uma resposta à frustração de seu desejo de exclusividade: "Ela me oferecia o tempo que não estava sendo dedicado à sua amiga e pensei que estava me deixando de lado, que já não contava comigo para nada ou, inclusive, que preferia passar o tempo longe de mim". Sob o temor de que o deixassem de lado, de não ser o preferido, há um indivíduo com uma história pessoal, própria, que o levou a querer organizar sua relação sentimental de acordo com um formato de casal que dava às amizades o *status* de "recordação do passado". A tomada de consciência de que a conduta de sua companheira não se ajustava a esse modelo o fez acreditar que ela não lhe dava tudo que, em sua opinião, ele necessitava, e despertou seu temor de que ela desse preferência à sua amiga. Somente a volta ao que ele considerava a normalidade – a renúncia da namorada em ajudar sua amiga – fez seus medos desaparecerem.

46. Segundo conflito: "Queria assumir o risco"

Neste texto, Luis explicita claramente o significado que a amizade tem para ele. No relato, diferenciamos quatro fases explicativas dos acontecimentos e uma reflexão final sobre as causas do conflito.

Primeira fase

O problema começou no dia em que meus amigos de infância me propuseram que fôssemos passar uns dias de férias na Holanda, só nós, sem namoradas nem nada, já que nos conhecíamos há muitíssimo tempo e fazia tempo que não nos encontrávamos. Eu, por um lado, queria muito sair de férias com minha namorada; mas, por outro lado, também gostava da ideia de viajar com eles, já que eram meus melhores amigos e durante o último ano não tínhamos nos visto muito.

Depois de pensar durante muitas noites, embora não tivesse as coisas muito claras, decidi viajar com meus amigos. Talvez essa fosse a última semana de férias que teríamos juntos, e pensei que se não fosse me arrependeria. Achei que com minha namorada poderia viajar muitas outras vezes, e com eles talvez fosse a única. Além disso, afinal, eram meus melhores amigos, havia passado muitas coisas com eles desde que éramos crianças, e eu queria muito ir.

Agora o problema era o que dizer à minha namorada, como dizê-lo, onde dizê-lo... Conhecendo-a, sabia que se aborreceria e talvez não entendesse, mas eu queria assumir o risco.

Analisemos agora o modelo organizador que abstraímos desse fragmento. Luis considerou relevantes três elementos: os amigos, a namorada e a ineludível necessidade de tomar uma decisão. Comecemos explorando o significado que deu ao fato de se encontrar no dilema de ter de escolher entre passar uns dias de suas férias com sua namorada ou com seus amigos. Para essa indagação, uma frase sua adquire especial relevância: "Depois de pensar durante muitas noites, embora não tivesse as coisas muito claras, decidi viajar com meus amigos". Ter de optar pelos amigos ou pela namorada lhe produziu suficiente inquietação para que ele dedicasse várias noites a refletir sobre qual caminho era o idôneo e, finalmente, tomou uma decisão sem estar certo do que fazia. Portanto, tratou-se de uma escolha carregada de um alto nível de significação pessoal, devido justamente ao fato de que as duas opções também comportavam importantes significados emocionais.

Naquele momento, sair de férias com seus amigos tinha para ele vários significados: a) ele gostaria de ir com eles; b) poderia se redimir do fato de que durante o último ano haviam se visto pouco; c) quando crianças, haviam compartilhado muitas experiências e, se ele não fosse, temia que mais tarde se arrependesse; d) talvez pudesse aproveitar pela última vez a oportunidade de desfrutar de uma semana de férias com eles; e) isso traria problemas com sua namorada. Por outro lado, sair de férias com sua namorada: a) era algo de que ele gostaria muitíssimo; b) não era uma oportunidade única.

Ao longo de seu relato, ele foi relacionando e organizando todos esses significados, de tal modo que sua mente se encaminhou até a decisão de viajar com seus amigos, procurar a melhor forma de explicar à sua namorada que iria com eles e assumir o risco que sua decisão comportava.

Segunda fase

Exatamente no momento em que lhe disse que eu gostaria de ir com eles, a expressão de seu rosto mudou. Começou a dizer que não podia entender que eu quisesse viajar com eles e não com ela, que ela não significava nada para mim e que eu só pensava em mim. Disse-me que meus amigos eram mais importantes que ela.

Havia momentos em que eu achava que ela tinha razão, mas algo me dizia que eu tinha de viajar com eles.

Alguns eram quase irmãos para mim, e eu queria muito ir com eles. Acho que inclusive eu necessitava daquilo, e que se não fosse me sentiria como se tivesse perdido algo que para mim era muito importante.

Além disso, já faz anos, depois de nossa última viagem fizemos uma espécie de pacto, no qual planejamos fazer uma viagem juntos outra vez, mesmo que tivéssemos namoradas, e acho que essa era a viagem da qual havíamos falado anos antes.

Realmente acho que todos estávamos desejando que esse dia chegasse, poder se desligar de tudo e voltar a estar durante uma semana juntos e sozinhos, como nos velhos tempos.

Expliquei tudo isso à minha namorada da melhor maneira que pude, mas ela não entendia. A única coisa que entendia era que pus meus amigos acima dela. Não compreendia que quiséssemos viajar sozinhos.

Ela pensava que, no mínimo, já que queríamos ir, ao menos deveríamos ter tido a consideração de dizer a nossas respectivas namoradas que viessem conosco. Mas dessa maneira nunca seria a mesma coisa, já que no momento em que sua namorada vai junto você fica mais com ela, e seus amigos ficam em segundo plano.

Minha namorada estava bastante chateada e ficamos uns dias sem nos ver e sem nos falar muito.

A conversa que Luis teve com Esther aumentou o conflito. Ele lhe falou de seu dilema e ela foi interpretando suas palavras em função da ressonância afetiva que o que ele dizia despertava nela.

Seus amigos, as explicações que ele deu à sua namorada, a reação à proposta dela diante da decisão tomada são os três elementos relevantes dessa segunda fase. Os amigos e a namorada já estavam presentes no modelo correspondente à fase anterior. Mas nessa nova etapa apareceram com novos significados. Assim, o fato de passar as férias com eles converteu este modelo em: a) uma necessidade cuja renúncia significava uma perda muito importante; b) o cumprimento de um pacto estabelecido anos antes; c) o desejo de poder se desligar de tudo menos de alguns amigos, aos quais deu o significado de quase irmãos.

A menção de Esther estava associada a significados de incompreensão e queixas. Naquele momento, pensou nela como uma pessoa que não aceitava que a relegassem a um lugar secundário, que jogava na cara dele seu egoísmo e que insistia em ir com ele embora fosse na condição de acompanhante.

Ao final, depois de considerar e relacionar todos esses significados, Luis aceitou os riscos que já havia previsto na fase anterior e decidiu viajar com seus amigos. Esther se aborreceu e ficaram vários dias sem se ver. Esse distanciamento lhe produziu um forte mal-estar que ele explicou na seguinte fase do conflito.

Terceira fase

Eu estava muito confuso, não sabia o que fazer. Passava o dia inteiro pensando no assunto, no que seria melhor para todos. Mas, fizesse o que fizesse, sempre havia algo de negativo.

Pensava muito no que minha namorada me disse e havia momentos em que eu achava que ela tinha razão, mas imediatamente depois já me vinha à mente todo o assunto de meus amigos, e sempre acabava na mesma conclusão: era uma oportunidade que talvez não voltasse a se repetir em nossas vidas.

Passaram-se vários dias e eu continuava igual, sem saber o que fazer. Uma noite, decidi não dormir até tomar uma decisão, e assim foi.

Por fim voltei a falar com minha namorada, era algo que eu necessitava, porque se continuasse daquela forma ia ficar louco.

A inquietação por indagar de que lado estava a razão é um dos elementos centrais desse modelo. Sua busca pela melhor solução para todos foi submergindo nosso protagonista em um processo no qual sobressaíam estados emocionais que o impediam de ter certeza da integridade de sua decisão. Em sua mente, qualquer opção tinha significados positivos e negativos. Em alguns momentos avaliava seu comportamento como correto, em outros atribuía razão a Esther. As relações que ia estabelecendo com todos esses significados se cristalizaram em uma imagem negativa de si mesmo, via a si mesmo confuso, inseguro e incapaz de tomar uma decisão. E, com o passar do tempo, essa imagem o alertou de que corria o perigo de "ficar louco". A conclusão lógica de tudo isso foi que devia evitar a loucura e aproveitar a única oportunidade que tinha de viajar com seus amigos. Com esse espírito, restabeleceu o contato com sua namorada.

Quarta fase

Ela parecia mais tranquila que da última vez, e me disse que fizesse o que eu quisesse, que não ia me proibir de algo assim, que eu já era suficientemente adulto para tomar minhas decisões e que, embora não gostasse, poderia viver com aquilo.

Eu lhe expliquei qual havia sido minha decisão, tentei explicar o mais detalhadamente possível e expressar tudo o que sentia naquele momento, foi um tanto difícil.

Ao final, decidi viajar com meus amigos, ainda não sei exatamente qual foi o motivo que me fez tomar essa decisão.

A única coisa que sei é que, além de gostar e querer ir, era algo que, se não fizesse, ia me sentir mal comigo mesmo. Fiz o que realmente sentia naquele momento, e o que para mim era o correto.

Talvez em alguns momentos pudesse parecer um pouco egoísta de minha parte, mas para mim passar uma semana sozinho com meus amigos, levando em consideração todas as semanas que um ano tem, e que eu via minha namorada muitíssimo mais que os via, não me parecia egoísta.

Portanto, no final, viajei com eles durante uma semana.

Minha namorada, evidentemente, não ficou muito contente com minha decisão, mas entendeu que era algo que eu queria fazer, e que se não fosse ficaria mal, e não sei o que teria acontecido com nossa relação.

As novidades dessa fase apontam em duas direções. A garota aceitou a decisão que ele havia tomado, sem que isso lhe impedisse de expressar seu descontentamento. O rapaz continuou se debatendo sobre se o correto era ficar com sua namorada ou viajar com os amigos e interrogando-se sobre o possível egoísmo de seu proceder. Em seu texto, foi estabelecendo relações entre os significados dos elementos que já haviam aparecido nos modelos anteriores. Acrescentou, além disso, que não sabia o que teria acontecido com sua relação se não houvesse podido viajar com seus amigos. Com essas palavras, acrescentadas no último momento, evidenciou um novo significado da amizade, significado que, uma vez terminada a fase descritiva de seu conflito, ele mesmo relacionou com seu conceito do casal.

Reflexão final: amizades e vínculo de casal

Para mim, namorar não implica não poder viajar com seus amigos de infância. Quando alguém tem um relacionamento, a maior parte do tempo é dedicado a estar com ela (além de tudo aquilo que cada um tem de fazer: trabalhar, estudar etc.) e sua forma de vida anterior à relação fica como que em segundo plano. E nesse segundo plano ficam os amigos que você teve durante toda a infância, a adolescência... e acho que jamais você deve deixar de vê-los. Porque com eles se passa uma grande parte de nossa vida, e para mim são muito importantes e nunca se deveria perdê-los, que é o que infelizmente acontece em muitas ocasiões.

Considero que minha maneira de ver todo esse assunto é a principal razão que produziu esse conflito, já que minha namorada acha que eu dou muita prioridade aos amigos e que os tenho demasiado presentes. Mas, para minha maneira de ser, eu vejo assim, não quero nem poderei mudar isso.

O estilo assertivo desse último fragmento difere do que Luis utilizou ao explicar as distintas fases dos acontecimentos. Terminado o relato dos episódios concretos, pontuais, ele expôs claramente sua crença na necessidade de conservar as amizades. O estabelecimento dessa crença em seu íntimo o levou a afirmar que a presença de seus amigos fazia parte de uma maneira sua de ser que não queria nem podia mudar.

À luz dessas palavras se entendem melhor as tensões nascidas entre ele e sua namorada. Os dois tinham distintas maneiras de conceber o vínculo sentimental. Ela queria apoiá-lo em uma estrutura afetiva muito centrada no casal e, quando os fatos não se ajustaram a seu desejo, sentiu-se relegada a um segundo plano. Ele queria a conciliação de diferentes afetos e viveu o questionamento de seu desejo como um atentado à sua identidade pessoal e integridade ética.

Sua boa sintonia afetiva lhes permitiu falar da problemática. Em suas conversas, ele sustentou que o vínculo de casal não era incompatível com a manutenção de suas relações anteriores e ela expressou seu desacordo, mas acabou aceitando que ele passasse as férias com seus amigos. O conflito pôs em jogo suas habilidades pessoais para articular suas diferentes maneiras de conceber e viver o vínculo amoroso. Portanto, suas discrepâncias eram importantes.

O paradigma do amor romântico postula que o amor basta, que é onipresente e exclusivista. Esther, de acordo com esse modelo, começou reclamando a onipresença do amor em todos os espaços e tempos da vida social do casal. Luis resistiu porque, a seu ver, não havia nenhuma razão que justificasse o dever de prescindir dos amigos aos quais estava unido por fortes vínculos afetivos: "meus amigos de infância"; "nos conhecíamos há muitíssimo tempo"; "eram meus melhores amigos"; "havia passado muitas coisas com eles desde que éramos crianças"; "eram quase irmãos para mim"; "amigos que você teve durante toda a infância, a adolescência"; ou "com eles se passa uma grande parte de nossa vida".

A dinâmica seguida durante todo o processo resolutório lhes deu a oportunidade de se aprofundar no conhecimento das ideias, sentimentos e expectativas que sustentavam seus respectivos posicionamentos sobre a temática conflitiva e, além disso, lhes permitiu saber como cada um reagiria diante do posicionamento do outro.

47. Terceiro conflito: "Acho que esse é um conflito permanente"

A protagonista desse conflito começou seu texto com considerações gerais, nas quais expressou sua satisfação por princípios éticos que tornavam compatível o vínculo amoroso com as amizades. No entanto, à medida que foi se aprofundando na explicação dos acontecimentos, seu enfoque inicial foi tomando mais a forma de desejo que de realidade.

Eis aqui a primeira parte de seu texto, na qual ela nos dá uma visão geral de seu vínculo amoroso e sua relação com as amizades.

Considerações gerais

Sempre nos amamos e respeitamos um ao outro. Ambos temos total liberdade, e com isso me refiro ao fato de que nem ele nem eu somos possessivos e ciumentos. Além disso, pessoalmente creio que o ciúme em uma relação não traz nada de bom, já que para mim é um símbolo de desconfiança.

Apesar de já estarmos há bastante tempo juntos, ambos mantemos todos nossos amigos, e isso se deve ao fato de que sempre cuidamos para não perdê-los, continuamos os vendo, às vezes todos juntos ou às vezes em separado, ou seja, eu saio com minhas amigas por aí sem ele e ele com os seus, já que acreditamos que os amigos são importantes na vida de uma pessoa e que é normal que ele goste de vê-los e sair com eles, já que o que os amigos podem te oferecer é diferente daquilo que seu companheiro oferece; nem melhor nem pior, simplesmente diferente.

Até aqui, Encarna expressou o enunciado de uma ética de casal baseada na liberdade e no respeito, com o consequente repúdio do ciúme, da posse, da desconfiança. As amizades aparecem nesse enfoque como uma fonte de contribuições positivas que ambos consideram importantes e diferentes às do casal. Vejamos o que segue:

> A única coisa que me aborrece em meu namorado é que eu tenha combinado com ele de nos vermos e, no caminho para casa, ele se encontre com os amigos e estes o convidem para ir tomar algo, e ele me telefone dizendo que não iremos nos ver porque vai sair com eles. Estou cansada de lhe dizer que se ele quer sair com os amigos que me diga com antecedência para que eu tenha tempo de combinar algo com alguém ou fazer alguma coisa; definitivamente, para que eu possa organizar meus planos e não que me deixe sem eles em menos de uma hora.
> Eu lhe digo que é um egoísta por fazer isso, que dessa maneira demonstra que não pensa em mim, que só pensa no que deseja naquele momento, sem se importar comigo ou no que eu tinha pensado em fazer. Nesse assunto não nos entendemos, já que ele me diz que a egoísta sou eu, pois com seus amigos as coisas não funcionam assim; ou seja, eles não planejam as coisas, quando os vê é que tem a possibilidade de ficar com eles e que, portanto, como esse encontro acontece apenas de vez em quando, tem vontade de ficar, embora tenha combinado comigo, já que a mim ele vê todos os dias. Falamos sobre isso milhares de vezes e não entramos em um acordo; ele enxerga à sua maneira e eu vejo à minha. [...]

Nessas palavras aparece com nitidez um elemento ao qual ela concedeu uma especial relevância: algumas vezes, apesar de que seu namorado tenha combinado com ela, se seus amigos lhe fizessem uma proposta incompatível com o projeto do casal, ele saía com seus amigos. Para Encarna, esse fato significava que seu companheiro lhe deixava sem tempo para montar um plano alternativo; que era egoísta, que só pensava no que queria fazer, sem considerar o que ela desejava. No entanto, esse mesmo comportamento carecia de importância para ele. Os dados que Carlos valorizava, e aos quais realmente dava importância, eram outros. Assim, em relação aos seus amigos, levou muito em consideração dois aspectos: um tocante à sua forma habitual de decidir seus encontros e outro referente à escassa frequência desses encontros. Carlos interpretou que sua namorada não levasse em consideração esses dados como prova de egoísmo e de que, na realidade, o que ela queria era que ele não saísse com seus amigos.

Na lembrança de Encarna, ambos viviam os mesmos episódios de formas opostas. O que para um tinha um significado relevante, carecia de importância para o outro, e essa projeção de significados distintos sobre os mesmos dados fazia que seu conflito parecesse irresolúvel.

Até aqui comentamos a introdução que Encarna escreveu antes de desenvolver o relato de uma situação concreta, cuja análise empreendemos a seguir.

Conflito concreto

Em um dos fins de semana que passávamos juntos, ao acabar de jantar eu lhe disse que podíamos sair para beber algo com os amigos, e ele me disse que não tinha muita vontade porque estava cansado, e achava que seria melhor que fôssemos dormir. Eu aceitei, já que pensava que ele tinha razão.

Antes de nos deitar ficamos um tempo vendo televisão; nesse momento, telefonou um amigo dele e lhe disse que tinham todos combinado para sair e tomar algo, que o único que estava faltando era ele. Como sabe que isso me aborrece, disse a seu amigo que tinha de me consultar. [...]

No final, resolveu que sairia com os amigos. Imagine como fiquei chateada.

Às vezes acho que sou tonta, porque para ficar com ele muitas vezes deixo de fazer coisas que eu gostaria e não porque ele me impõe, mas porque eu decido e isso é o que me dá mais raiva, já que ele toda hora faz algo que realmente quer, muitas vezes sem contar comigo e isso é o que me aborrece, porque eu nunca faço isso. Pois foi assim: em menos de uma hora fiquei sozinha no apartamento.

Os elementos mais relevantes desse fragmento são: a) a proposta que a garota faz de sair e a negativa do rapaz a essa proposta; b) o convite dos amigos; c) a consulta que ele faz com o telefone em mãos; d) a aceitação de Carlos de sair com eles; e) a frustração e o aborrecimento de Encarna diante da mudança de planos de Carlos. Encarna deu a esses elementos os mesmos significados que lhes havia dado no texto anterior. Portanto, uma parte importante do modelo organizador desse fragmento é comum ao dos modelos que comentamos. No entanto, junto a essa continuidade há uma novidade importante: o significado que ela deu ao fato de ficar sozinha em casa.

Esse fato supôs aborrecimento, raiva e a elaboração de uma imagem negativa de si mesma, devido ao fato de que considerou que havia decidido "voluntariamente" deixar de fazer uma coisa que queria para ficar com seu companheiro e que, no entanto, este fez justamente o contrário. A organização do conjunto de elementos e significados desse modelo desembocou em um profundo mal-estar da garota.

> Imagine como eu estava no dia seguinte. Quando ele se levantou, eu não queria nem olhar na sua cara, e muito menos falar com ele, já que sabia que, se o fizesse, ia pôr para fora toda a raiva que estava acumulada, de ter ficado a noite inteira sozinha. Ele sabia e, portanto, guardava distância, e estava muito carinhoso e compreensivo em todas as minhas respostas mal-humoradas. Mas isso não me confortava; ao contrário, me chateava mais ainda porque sentia que ele estava dourando a pílula, para que meu aborrecimento passasse.
> Quando me senti preparada para poder conversar, expus minhas queixas.

Ele não entendia que eu me aborrecesse tanto por uma coisa assim, dizia que não via os amigos tanto como queria e que, portanto, tinha de aproveitar os poucos momentos em que podia. Como já disse anteriormente, nesse assunto não concordamos nem creio que consigamos fazê-lo, já que ele tem uma maneira de ver muito diferente da minha. Assim, acho que esse é um conflito permanente e inclusive me atreveria a dizer que quase sem solução. Ele não entende como eu posso me aborrecer com essas coisas, e eu não entendo como ele pode ser tão egoísta e não pensar em ninguém além dele mesmo.

Na escrita desse fragmento, Encarna acentuou o aborrecimento, já presente no texto anterior, e sob esse acúmulo de raiva foi esmiuçando mentalmente o comportamento de seu companheiro; uma vez mais calma, expôs todos os detalhes de sua forma de agir, acompanhados do significado negativo que via em cada um deles. A partir desse núcleo, seu texto volta a ser uma repetição de um desacordo permanente diante do qual seu único recurso é um diálogo cheio de muitas reprovações e que não os leva a nenhum lugar.

Ao longo de todo o conflito, cada protagonista foi interpretando, a seu modo, os acontecimentos. Para ele, aceitar as propostas de seus amigos significava salvaguardar a mesma dinâmica relacional que havia tido com os amigos antes de estabelecer uma relação de casal, e interpretava as propostas dela como sinais de egoísmo. Nessas circunstâncias, a intransigência de Carlos significava para ela estar sempre aberta à possibilidade de ter de empreender a busca de alternativas a seus projetos iniciais, o que a levava a sentir-se relegada e conviver com uma imagem negativa de si mesma e de seu companheiro. Dito de outra forma, a elaboração pessoal que cada indivíduo fez dos mesmos acontecimentos era muito diferente. Cada um permanecia encapsulado em seu próprio modelo organizador e, consequentemente, chegavam a conclusões distintas. Encarna aceitou, aborreceu-se, discutiu e dialogou. Carlos fez toscas tentativas de conseguir a cumplicidade de sua companheira e aplacar seu aborrecimento com carinho e amabilidade, tudo isso sem se retratar por sua forma de agir e acompanhando-a de críticas quando suas tentativas de sedução não foram concretizadas.

As últimas palavras de Encarna foram de resignação diante de acontecimentos que pareciam inevitáveis. Contudo, tal como veremos no conflito seguinte, quando essa mesma "problemática externa" é abordada de outra perspectiva, se transforma em uma conjuntura que facilita um melhor entendimento do casal.

48. Quarto conflito: "Nunca fui uma pessoa intransigente"

O casal desse conflito superou a barreira da dialética do "consentimento", dialética com a qual os casais dos dois episódios anteriores saldaram suas diferenças. É um relato escrito por uma jovem que, da mesma maneira que a garota do conflito anterior, começou seu texto explicando como ela e seu companheiro sentimental enfocavam a amizade e o vínculo de casal. A primeira parte do texto tem muitas semelhanças com a parte correspondente do relato anterior, portanto nos limitaremos a transcrevê-la para dar a conhecer o marco geral dos acontecimentos conflitivos que tiveram lugar posteriormente, mas não nos deteremos em sua análise.

Apresentação do enquadramento geral do conflito

> Nós dois nos conhecemos por meio de uma amiga em comum. Ela é uma de minhas melhores amigas, e em muitos finais de semana nos encontrávamos todas para sair. Naquele fim de semana, ela havia combinado com outros amigos e decidiu juntar todos nós para

poder, assim, estar com todas as pessoas com as quais queria estar. O resultado dessa união foi muito bom, então unir os dois grupos foi cada vez mais frequente.

A princípio isso pareceu perfeito para nós dois, além de ser uma situação muito cômoda. Tanto ele como eu podíamos estar com nossos amigos nos finais de semana ou inclusive durante a semana, e ao mesmo tempo estávamos juntos. Dessa maneira não havia problemas entre nós, tampouco com nossos amigos. Além disso, mesmo que um de nós dois estivesse com algum desses amigos, sempre podíamos telefonar e o outro podia se juntar a nós sem nenhum problema.

Contudo, à medida que o tempo passava, essa pequena vantagem foi se convertendo em um problema e motivo de algumas discussões. Na maioria das vezes era eu mesma que originava essas discussões, pois ele não se dava conta.

No dia em que a discussão foi mais grave, íamos comemorar o fato de que eu tinha arrumado um emprego. Embora ele tivesse dito que faríamos algo especial, nós dois apenas, acabamos indo tomar vinho no centro de Madri com uns amigos. Na semana seguinte decidimos que a noite de sábado seria apenas para nós e comemoraríamos meu novo emprego.

Depois de jantar, assim que saímos do restaurante, meu namorado recebeu uma mensagem de um amigo dizendo que iam ao cinema e se queríamos encontrar com eles. Apesar de ter me prometido que aquele dia seria dedicado somente a nós dois, perguntou-me se eu queria ir. Para mim, a magia daquele dia se acabou. Disse a ele que não me importava. Ao não lhe dar uma resposta taxativa, ele pensou que eu não estava chateada e telefonou para dizer a eles que nos encontraríamos no cinema.

Vejamos agora como Margarida se sentiu no dia seguinte.

Primeira fase

Realmente, aquela atitude fez que eu me sentisse muito desvalorizada, já que eu não era suficiente para preencher o tempo que passávamos juntos, que necessitava de outras pessoas nesses momentos. Seu comportamento fizera que todas as frases bonitas que me dizia deixassem de ter significado, e apenas foram um modo de me deixar contente. Podia entender muitas coisas, nunca fui uma pessoa intransigente. Mas me custava muitíssimo entender como uma pessoa que me demonstrava tanto carinho ao longo do dia fosse incapaz de conseguir passar um momento sozinha comigo, que fosse incapaz de dizer: "Olhe, hoje não posso ir, estamos aqui minha namorada e eu, hoje queremos ficar sozinhos".

Eu disse a ele como estava cansada de ser a última em sua lista; de ser eu quem relevasse as coisas e deixasse de lado algumas amigas, para poder passar cinco minutos sozinha com ele; como me sentia mal que ele não pudesse cumprir o que me prometia... tudo isso que eu estava guardando havia tempos saiu. Apenas queria que ele visse como me estava fazendo sentir com seu comportamento das últimas semanas.

Margarida recordou com satisfação o carinho que seu companheiro demonstrava e a atenção que lhe dava. Mas, junto a esses elementos de signo positivo, também estiveram presentes outros cujo significado achava ruins, como o não cumprimento dos compromissos e o fato de que ele a colocasse em último lugar. As atitudes de seu companheiro significaram para ela: a) incapacidade para dizer a seus amigos que queria ficar sozinho com sua namorada; b) necessidade de preencher o tempo com a presença de outras pessoas; c) uso das manifestações de carinho como uma forma de deixá-la contente; d) que ele a desvalorizava. Por outro lado, estava farta de suportar essa situação. A forma que teve de entrelaçar e organizar todos esses significados a levaram a discutir com ele para fazê-lo ver as repercussões que seu comportamento tinha nela.

Na medida em que o casal foi se acalmando, a discussão deu lugar a um diálogo mais construtivo.

Segunda fase

Pouco a pouco, enquanto falávamos, tanto eu como ele fomos nos acalmando e cada um pôde dizer o que pensava, o que queria e como podíamos conseguir que as coisas corressem bem para os dois.

Por um lado, eu o fiz entender que, embora gostasse de seus amigos, também gostava de poder passar um tempo sozinha com ele. Não queria ter de ser eu quem sempre renunciava aos demais para poder estar sozinha com ele. Não queria sufocá-lo, mas fazer parte de sua vida e sentir que ele queria fazer parte da minha sem que ele e seus amigos fossem uma coisa única.

Ele se desculpou. De acordo com sua explicação, o contraste entre os outros casais e eu o havia chocado e ele estava provando até onde podia ir. Agora que sabia que existia um limite e onde se situava, agiria de acordo com ele. Por seu lado, esperava que, se alguma vez eu tivesse algum problema, dissesse a ele.

Suponho que o que ele pretendia era estar com todo mundo, amigos e companheira ao mesmo tempo. Ele pretendia estar com todos de quem gostava, continuar com a mesma vida que tinha antes de estar comigo, na qual dispunha de todo o tempo livre para seus amigos.

Se eu voltasse a me encontrar nessa situação e ele não reagisse, suponho que agiria como ele, ficando com meus amigos, juntando-nos todos e passando, talvez, apenas cinco minutos sozinhos. Certamente me custaria muito, inclusive mais que a ele, mas dessa maneira veria como, diante da mesma situação, ele reagiria ou, ao menos, se ficaria chateado da mesma forma que eu. Assim, seria mais fácil evitar que essa situação se repetisse.

Na discussão, Margarida e José foram criando outra ordem de relação, aberta à escuta de si e do outro, e essa nova maneira de estar deu lugar à escrita do texto cujo modelo organizador abarca as vontades de ambas as pessoas e as estratégias necessárias para conseguir um bom relacionamento.

Entre os elementos que Margarida considerou sobre si mesma se destacam: a) a recusa a ser ela que sempre tivesse de renunciar; b) seu desejo de não sufocá-lo; c) sua vontade de que ele e seus amigos não fossem "uma coisa única"; d) o desejo de que ambos se sentissem parte da vida um do outro. E com relação aos elementos relativos a José: a) sua desculpa; b) seu desconhecimento dos limites que ela queria impor; c) seu propósito de respeitá-los; d) o pedido de que ela expressasse claramente seus desejos.

A forma que teve de organizar todos esses elementos foi levando Margarida à conclusão de que ele queria continuar com a mesma vida que levava antes de estar com ela e a pensar que, se a mesma situação se repetisse, ela agiria como ele havia agido, para que desse modo ele se desse conta de como ela se sentia e mudasse seu comportamento.

Considerações gerais

O primeiro passo da resolução de um conflito é a identificação do problema. Se não se sabe o que acontece, não se pode resolver o conflito. A reflexão sobre a experiência própria, a comunicação das vivências pessoais e a escuta ativa do parceiro são instrumentos básicos para a identificação do conflito.

Da comparação das dinâmicas relacionais dos últimos dois conflitos, depreende-se uma conclusão básica. Ambas as jovens se mostraram partidárias de conservar suas amizades. Ambas tentavam partilhar essa ideia com seus respectivos companheiros. Ambas se sentiram deixadas de lado, se aborreceram e falaram com eles. Ambas encontraram dificuldades para estabelecer acordos com seu companheiro. No entanto, uma delas conseguiu e a outra se resignou a ir acomodando seus projetos às dinâmicas imprevisíveis dos amigos de seu companheiro.

A que conseguiu uma resolução satisfatória da temática conflitiva fez seu companheiro saber que ela tinha limites, desejos e vontades. Pensou que ele a desvalorizava e, para que ele a compreendesse, estava disposta a se comportar como ele agia.

A jovem que se resignou insistiu menos em seus limites; renunciou a seus desejos e aceitou uma situação que lhe resultava dolorosa e repetitiva, sem mencionar a incorporação de possíveis mudanças em sua atitude pessoal.

Não basta falar da experiência pessoal se não é praticada a escuta ativa do companheiro. Por meio do diálogo, um casal pôs em comum os significados do que estava acontecendo e se colocou a necessidade de buscar caminhos abertos a novas possibilidades. O outro casal teve, como ponto de partida, a convicção de que nada mudaria, fechou-se em seus próprios significados pessoais e não criou pontes que permitissem deslocar-se da experiência própria à experiência do parceiro. O rapaz não estava disposto a se perguntar como poderia ampliar os aspectos positivos do vínculo amoroso, sem que sua companheira tivesse de aceitar a aparição imprevista dos amigos. Ela não encontrou formas de sair do círculo vicioso no qual ele a havia colocado.

O trabalho que cada casal realizou na identificação do conflito e o desenho de novas possibilidades foi distinto, e essas diferenças possibilitaram que uma conseguisse aprender com o imprevisto, intensificasse sua relação e transformasse um problema em uma possibilidade de crescimento, enquanto a outra continuou cultivando um círculo vicioso que tinha todas as possibilidades de se reproduzir indefinidamente. As ações que podiam levar à ruptura do círculo deviam ser iniciadas pela pessoa que mais se aborrecia e, dado que suas palavras não tinham suficiente força para fazer que seu companheiro compreendesse como se sentia, devia recorrer a atos como pô-lo na situação na qual ela se encontrava: uma troca de papéis, levando à realidade.

49. A abertura de novos espaços relacionais

A estrutura de casal sentimental, fechada e autossuficiente, apoia-se na crença de que cada membro do casal pode e tem de prover o outro de tudo quanto necessita. Por mais esforços que um casal faça para realizar uma prática relacional de acordo com esse credo, seu fracasso está assegurado. Nenhuma pessoa está capacitada para satisfazer todas as necessidades afetivas de outra, e nenhuma pessoa tem a obrigação de satisfazer um imperativo que é irrealizável.

No capítulo anterior, apresentamos esse desejo como parcialmente responsável pelo ciúme e nos perguntamos de onde surge o empenho de canalizar a vida amorosa das novas gerações sob a égide do amor romântico. No início deste capítulo nos perguntamos se a conservação das relações de amizade é compatível ou incompatível com o modelo de casal socialmente dominante.

Como mostramos, há jovens cujos sentimentos amorosos e desejos de liberdade os levaram a colocar a seu parceiro a conveniência de estabelecer uma dinâmica relacional que lhes permitisse ter esses dois tipos de afeto ao mesmo tempo. Mas também há jovens que desejam desenvolver seu vínculo amoroso dentro de uma estrutura fechada. E, quando os dois membros do casal têm concepções distintas acerca dessa temática, derivam conflitos em cujo centro se encontra a controvérsia entre, por um lado, uma estrutura de casal fechada e, por outro lado, uma estrutura de casal aberta à conservação dos laços de amizade.

As narrativas de casal mistas modelam os esforços que alguns sujeitos fizeram para liberar seu vínculo amoroso de um modelo social que tem a ver com um conceito de casal tradicional, que não lhes agradava, e as resistências dos outros a seguir o caminho marcado por aqueles. Quem desejava limitar ao máximo as amizades de seu parceiro evidenciou uma concepção possessiva e controladora do amor. Nela se pode ver a marca de um código social que incita a vigiar, controlar, possuir e limitar o parceiro. Por outro lado, quem acreditava que seus sentimentos amorosos e seu vínculo amoroso eram compatíveis, falou de lealdade, confiança, respeito e necessidade de enriquecer sua ligação amorosa com a contribuição das amizades.

A dinâmica relacional dos distintos casais que apresentamos foi diferente e o resultado final também foi, mas todas elas provam que os indivíduos têm a possibilidade de se relacionar, à sua maneira, com o modelo social. Assim, enquanto alguns acabaram aceitando o código social, outros avançaram em direção à conservação de novos espaços relacionais.

9
Do amor ao desamor

> Que cheguemos ao mesmo resultado, por sonhos e experiências, é para nós a prova de que a experiência não passa de um sonho.
>
> Gaston Bachelard

50. A divergência de expectativas relacionais

Os desencadeantes dos conflitos amorosos são muito diversos. Por mais surpreendente que possa parecer, há casos em que o motivo aparente do conflito gira em torno a como e quando se casar. Assim, por exemplo, encontramos relatos nos quais uma pessoa demonstra maior interesse ou mais pressa para se casar que a outra. Essa diferença se dá tanto entre casais que já contam com uma experiência relacional que, em sua opinião, é longa – dois ou três anos – como entre casais com uma trajetória em comum mais curta. Também os motivos que alegam são distintos: em alguns casos querem legitimar rapidamente a relação para, desse modo, poder controlar a outra pessoa, e em outros casos tratam fundamentalmente de querer chegar o mais rápido possível a uma meta fixada com antecedência.

Porém, nem todos os conflitos nos quais o casal se vê na situação de assumir que um de seus membros deixou de "amar" o outro giram em torno à pressa para chegar a um compromisso formal. Acontecem casos de "amores fugazes" em que o "amor" surge e desaparece de forma súbita; seus personagens passam da extrema paixão para depois, sem "razão aparente", deixar de sentir o que antes sentiram de forma repentina. Também se geram desencontros amorosos quando uma pessoa vive a ligação como se fosse uma amizade "com direito a sexo", enquanto que para a outra se trata de uma relação de casal. As circunstâncias nada propícias para esse tipo de conflito são as férias e os afastamentos geográficos por razões profissionais ou estudos.

Neste capítulo, exporemos detalhadamente um conflito no qual se deu uma clara divergência quanto a como e quando chegar ao casamento, e comentaremos rapidamente alguns fragmentos de um conflito que gira em torno ao desejo de um matrimônio iminente.

51. Primeiro conflito: "Eu me preocupava em me aprimorar"

O autor dessa narração é um rapaz que, em seu texto, explica um processo pessoal, em que, pouco a pouco, foi esclarecendo a causa de sua resistência a um projeto de casal preestabelecido.

Primeira fase

> Eulalia e eu tínhamos um relacionamento formal, mas nesse sentido ela estava sempre mais à frente que eu. Parecia muito segura de querer se casar comigo e ter seu primeiro filho antes de completar

30 anos. Eu também queria compartilhar minha vida com ela, mas me aborrecia que ela desse o fato por consumado, era como se já estivesse totalmente certa disso [...].

    Eu queria ir para a faculdade, estudar, ter uma carreira e evoluir, e ela parecia que não estava motivada para estudar nem para saber ou descobrir mais. Ela gostava de moda e de assistir ao *Big Brother*, enquanto eu me interessava pelos estudos, por aprender a tocar trompete, guitarra, por surfe, filosofia, amizades e lugares novos. Parecia que eu era complicado e ela, simples. Às vezes acho que ela podia se permitir: sempre estava contente, ao passo que eu me preocupava com meu futuro, para chegar a ser alguém. Talvez no fundo fosse o mesmo, e sua preocupação era eu. Eu me preocupava em me aprimorar para ser independente no futuro. Isso não quer dizer que eu não quisesse estar com ela, pois nos entendíamos e nos completávamos muito bem.

No início de seu texto, Pedro deixou muito claro que as expectativas relacionais do casal tinham aspectos comuns, mas eram diferentes. Em relação a si mesmo, Pedro disse: "Queria compartilhar minha vida com ela, mas me aborrecia que ela desse o fato por consumado, era como se já estivesse totalmente certa disso", e pôs na boca dela os seguintes elementos: casar-se com ele e ter um filho antes de completar 30 anos. A seguir falou de suas diferenças pessoais: dele destacou toda uma ladainha de interesses "pelos estudos, por aprender a tocar trompete, guitarra, por surfe, filosofia, amizades e lugares novos" e, ao contrário, limitou-se a mencionar dois *hobbies* dela: "a moda e o *Big Brother*". Em sua mente, a diferença de interesses significava que ele estava preocupado com seu futuro, em ser alguém, que ele era complicado, enquanto ela era simples, estava contente e se preocupava com ele. Pedro organizou essa contraposição de elementos e significados atribuídos a um e outro personagem sob o princípio de complementaridade, e tirou a conclusão de que queria estar com ela porque eram complementares e se entendiam bem.

Vejamos se essa complementaridade tão acentuada pode proporcionar um longo entendimento e bem-estar ao casal.

Segunda fase

Com o passar do tempo eu me sentia cada vez menos livre, e Eulalia mais acomodada e segura. Parecia que ela podia se relacionar com suas amigas e amigos, mas se eu falasse ou conhecesse alguma garota, pensava que eu tinha tido relações sexuais com ela. Isso me aborrecia muito, dava a impressão de que eu não gostava dela. Ela era cada vez mais dependente de mim, me sufocava. Eu lhe explicava meu problema, dizia que queria que me amasse de verdade e não como ela me amava. Ela me dizia que eu não tinha razão, que me amava muito e que não me entendia; que eu pensava muito, vivia quebrando a cabeça e que ela me amava muito. Eu queria mais magia ou romantismo.

Nossas relações sexuais eram muito satisfatórias e frequentes. Para mim, o conflito era seu ciúme e sua pressão para estar comigo, que não me deixava respirar nem me dava liberdade. Na época eu era muito jovem, sentia-me sufocado por ela e não amado, não sabia o que fazer nem o que estava acontecendo comigo. Tinha medo de firmar um compromisso com ela. Eu queria mais liberdade.

Nesse momento do relato, Pedro deu especial relevância à segurança de Eulalia, ao seu ciúme e à pressão que esta exerce sobre ele. Sua reação ao comportamento de sua companheira foi: a agonia, a falta de liberdade e o sentimento de não ser amado da forma que ele queria. A conversa que ambos mantiveram ocupa também um lugar de destaque. Nela aparecem duas concepções distintas de amor. Para ele, amar comportava "magia e romantismo", enquanto ela pensava que o importante era amar muito e não pensar demasiado. No modelo da fase anterior, Pedro reafirmou a complementaridade dos elementos e significados atribuídos a cada protagonista, mas nesse segundo modelo abandonou a complementaridade e organizou o conjunto de elementos e significados sob a égide da oposição. Apenas a sexualidade escapou da oposição reinante no modelo. Mas esse pequeno oásis sexual não teve a força suficiente para impedir que Pedro tirasse do conjunto de elementos e significados a conclusão de que tinha medo de firmar um compromisso com ela e de que queria mais liberdade.

Terceira fase

Quando comecei a ir à faculdade, tinha o direito e quase a obrigação de me relacionar com mais gente, não quero dizer sexualmente, mas para fazer trabalhos ou novos amigos. Um dia gritei com ela, disse que me deixasse em paz, que queria ficar sozinho, que estava cheio, que era uma chata e que eu não podia aguentar mais. Ela também gritava, me dizia que precisava de mim e que queria estar comigo. Ficamos muito nervosos, nós dois chorávamos, acho que ela por medo de me perder, e eu, de raiva por estar sendo tão pressionado. Gritei com ela, insultei-a e lhe disse que me deixasse em paz.
Com toda essa situação, chegou a um ponto em que comecei a me interessar por todas as garotas. Sentia que queria conhecer outras mulheres, saber como eram e ter relações sexuais com elas. Vivia isso como uma espécie de fantasia; queria estar com outra. Não sabia o que queria, mas queria ficar sozinho e fazer o que quisesse e com quem quisesse.

A chegada à universidade é um dos elementos importantes do modelo, para nosso protagonista seu ingresso nela significou desfrutar do direito de ter novas relações. Outro elemento relevante do modelo é a discussão que tiveram. Dessa briga ele enfatizou o nervosismo, os choros e gritos de ambas as partes; de si mesmo, seu pedido de que o deixasse em paz e os insultos que dirigiu à sua companheira, da qual só mencionou o desejo de estar com ele e sua dependência. Durante a discussão afloraram dois sentimentos distintos: ela teve medo de perdê-lo e ele sentiu raiva.

A organização que Pedro foi estabelecendo entre esses dados e significados levou-o a pensar em ter relações sexuais e não sexuais com outras garotas. Apesar de sua confusão, sabia que "queria ficar sozinho e fazer o que quisesse e com quem quisesse".

Costuma-se dizer que depois da tormenta vem a calma; vejamos se depois dessa discussão Pedro e Eulalia puderam desfrutar de um período de tranquilidade.

Quarta fase

Um dia estivemos conversando e concordamos em deixar de nos ver até o final do verão para ficar um tempo sozinhos e enxergar as coisas mais claras sobre nossa relação e sobre o que queríamos. Durante o verão, conheci uma garota que me agradou, sua situação era parecida com a minha e nos dávamos bem. Eu amava muito Eulalia, mas a verdade é que queria ficar com outras garotas e ter mais relacionamentos antes de me comprometer, porque achava que, se não, quando fosse mais velho estaria amargurado e faria o que não havia feito quando era jovem. No final daquele verão, Eulalia e eu nos separamos. O relacionamento durou três anos.

Nesse texto aparecem dois elementos que anteriormente estiveram presentes: o amor e o medo de se comprometer. No entanto, no modelo dessa fase ambos os elementos têm um novo significado. Pedro diz que, naquele momento, o amor que sentia por Eulalia não era incompatível com outras relações, e que para ele seu repúdio ao compromisso significava evitar que, quando mais velho, pudesse se sentir amargurado e tivesse de fazer aquilo que não fizera quando jovem. Como elementos novos, aparecem o acordo de ficarem um tempo sem se ver e a nova relação de Pedro com uma garota com a qual teve um bom entendimento. A concatenação desses dados e significados os levou à ruptura de seu vínculo de casal.

Embora, como veremos a seguir, ambos decidissem conservar um vínculo amistoso e, aparentemente, a separação tenha sido mais custosa que suas recuperações respectivas.

Quinta fase

Depois de um tempo ela começou a sair com um cara e há pouco foram morar juntos. Eu continuo estudando e tive várias amantes de muitos tipos e lugares diferentes com as quais aprendi muitas coisas.

Tenho muito boas recordações de Eulalia e desejo que ela seja muito feliz. Dissemos um ao outro que, sempre que tivermos algum problema, nos ajudaremos. Embora não estejamos juntos como casal nem nos vejamos, sei que posso contar com ela, e ela comigo. Acho difícil que realmente me apaixone e ame outra garota como gostei de Eulalia, que é a única companheira de verdade que tive. Talvez nós dois fôssemos demasiado imaturos e, apesar do fato de que nos amávamos muito, não era o momento adequado para estabelecer uma relação de casal. Não me importa não ter companheira, sinto que meu interior está cheio de coisas que me fazem sorrir.

Nesse fragmento, Pedro explicou como saíram da crise. Com relação a Eulalia, só mencionou que em seguida teve um novo parceiro e, quanto a si mesmo, destacou que havia tido muitas amantes e aprendido com elas. Recordou-se de Eulalia como a garota de quem ele mais gostou, a que mais amou e a única namorada que tivera. Apesar da permanência dessa lembrança, Pedro organizou esse modelo em torno dos aspectos positivos de sua nova situação e concluiu que não lhe importava não ter namorada, já que se sentia repleto de motivos para sorrir.

Em caráter de síntese, podemos dizer que o autor desse texto explicou como a prática da relação foi modificando sua maneira de sentir e de pensar o vínculo. Durante esse processo, foi aprendendo a viver e configurar seu vínculo sentimental de perspectivas diferentes.

Delimitamos cinco fases do processo e levamos em consideração os elementos da experiência que Pedro considerou relevantes, o significado que lhes atribuiu, as relações que estabeleceu entre eles e sua forma de organizar os dados, significados e consequências. Essa análise nos permitiu constatar como Pedro foi dando distintos significados ao amor, ao compromisso, a si mesmo, à sua namorada e à relação entre ambos. Essas mudanças de significado o levaram a construir um caminho que se iniciou com o desejo de compartilhar a vida com sua companheira, que depois passou por situações nas quais sentiu que seu vínculo carecia de magia e de romantismo, que não era amado como desejava e que lhe faltava liberdade; de acordo com esse estado emocional, empreendeu uma jornada rumo à fantasia de ter relações com mais garotas. Para ter mais claro seu percurso, fez um breve descanso; daí foi direto para uma separação e, de seu *status* de homem livre, transformou em realidade sua fantasia de ter várias amantes. Ao final desse trajeto, concluiu que, apesar de os dois se amarem, não era o momento adequado para ter uma relação de casal.

O bom entendimento afetivo e sexual que teve com Eulalia, que reconhecia como próprio o modelo convencional de casal, lhe ajudou a tomar consciência de que a relação que ele queria não se ajustava à que sua companheira desejava. A partir desse conhecimento, empreendeu a busca de um caminho próprio acerca do qual ainda se sentia inseguro.

A análise desse conflito coloca a necessidade de nos interrogar acerca da conveniência de estimular a reflexão das próprias expectativas relacionais antes de iniciar o vínculo afetivo. Eulalia demorou três anos para se dar conta de que, se quisesse ter uma relação clássica, havia se equivocado de pessoa, e Pedro necessitou do mesmo tempo para tomar consciência de que havia errado o caminho.

É necessário tanto sofrimento para chegar a saber o que uma pessoa quer no terreno afetivo? É tão difícil desenhar as linhas gerais de uma formação cognitiva e afetiva sobre esse terreno?

A experiência mostra que a diversidade é uma característica humana, que há indivíduos que desejam moldar seu desenvolvimento afetivo à estrutura de casal clássica e indivíduos que desejam tomar outros caminhos. De onde surge o empenho de impor um padrão único? Quais os benefícios de apresentar o modelo convencional como a única forma de estabelecer vínculos amorosos?

52. Segundo conflito: "Queria marcar o dia do casamento"

Este conflito é um excelente exemplo da facilidade com que um indivíduo pode hastear apaixonadamente a bandeira de sua paixão, e desapaixonar-se com a mesma facilidade que teve para construir sua fantasia amorosa. A forma concreta desse conflito é única, mas a paixão seguida de um rápido desapaixonamento é frequente, e em quase todos os casos que se descreve esse fenômeno é o rapaz quem se desapaixona.

Primeira fase

Maria iniciou seu relato evocando o bem-estar que as qualidades positivas de seu companheiro lhe proporcionaram.

Os primeiros meses foram muito românticos. Fazíamos muitos passeios, tardes de cinema, noites no portal... Os amigos nos diziam que parecíamos o casal perfeito. A verdade é que isso era inveja de minhas amigas, já que ele era muito carinhoso comigo e muito atento a detalhes.

Para comemorar nosso primeiro aniversário, fomos a Elche para passar um fim de semana. Foi maravilhoso. Ele me disse que nunca tinha conhecido ninguém como eu e que queria casar comigo. Eu considerei isso como um pedido para o futuro. A ideia de casar com ele me atraía e lhe respondi que eu também queria ser sua esposa, mas, como disse antes, pensando que não falávamos de algo imediato.

Maria lembrou com prazer o início de sua relação sentimental e evocou de sua recordação os elementos que lhe pareceram mais relevantes daqueles momentos: o prazer de realizar atividades conjuntas, as qualidades positivas do rapaz, a celebração do primeiro aniversário e o fato de que Henrique lhe expressasse seu desejo de se casar com ela. Deu um significado positivo a seus passeios, tardes de cinema, noites no portal e às qualidades de seu companheiro. E entrelaçou todos esses significados com a inveja que suas amigas tinham dela. Maria quis realçar o significado que a declaração amorosa teve para ela, colocando na boca de seu companheiro palavras que lhe ofereceram a oportunidade de sentir-se única: "Ele me disse que nunca tinha conhecido ninguém como eu e que queria se casar comigo".

Entre os significados de todos esses elementos, Maria foi organizando uma rede de relações que expressam a recordação do bem-estar que sentiu naqueles momentos e como esse bem-estar a levou a dar uma resposta afirmativa à demanda de Henrique. Ou seja, a implicação do modelo dessa fase foi coerente com os dados que escolheu como relevantes da primeira fase de sua relação, com os significados que lhe atribuiu e com as relações que estabeleceu entre eles.

Segunda fase

A intensa paixão de Henrique colocou Maria em uma situação complicada que ela explicou da seguinte maneira:

> Quando voltamos a nos encontrar, ele me disse que queria marcar o dia do casamento. No início, pensei que ele estava brincando, ele se aborreceu e me perguntou se eu tinha esquecido minha promessa de passar o resto da vida com ele. Eu respondi que queria me casar com ele, mas que éramos muito jovens, e que antes tínhamos de amadurecer, estudar, trabalhar e ter um apartamento. Ele estava cada vez mais aborrecido e dizia que o amor não tinha nada a ver com todas essas coisas, que se nos amávamos tínhamos de demonstrar isso um ao outro, e que casar era a única maneira de nos assegurar que estaríamos toda a vida juntos. Nesse momento, começamos nossa primeira discussão, e o cara com quem eu estava saindo fazia um ano se desvaneceu e apareceu outro completamente distinto daquele pelo qual eu estava apaixonada.
>
> A discussão estava cada vez mais forte. Ele me disse que, se eu não estava disposta a dar esse passo era porque não o amava, que essa era a única maneira de se assegurar que eu não o deixaria por qualquer outro rapaz, que só pensava em mim, que eu o havia enganado, que só estava brincando com ele, e muitas coisas duras que não quero escrever. Fui embora para casa chorando. Sentia como se estivesse vivendo um sonho maravilhoso que se desfazia bruscamente.

O texto de Maria reflete a recordação de uma série de experiências nas quais viu a si mesma com expectativas, pensamentos, sentimentos e comportamentos relacionais opostos aos de seu companheiro.

Vejamos a recordação que teve de seu companheiro. Como elementos relevantes, destacou a pressa em se casar, o amor e sua reação diante da demanda da garota de adiar o casamento.

O casamento imediato foi para Henrique um dado carregado de múltiplos significados: era um seguro para a vida, uma prova de amor e um controle sobre os sentimentos de sua companheira. Nenhum dos requisitos que Maria mencionou para adiar o casamento lhe pareceu pertinente. A necessidade de amadurecer, os estudos, o trabalho e o apartamento eram incompatíveis com a ideia que Henrique tinha de que o amor era a única coisa que importava. Consequentemente, este interpretou a espera que Maria propôs como engano, burla, falta de amor, e semeou sérias dúvidas acerca dos sentimentos amorosos de sua namorada.

As conexões entre esses dados e significados se cristalizaram em um comportamento do rapaz marcado pelo pedido de provas e seguranças amorosas, o desprezo dos aspectos que ela considerava imprescindíveis para sua convivência, o aborrecimento, a violência e seus sentimentos possessivos.

Com relação a si mesma, Maria destacou os seguintes elementos: a juventude e imaturidade, o casamento e a reação de seu companheiro. Estava convencida de que eram muito jovens para se casar e deu à sua juventude e imaturidade o significado de obstáculos para dispersar de forma imediata um projeto de casamento que ela desejava adiar. Na mente de Maria, o casamento significava um projeto de futuro e ela não compreendia a reação de seu companheiro, à qual qualificou de "dura". Os enlaces que foi estabelecendo entre esses significados guiaram seus passos até o choro e a elaboração de uma nova imagem de seu companheiro: "o cara com quem eu estava saindo [...] se desvaneceu e apareceu outro completamente distinto".

Seu relato reflete a conflitividade entre duas pessoas que não souberam estabelecer nexos de união entre suas diferenças. Cada nova intervenção de uma delas aumentava a distância que os separava. Para resolver o conflito, Maria realizou contínuos deslocamentos mentais de seu ponto de vista ao de seu companheiro. Essa mudança de perspectiva permitiu que ela descrevesse os distintos momentos de uma dinâmica relacional na qual duas pessoas, que a princípio acreditaram compartilhar de uma mesma maneira de viver a ligação, iam descobrindo que tinham expectativas, pensamentos, sentimentos e comportamentos relacionais opostos.

À medida que selecionava, atribuía significado e organizava todos os elementos de seu relato, via a si mesma no interior de um conflito do qual não encontrava mais saída a não ser chorar e renunciar a um sonho maravilhoso. Ou seja, as redes conectivas que Maria ia estabelecendo entre os significados de todos os elementos desembocaram na organização de um sistema de representações que encaminhava sua mente para a perda da idealização do vínculo afetivo.

O ponto final dessa fase ("Sentia como se estivesse vivendo um sonho maravilhoso que se desfazia bruscamente") levanta uma questão crucial para o futuro do casal. Serão capazes de afrontar a demolição do paradigma de amor romântico? Irão querer e saberão construir um novo modelo de vínculo amoroso? Vejamos o que Maria nos diz.

Terceira fase

Dois dias depois, ele continuava muito chateado e voltamos a discutir. Eu lhe disse que sua forma de se comportar havia me machucado muito. Também lhe disse que havia me deixado muito confusa e que, depois do ocorrido no dia anterior, não estava segura de meus sentimentos. Ele se justificou dizendo que não podia imaginar que algum dia eu o deixasse e voltou a demonstrar esse gênio que tinha escondido durante um ano, me agarrou com força e me disse: "Pois, se você não for minha namorada, não será de mais ninguém". Nesse momento senti medo, senti pânico e me afastei dele. [...]

Ele foi embora chateado. Eu fui para casa. Acho que quem não tenha vivido uma situação similar não pode imaginar o que significa passar da extrema felicidade à tristeza e ao medo. O pior de tudo era essa mescla de sentimentos tão esquisita de amar uma pessoa que te magoou, sentir que você a ama e ao mesmo tempo a odeia. Eu não disse nada a ninguém, guardei tudo para mim. Chorei e me refugiei nos estudos.

Maria introduziu, como elementos importantes do modelo, a dor e a confusão que continuavam lhe produzindo os acontecimentos da fase anterior e, apoiando-se nesses elementos, expressou suas dúvidas acerca da manutenção de seu compromisso de se casar com ele. Outros dados importantes foram a possessividade de Henrique, seu gênio e a violência ("me agarrou com força e me disse: '[...] se você não for minha namorada, não será de mais ninguém'"). Maria deu a esses elementos o significado de condutas temíveis e produtoras de ambivalência.

Analisemos agora a apresentação que ela fez de Henrique. Como elementos relevantes temos seu aborrecimento inicial e sua reação diante da possibilidade de que ela retirasse seu compromisso de casamento. Esse último elemento, acompanhado de um elevado sentido de ciúme infundado, deu lugar a comportamentos violentos e possessivos.

Maria foi estabelecendo uma organização complexa entre os significados de todos os elementos. Como dados observáveis, escolheu comportamentos que giravam em torno à defesa, à fuga dela e aos ataques dele. Como é óbvio, os significados emocionais desses comportamentos foram diferentes. Ela reviveu sua própria confusão, insegurança, pânico e ambivalência afetiva. Dele recordou o aborrecimento, o gênio, a posse e a violência. A implicação do modelo é coerente com a engrenagem que Maria foi realizando com os significados dos elementos e torna compreensível, embora não justificável, que ele acabasse a agarrando com força e encarnasse o fatídico refrão "minha ou de mais ninguém" e que ela se soltasse dele e dissesse que "o pior de tudo era essa mescla de sentimentos tão esquisita de amar uma pessoa que te magoou, sentir que você a ama e ao mesmo tempo a odeia".

Vejamos qual foi o resultado final:

Três semanas depois, uma de minhas amigas me disse que tinha visto meu namorado beijando outra garota. Eu, no fundo, continuava tendo esperança de que nos acertaríamos. Eu não pude acreditar até que o vi dias depois de mãos dadas com a outra garota. A verdade é que foi uma sensação muito estranha, era como se o ano em que estive saindo com ele nunca tivesse existido.

A verdade é que não sei o que se passava em sua cabeça para agir da forma que agiu. Não sei se voltaremos a nos encontrar, mas acho que ficarei com vontade de saber o que aconteceu. E, mesmo quatro anos depois, não consigo esquecer suas palavras: "Se você não for minha namorada, não será de mais ninguém". E não sei se isso foi uma maldição, mas a questão é que desde então não voltei a me apaixonar. Acho que me tornei muito desconfiada. Não sei o que será de sua vida. Da minha, espero voltar a me apaixonar algum dia e que desse episódio só fique registrado que até hoje aquele foi o pior ano de minha vida.

Síntese

Esse conflito faz parte da história de duas pessoas que, aos seus dezessete anos, viveram intensamente sua paixão. Um ano depois, o rapaz acrescentou a essa ilusão uma ilusão ainda maior: queria se casar, e fazê-lo imediatamente. Ela estava apaixonada, mas se achava muito jovem e queria unir os sentimentos amorosos com outros aspectos de sua vida. Não necessitava de nenhum tipo de compromisso para aproveitar a relação que a unia a "um rapaz carinhoso, preocupado com detalhes, que era a inveja de suas amigas e que lhe dizia que não existia mais ninguém como ela". Do contrário, ele necessitava reforçar seu vínculo com um compromisso social; quis que a garota canalizasse a relação pelos trilhos da obrigatoriedade, e não duvidou em pressioná-la e insultá-la. Suas discrepâncias deram lugar a intensas discussões nas quais foram moldando distintas concepções relacionais.

A análise da primeira discussão do casal nos permitiu abstrair o modelo organizador com o qual Maria reconstruiu sua vivência. Recordou de Henrique aborrecido, falando de seu amor, recriminando de distintas formas sua suposta falta de amor e reprovando-lhe coisas que ela não quis repetir, por considerá-las demasiado duras. Viu a si mesma pensando que "o cara com quem eu estava saindo fazia um ano se desvaneceu e apareceu outro completamente distinto daquele pelo qual eu estava apaixonada" e sentindo-se "como se estivesse vivendo um sonho maravilhoso que se desfazia bruscamente".

Maria entrou na segunda crise com maior segurança. Havia despertado de seu pesadelo e tentou resolver as dificuldades passadas fazendo que Henrique participasse da dor que a primeira discussão havia lhe causado. Este, que não abandonara sua atitude anterior, continuava dizendo que estava de posse da razão, continuava considerando "natural" seu desejo de formalizar o casamento de imediato e, diante da possibilidade de que ela voltasse atrás e retirasse seu compromisso, perdeu o controle de si mesmo, reagiu de forma violenta e evidenciou seu desmesurado desejo de domínio e posse. Henrique revelou sua face mais dura quando agarrou Maria com força e proferiu sua ameaça: "se você não for minha namorada, não será de mais ninguém".

A posse e a violência de seu companheiro foram para ela elementos enormemente penosos. Pôs sobre os ombros o peso de uma forte ambivalência emocional e seguiu o caminho de mudança de imagem de seu companheiro, já iniciado no modelo anterior, renunciando com isso à ilusão de ter um companheiro maravilhoso. Estava ciente de que estava sofrendo porque amava e odiava seu companheiro; de que já não estava tão apaixonada, mas também sabia que ainda estava dependente dele e que confiava em que, uma vez que tivessem esclarecido suas diferenças, poderiam voltar a ficar juntos. Por que nesse momento de seu relato Maria não inferiu todas as implicações da atitude de seu companheiro?

O certo é que, depois dessa discussão, ele se aferrou à sua fantasia e construiu um novo espelhismo, um novo objeto de paixão. Maria, que não sabia nada de Henrique, continuou com a esperança de que juntos superariam a crise que estavam atravessando e, quando uma amiga lhe disse que o tinha visto com outra garota, duvidou de suas palavras.

Apesar de Maria, quando escreveu seu conflito, já estar separada de seu namorado havia quatro anos, disse que não conseguia esquecer suas palavras: "'se você não for minha namorada, não será de mais ninguém'. [...] a questão é que desde então não voltei a me apaixonar. Acho que me tornei muito desconfiada. Não sei o que será de sua vida. Da minha, espero voltar a me apaixonar algum dia e que desse episódio só fique registrado que até hoje aquele foi o pior ano de minha vida".

A fantasia de estar apaixonado durou pouco. Ele queria continuar sonhando, embora para isso tivesse de prender sua companheira aos grilhões da obrigatoriedade, e ao não conseguir seu desejo, se separou. Ela ficou sem sonhos.

A análise do conflito nos permitiu observar como, ao redor do desejo de um casamento iminente, foi se tecendo uma trama relacional na qual fatos observáveis iam se sucedendo a outros, e todos eles – com seus correspondentes, significados, relações e implicações – foram revelando que as pressões iniciais do rapaz obedeciam a um esquema relacional baseado no binômio domínio/submissão.

A dinâmica dessa relação coloca questões cruciais acerca da interação indivíduo/cultura. Por que quando Henrique não recebeu a resposta esperada voltou seus sentimentos amorosos para a destruição da imagem de Maria? De onde surgiu sua violência? Acaso sua ideia de masculinidade não podia aceitar essa frustração? Que bagagem de sua história pessoal intercedeu no conflito? Henrique é o único responsável por sua conduta, ou também há nela as marcas de uma cultura sexista? Por que Maria, quando seu companheiro a agarrou com força e proferiu sua ameaça ("Se você não for minha namorada, não será de mais ninguém"), não inferiu todas as implicações dessa atitude e resistiu até quando pôde a se desprender do que restava de sua paixão? Como é possível evitar esse tipo de conflito relacional?

É particularmente evidente que Henrique não construiu saberes relacionais que lhe permitiram gerenciar adequadamente sua relação amorosa, o que nos leva a insistir outra vez na necessidade de desenhar linhas de intervenção psicossocial que ajudem a juventude a repudiar comportamentos abusivos e a se proteger da dependência que esse tipo de relação costuma gerar.

53. O compromisso social

Neste capítulo comentamos a importância de que um casal tenha ideias similares sobre o tipo de compromisso pessoal e social com o qual desejam configurar seu vínculo. Quando o casal tem distintas concepções do vínculo amoroso, continuar a relação implica que uma das duas pessoas, ou ambas, tenham de renunciar a uma parte importante de seus ideais. Se uma delas sacrifica suas expectativas relacionais, a renúncia pode produzir-lhe uma frustração continuada e tornar a relação problemática; nesse caso, é imprescindível repensá-la. Isso não quer dizer que entre duas pessoas muito diferentes não possa existir um afeto intenso, mas a convivência cotidiana requer, além disso, outros requisitos.

Os dois casos deste capítulo são um reflexo da diversidade de situações conflitivas que podem surgir quando o casal tem maneiras diferentes de conceber sua relação. O rapaz do primeiro exemplo queria organizar sua vida amorosa por caminhos diferentes dos que considerava próprios do modelo social dominante, e a garota que manifestava maiores desejos de aceitação e integração ao modelo tradicional resistia a isso. Cada pessoa é livre para tomar o caminho que se adapte melhor aos seus desejos e expectativas, mas para construir uma história comum deve escolher alguém que queira andar pelos mesmos caminhos, do contrário a divergência, o conflito continuado e a frustração permanente ou ruptura estão assegurados.

As diferenças entre o casal do outro conflito estavam circunscritas, a princípio, aos ritmos temporais nos quais ambos os protagonistas desejavam efetuar um mesmo projeto e a suas distintas concepções do vínculo. Ele queria se casar de imediato e pensava que o amor era o único requisito necessário para empreender uma vida em comum. Ela opinava que eram demasiado jovens e que, além do amor, deviam avaliar outros aspectos. Essa discrepância evidenciou o caráter possessivo e violento do rapaz. Os conflitos, além de serem ocasiões de crescimento pessoal, são também uma oportunidade de se conhecer melhor. Quando há um alto nível de frustração, afloram ao exterior aspectos pessoais que de outra maneira poderiam passar despercebidos. Se essas características ultrapassam os limites "socialmente toleráveis", como é o caso da violência, o repúdio a esse proceder deve ser imediato.

Em ambos os conflitos, o significado diferente que deram à relação desempenhou uma função importante para o futuro do vínculo. Duas pessoas só podem viver amorosamente se empreendem juntas a criação de uma história comum na qual seus sentimentos amorosos formem uma engrenagem com os componentes de outras facetas de suas vidas. A relação de casal sentimental não começa nem termina no "amor". Portanto, utilizar o "amor" como elemento isolado do resto dos componentes relacionais implica uma má resolução do conflito.

10
A violência nos conflitos

> A dominação e a submissão resultam de uma ruptura da tensão necessária entre a autoafirmação e o mútuo reconhecimento, uma tensão que permite que o si mesmo e o outro se encontrem como soberanos iguais.
>
> Jessica Benjamín

54. A violência amorosa como uma problemática psicossocial

A questão que propomos neste capítulo é por que um vínculo que se inicia sob os auspícios de uma cooperação amorosa chega a se associar ao domínio e à submissão. Poder-se-ia supor que duas pessoas unidas por vínculos sentimentais encontrarão caminhos não violentos para resolver suas diferenças. Quando não é assim, quando uma delas magoa a outra, pode-se incorrer no erro de pensar que a causa da violência reside, fundamentalmente, na ausência de sentimentos amorosos. Estes são elementos de uma relação e, como tais, interagem com todo tipo de sentimentos, pensamentos, desejos, expectativas pessoais, práticas relacionais etc. O tecido resultante dessa interação é o que confere um sentido concreto, específico, aos sentimentos amorosos. De nosso ponto de vista, para explicar como o domínio e a submissão abrem caminho no vínculo amoroso é necessário indagar, entre outras coisas, de que forma e com que outros elementos da relação se combinam esses sentimentos.

Os sentimentos amorosos estão imersos numa dinâmica relacional da qual são elementos criadores e, ao mesmo tempo, um de seus produtos. No início do vínculo de casal costumam aparecer relacionados a outros componentes que potencializam o significado aprazível que se costuma atribuir ao que se denomina amor. O desejo de enriquecer e estabilizar a relação preside a criação de uma trama relacional composta de elementos de distinta natureza, entre os quais os componentes afetivos desempenham um importante papel. No desenrolar de toda relação se formam conflitos que reestruturam as interações dos diferentes sentimentos com os demais elementos da trama. À medida que surgem situações relacionais conflitivas, experimentam-se estados emocionais mais complexos, de signos muitas vezes opostos, e que modificam os primeiros significados dados ao vínculo amoroso. Consequentemente, ao longo de sua relação sentimental, um mesmo indivíduo costuma mudar o significado que confere a seus sentimentos amorosos. Uma das causas dessa mudança é o fato de que os sentimentos são elementos ativos de um processo do qual, também, são um resultado.

Ao longo deste capítulo, insistiremos na ideia de que essa dupla função dos sentimentos amorosos pode facilmente produzir um estado de confusão e cumplicidade entre quem executa as agressões e quem as recebe. Pensemos, por exemplo, naqueles conflitos em que o agressor descreve e justifica seu comportamento argumentando que o excessivo amor que tem por sua companheira o torna dependente dela e que essa dependência produz impulsos contraditórios que o induzem a agir como age. É frequente que essa figura masculina esteja acompanhada de uma feminina que começa repudiando a responsabilidade que seu agressor deposita nela, mas, quando este lhe mostra uma face bondosa, insiste em suas dificuldades pessoais e invoca o amor de seu parceiro, se esforçando em comprazê-lo para, dessa maneira, ajudá-lo a controlar sua violência. Esse é um exemplo dos distintos caminhos pelos quais um casal vai configurando o significado de seus sentimentos amorosos com elementos de domínio e submissão.

Em capítulos anteriores, dizíamos que a interação entre indivíduo e sociedade preside o uso individual de construções sociais e mencionávamos que o modelo patriarcal de casal é uma das categorias socioculturais nas quais estão surgindo mudanças importantes. Apesar dessa abertura de novos horizontes, a estrutura de casal continua ocupando um lugar central na vida afetiva e segue estruturada em torno de uma desigualdade hierárquica que, atualmente, ainda permite que os homens desfrutem de mais poder decisório que as mulheres na arbitragem dos conflitos sentimentais. Em casos extremos, essa diferença de poder desemboca na violência.

A violência no seio do casal é fundamentalmente exercida pelos homens sobre sua companheira sentimental. No plano social, é uma transgressão dos direitos humanos, classificada como delito. Do ponto de vista psicológico, a violência comporta a elaboração de vínculos afetivos dentro de uma estrutura de casal na qual se dá uma relação anômala entre componentes sentimentais que giram em torno ao amor e ao domínio/submissão. Sua complexidade sociopsicológica faz que esse comportamento delituoso seja difícil de erradicar. A tolerância social a essa violência encontra um importante ponto de apoio na idealização de um determinado vínculo amoroso que, sob o manto de um romantismo do passado, esconde a assimetria genérica do presente.

Sabemos que os indivíduos usam as imagens culturais para dar sentido à sua experiência pessoal e que, nesse uso, criam novos significados que vão se incorporando à significação cultural. Nosso trabalho nos permitiu constatar que os motivos que ativam os comportamentos violentos são muito diversos e que, enquanto alguns indivíduos consideram os sentimentos amorosos como excludentes da violência, outros opinam que a violência é totalmente incompatível com o amor, uma prova irrefutável de que não há um vínculo amoroso. Também detectamos importantes diferenças quanto ao grau e à forma de domínio e violência. Em alguns casos, as agressões físicas e/ou psíquicas ao par são contínuas, e em outros são pontuais, imprevisíveis e arbitrárias. Escolhemos três conflitos para ilustrar esta seção: em dois deles há episódios violentos, em um caso se trata de violência física e psíquica, enquanto em outro não ocorre a física, e o terceiro é um exemplo do domínio que se esconde sob atitudes paternalistas.

Da mesma maneira que dissemos que resolver um conflito apelando a um amor descontextualizado é uma má estratégia, dizemos agora que a violência sempre é um mal caminho para resolver os conflitos e que sua presença em uma relação amorosa é ainda pior. Com ou sem amor, a relação com um indivíduo que administra seus conflitos pessoais com violência sempre é dolorosa, destrutiva e inaceitável, e portanto a compreensão dos processos psicológicos do agressor não deve mascarar a necessidade de repelir energicamente os comportamentos violentos.

Uma vez mais, queremos insistir no fato de que recordar, pensar e escrever uma experiência conflitiva implica um processo reconstrutivo que envolve o passado e o presente, de tal modo que o ato de escrever dá lugar a uma interpretação do conflito que não é uma cópia fidedigna da interpretação elaborada enquanto o conflito ocorreu. A interpretação da experiência sempre é subjetiva. A partir do ato de recordar, pensar e escrever, nossos sujeitos reviveram circunstâncias que lhes resultaram conflitivas e, do presente daquela escritura, cada indivíduo realizou uma síntese original na qual enlaçou o passado e o presente. Nesse sentido, podemos dizer que seus escritos são cristalizações, pontuais e criativas, de um passado assimilado de um determinado presente (Piaget, 1968) e que, portanto, oferecem uma visão das marcas do passado naquele presente.

55. Primeiro conflito: "É uma pena não conseguir se livrar dessa situação"

Primeira fase

> Eu o conheci em uma festa popular de meu povoado. Ele era atencioso e muito carinhoso, fazia tudo aquilo que sabia que eu gostava e eu me sentia no paraíso. Quando estávamos saindo havia dois anos, me propôs que fôssemos morar juntos e eu aceitei, embora meus pais se opusessem. Mas eu estava contente e acreditava que minha felicidade dependia disso.

Ao começar seu relato, Mercedes pôs no papel a felicidade que sentiu na primeira fase de sua relação amorosa. A quase totalidade dos elementos que mencionou e dos significados que depositou neles configura um modelo centrado na atração que os unia e na percepção dos aspectos positivos de seu parceiro. A atitude de seus pais, único dado discordante dos demais, não foi suficiente para que ela levasse em consideração outros dados que servissem de contrapeso à idealização de seu companheiro. Mediante esses dados e significados, ela foi tecendo uma trama relacional que a conduzia para a aceitação da proposta do rapaz. Consequentemente, com sua forma de relacionar e organizar todos esses significados, e de ignorar outros que os pudessem contradizer, foi morar com ele porque acreditava que dessa maneira se aproximava mais de sua felicidade.

Entretanto, como veremos a seguir, a exaltação de nossa protagonista não a levou ao porto desejado.

Segunda fase

Alugamos um apartamento e começamos a viver juntos. A partir desse momento ele mudou completamente. Começou a me tratar como uma empregada que tinha de cuidar da casa, preparar a comida e fazer amor quando ele quisesse. Eu me sentia muito mal, não entendia o que tinha acontecido, mas achava que era situação passageira e que tudo voltaria a ser como antes depois do primeiro período de adaptação à vida em comum. Mas o tempo passava e, em vez de as coisas mudarem, tudo piorava. Ele chegou inclusive a me bater em mais de uma ocasião, deixando meu rosto marcado. Depois de me agredir, trazia flores e presentes e pedia que eu o perdoasse. Quando eu lhe dizia que não o suportava e que iria embora, ele chegava inclusive a chorar e dizia que não conseguia se controlar, que aquilo não voltaria a acontecer, embora eu fosse culpada porque o provocava. Ele me pedia que o ajudasse e que ele mudaria se eu estivesse a seu lado. O curioso é que cheguei a sentir que ele dependia de mim, eu me sentia responsável por ele e por tudo o que estava acontecendo. Eu tinha de cuidar dele, me sentia ligada a ele e achava que, apesar de tudo, ele me amava, que sem ele eu não poderia ser feliz. Achava que eu também era responsável pelo que ocorria e isso fazia me sentir culpada e com a obrigação e a responsabilidade de que tudo corresse bem. Inclusive depois de me bater, eu continuava o amando. Por isso acabava o perdoando uma e outra vez, pensando sempre que não tornaria a acontecer.

Eu sabia tudo o que se começava a dizer dos maus-tratos, mas achava que meu caso não era um desses que apareciam na televisão, o que ocorria comigo era diferente porque, quando se está dentro de uma história assim, é diferente de ouvi-la de fora, é preciso vivê-la, e eu não desejo isso a ninguém, porque é uma pena não conseguir se livrar dessa situação.

Deste fragmento abstraímos um modelo cujos elementos relevantes do comportamento do rapaz são os seguintes: ele a usava como empregada e para fazer amor quando desejava; arremeteu física e violentamente contra ela em várias ocasiões, e depois pedia perdão e trazia algum presente. Além de mencionar esses fatos, nossa relatora disse que Fernando interpretava seu comportamento como o resultado de uma incapacidade de se controlar e que, por sua vez, considerava que suas próprias dificuldades de autocontrole significavam que ela era culpada por tudo o que acontecia.

Com relação a si mesma, mencionou o amor que sentia por ele; a crença de que sem ele não poderia ser feliz; sua incapacidade para deixá-lo; sua culpa; a responsabilidade de cuidar e ajudar seu companheiro; e a consciência de seu mal-estar emocional. E, em outro registro, falou da informação de que dispunha acerca dos maus-tratos às mulheres.

Em seu desejo de compreender e explicar como havia suportado durante mais de um ano essa situação, foi acrescentando novos significados à sua conduta, de tal modo que o atual significado esclarecia o anterior e, por sua vez, suscitava a necessidade de adicionar novos significados ou de voltar a um anterior para relacioná-lo com outro novo. Mediante esse jogo dinâmico de associações sucessivas, ela foi organizando uma rede de relações que a levavam à conclusão de que não podia deixá-lo porque: a) ele não podia se controlar; b) ele dependia dela; c) ela o amava; d) ela era culpada pelo que acontecia; e) ela era responsável por sua violência; f) ela devia ajudá-lo; g) sem ele não seria feliz.

A coerência e fortaleza de seu sistema interpretativo resistiram aos embates de quem desejava ajudá-la. Nem as palavras de seus pais e amigas nem os discursos sociais sobre os maus-tratos conseguiram desestabilizar a organização de uma trama relacional na qual os distintos significados de cada elemento ocupavam um lugar específico e ao mesmo tempo se relacionavam com todos os demais. A confrontação entre sua forma de interpretar a experiência e as opiniões alheias a levaram a ver as pessoas que desejavam ajudá-la como inimigos. Por outro lado, sua capacidade de negar tudo quanto ouvia e via a protegeu dos discursos sociais. Porque, como Mercedes disse, "quando se está dentro de uma história assim, é diferente que ouvi-la de fora, é preciso vivê-la, e eu não desejo isso a ninguém, porque é uma pena não conseguir se livrar dessa situação".

Mas a capacidade de negar os maus-tratos tem limites e finalmente Mercedes acabou vendo e ouvindo aquilo que não desejava ver nem ouvir.

Terceira fase

Meus pais se deram conta muito antes de mim de como Fernando era, mas eu não quis lhes dar atenção, estava cega e não ouvia nada que pudessem dizer contra ele. Eles se deram conta disso e agiam com muito tato para que eu não me afastasse deles. Graças a isso pude falar com minha mãe pouco a pouco, dizendo a ela que as coisas não iam bem, mas não lhe explicava exatamente o que ocorria. Um dia em que havia combinado de vê-la, antes de sair tive uma discussão com Fernando e ele me maltratou. Ao ver minha mãe, não pude me conter e contei tudo a ela; me disse que na casa dela haveria sempre um quarto para mim. Ainda demorei algum tempo até que recuperei minha liberdade, mas agora contava com a ajuda de meus pais, que nunca me pressionaram, estiveram sempre ao meu lado.

Eu estava desesperada e triste, não tinha vontade de nada nem força para lutar, minha relação com ele era como uma luz intermitente que se acendia e se apagava. Meus pais continuavam me ajudando e trabalhando comigo para que eu saísse daquele momento tão cinzento.

Uma noite, quando vi que ele começava a ficar agressivo, fui embora correndo quando tive uma oportunidade. No dia seguinte, quando meus pais me acompanharam ao apartamento, pegamos minhas coisas e eu fui embora para não voltar mais. Estava esgotada de viver, e não tinha vontade de fazer nada. O processo que continuou posteriormente foi longo e trabalhoso, mas no final pude recuperar as rédeas de minha vida.

A última fase do conflito se encerra com palavras que são ilustrativas do que ela considerou que era uma boa resolução do problema: "pude recuperar as rédeas de minha vida".

A ajuda sutil de seus pais, contar à sua mãe sobre a dor que sentia e a situação em que se encontrava, o apoio da mãe, as discussões com Fernando, sua nova agressão são os dados que significaram para ela desespero, tristeza, esgotamento, perda de impulso vital. A partir desse estado emocional, Mercedes foi elaborando uma imagem da relação que se apresentou à sua mente como "uma luz intermitente que se acendia e se apagava". Com todos esses elementos e significados, foi realizando um processo pessoal que ela mesma qualificou de lento, longo, trabalhoso, efetivo e graças ao qual conseguiu recuperar as rédeas de sua vida.

Como a dominação pôde se imiscuir na mente dessa jovem?

Seu próprio relato nos ajuda a compreender alguns aspectos dos processos que tornaram factível a aceitação do comportamento abusivo. Por um lado, ela amava seu parceiro, pensava que sem ele não poderia ser feliz. Seu companheiro tinha todas as características do amor romântico. Por outro lado, Fernando se liberou de sua culpa e atribuiu a ela a responsabilidade da violência. A aceitação dessa responsabilidade e seus sentimentos amorosos fizeram que Mercedes configurasse seu vínculo nas areias movediças do cuidado. Se ela amava Fernando e este não podia se controlar sem sua ajuda, ela devia ajudá-lo. Essa concepção amorosa se viu reforçada pelo fato de que, depois de cada crise, Fernando lhe pedia perdão e lhe trazia presentes, o que, de certo modo, reafirmava a expectativa de Mercedes de que ele acabaria superando sua violência.

O encadeamento desses processos teve repercussões muito destrutivas para o casal. O sujeito violento se instalou no exercício de uma violência que o encerrou em um círculo vicioso do qual não soube sair. Por um lado, sua violência lhe dava uma imagem varonil de poder, ele era forte e tinha o poder de castigar, reprimir ou premiar. Mas, por outro lado, não sabia ou não queria controlar sua violência e, para que a pessoa a qual castigava o aceitasse, justificava-se com sua falta de controle, com o que se tornava cada vez mais dependente da pessoa a quem queria dominar, e essa dependência retroalimentava sua necessidade de se reafirmar mediante o domínio.

O texto está centrado na descrição do comportamento de Fernando e em como Mercedes interpretou esse comportamento, portanto carecemos de indicações sobre os significados que Mercedes acreditava que Fernando dava a seus próprios sentimentos amorosos. O que fica claro é que o contexto relacional no qual ele pretendeu situar esses sentimentos levou-o à sua violência e o impediu de se dar conta de que ela passou da sensação de estar no "paraíso" a comparar sua relação com uma luz intermitente. Ao final deste capítulo, insistiremos na ambivalência dos sujeitos que exercem a violência com seu parceiro amoroso; perguntaremos o que os torna cegos à distância que seus pares vão estabelecendo entre eles e a pessoa que arremete contra eles, e defenderemos a ineludível necessidade de introduzir mudanças sociais necessárias para erradicar a violência contra as mulheres.

No momento, apresentaremos novos casos com os quais iremos revelando distintas formas de viver e interpretar a violência.

56. Segundo conflito: "Para mim, ele era como uma droga"

Qualquer motivo, por mínimo que seja, é válido para que um indivíduo com um desejo desmesurado de domínio e posse provoque em qualquer momento uma crise de casal que lhe permita descarregar sua tensão e demonstrar seu poder. No caso que trataremos a seguir, o motivo é tão irrisório que parece impossível que um jovem tente justificar sua violência nos fatos aos quais aludiu.

Primeira fase

Meu namorado e eu estávamos deitados no sofá de sua casa, vendo televisão, e de repente ele foi até a cozinha e voltou com uma bandeja na qual havia batatas, azeitonas, pão, queijo e uma garrafa de vinho. Enquanto víamos um filme e eu tomava vinho, sem se dar conta, ele esbarrou em mim e o vinho caiu sobre o sofá. Ele começou a gritar como um louco. Ele me dizia: "Você viu o que fez? Eu já sabia que não podíamos comer na sala. Você é um desastre! Sempre deixa as coisas caírem. Você é uma porca que suja tudo! Além de ser desastrada, é egoísta. Só se preocupa com você e só cuida das coisas que são suas. Tudo o que é seu, você trata com muito cuidado! Veja como você trata sua moto, tenho certeza de que você nunca a sujaria comendo um sanduíche, e olhe o que fez com meu sofá!".

Dizia tudo isso em um tom muito furioso e com muita raiva. Eu lhe disse que sentia muito e que havia sido sem querer. Mas não adiantou nada; ao contrário, ele ficou ainda mais furioso, e cada vez insistia mais em que aquilo tinha acontecido porque eu não estava em minha casa e que eu era uma egoísta. Eu sabia que ele não estava certo, mas a verdade é que não sabia como enfrentar sua fúria. Além disso, me sentia mal porque pensava que, embora ele estivesse exagerando muito, talvez se eu tivesse tido mais cuidado não tivesse manchado o sofá.

Só porque tinha deixado cair, sem querer, um pouco de vinho sobre o sofá, estava me tratando como uma estúpida e uma estabanada. Além disso, era ele quem tinha me empurrado e também quem tivera a ideia de comer na sala!

A princípio, para mim estava muito claro que ele não tinha razão, mas à medida em que ele ia me criticando, comecei a duvidar de se ele realmente não tinha razão. Estava mais interessada em que ele parasse com seus ataques que em saber quem era o bom e o mau; a verdade é que eu já não podia evitar mais a tensão que se formava ao vê-lo tão exaltado contra mim. Naquele momento, via o ódio e a raiva que ele tinha contra mim pelo que eu havia feito. Sentia-me muito mal com ele porque estava me atacando e comigo mesma por ter derramado o vinho.

Por mais que dissesse que sentia muito, ele continuava me tratando mal. Minhas palavras lhe entravam por um ouvido e saíam pelo outro. Estava desesperada porque já não sabia que outras coisas podia fazer e dizer para que ele visse como eu estava arrependida. Mas ele continuava me tratando muito mal. Eu me dava conta de que naquele momento ele me odiava e eu estava disposta a fazer qualquer coisa contanto que ele me perdoasse e voltasse a me amar, era incapaz de suportar a dor ao ver em seus olhos indignação e repúdio.

Depois de lhe pedir desculpas vinte e cinco vezes, ele continuava fazendo-se de durão e me tratando como uma estúpida. Eu me sentia com raiva, triste, decepcionada e impotente. Já não sabia mais o que fazer ou dizer, já não entendia o que ele esperava de mim. O que mais eu podia fazer? Eu sabia que estava apaixonado por mim. Mas cada vez que eu tentava lhe dar um beijo, ele me afastava, quando lhe pedia perdão, me insultava e quando tentava mudar de assunto, me levava de novo à discussão. Como quase sempre que discutíamos, ele continuou se fazendo de ressentido, vendo o filme em silêncio e depois quis fazer amor comigo como se não houvesse acontecido nada. O mais normal teria sido me negar, mas a verdade é que depois de ter feito isso em discussões anteriores, não considerava que fosse a melhor opção. Quando eu me aborrecia, ele me dizia coisas que me machucavam ainda mais e a situação conflitiva durava mais e com maior ressentimento.

Nesse fragmento, há uma forte desproporção entre a atenção dada aos fatos observáveis e a prestada aos estados emocionais do casal. Como dados de conduta figuram: a proposta do rapaz de comer na sala, vendo um filme; a queda do vinho; a violenta reação dele diante deste fato; a resposta dela à agressão de seu companheiro; e, finalmente, o ato de "fazer amor". Como dados não observáveis, figuram os estados internos de cada protagonista.

O simples fato de que Rosa tivesse derramado vinho recebeu um significado tão negativo por parte de Javier que este a tachou de "egoísta, culpada, porca, desastrada e estúpida". Por sua vez, esses significados geraram nele um determinado comportamento em que ela identificou o reflexo da "fúria, raiva, ódio, indignação, repúdio e dureza".

Em sua recordação, foram momentos de uma intensa atividade emocional que lhe produziram a vivência de que seus atos careciam de importância e que, independentemente de qualquer coisa que ela fizesse, ele continuaria projetando nela características muito negativas. Evocou como naqueles momentos foi se sentindo tão "desgraçada, estúpida, estabanada, desesperada, raivosa, triste, tensa, decepcionada, rebaixada, criticada e impotente" e recordou que em vários momentos acabou aceitando parcialmente uma culpa que no início havia negado. Como se fosse pouco, essa complexa interação de estados cognitivo-emocionais foi presidida pelo convencimento de que ele estava apaixonado e pelo desejo dela de "fazer qualquer coisa contanto que ele voltasse a amá-la". Daí que concedesse mais importância a entrelaçar os significados emocionais dos atos que à descrição dos mesmos. A forma que teve de organizar esse universo de significados a levou à conclusão de que, se não queria aumentar sua dor, era melhor aceitar a situação. Mas, como veremos a seguir, a manutenção desse vínculo se tornou insuportável.

Segunda fase

Ele era muito apaixonado por mim. De fato, ainda é, mas eu dei um basta.

Para mim, ele era como uma droga. Eu tinha consciência do mal que me fazia e de como quase sempre me sentia infeliz a seu lado; mas o certo é que me via incapaz de deixá-lo. Eu o odiava, mas ao mesmo tempo necessitava dele. Não era muito dado a manifestar seus sentimentos, e quando me mostrava seu carinho eu me sentia muito feliz. Eu sabia que me amava, mas tinha um problema muito grande com as pessoas que mais amava, por isso me fazia sofrer.

Ainda me lembro de como fiquei feliz no dia em que voltávamos de carro de Granada e enquanto ele dirigia pegou minha mão. Eu recebia tão poucas manifestações de carinho que naquela ocasião me senti como uma rainha. Mas para mim sua falta de carinho era compensada pelos arroubos de paixão que nossas discussões despertavam e que me produziam uma autêntica revolução hormonal. Isso cria um estado de altos e baixos que acaba sendo viciante. Quando você já provou a droga, quer mais e mais, embora depois saiba que vomitará e se sentirá mal e que está se matando. Eu me identifico muito com o caso da mulher maltratada do filme *Pelos meus olhos*. Demorei muito para enxergar, mas agora que o fiz não voltarei a cair na armadilha.

Talvez a maior diferença entre antes e agora é que antes eu acreditava que precisava dele e realmente o amava com loucura e temia que me deixasse. Agora sei muito bem que não quero estar com uma pessoa assim por nenhum ouro do mundo.

A maior parte dos elementos dessa fase do conflito já estava presente na fase anterior. A novidade consiste fundamentalmente nos significados que Rosa deu a esses mesmos elementos e na forma que teve de relacioná-los e organizá-los.

Como dados relevantes, temos as disputas seguidas de rajadas de paixão que Rosa interpretou como agentes causais de seu vício. Ela continuou vendo Javier como alguém problemático, apaixonado e pouco dado a se mostrar afetuoso. Por sua vez, recordou a si mesma como infeliz, carente de afeto, consciente de que o amava e ao mesmo tempo o odiava, em plena revolução hormonal, e necessitada dele até o ponto de estabelecer uma similaridade entre seu estado emocional e o vício às drogas.

Se compararmos esses elementos e significados com os da fase anterior, vemos que sua principal diferença reside no fato de que, no relato deste período, não figuram sentimentos de culpa, responsabilidade e incapacidade de deixá-lo; sentimentos aos quais, na descrição das primeiras fases de sua relação, havia dado um lugar de destaque. Liberada desse lastro, fez uma interpretação muito distinta do vínculo. Tanto é assim que identificou e nomeou os maus-tratos da etapa anterior e definiu a relação como uma armadilha.

Síntese

Um pequeno incidente doméstico, que ela havia causado de maneira involuntária, deu lugar a uma violência totalmente desproporcionada de Javier. A magnitude de insultos, críticas e atribuição de culpa que lançou sobre sua companheira denota sua necessidade de se reafirmar à custa da afirmação dela.

Essa violência fez Rosa experimentar uma sucessão de estados emocionais tão distintos que Javier esteve a ponto de alcançar o domínio que tão ansiosamente desejava. Recordemos algumas palavras de Rosa: "A princípio, para mim estava muito claro que ele não tinha razão, mas à medida em que ele ia me criticando, comecei a duvidar de se ele realmente não tinha razão. [...] eu estava disposta a fazer qualquer coisa contanto que ele me perdoasse e voltasse a me amar, era incapaz de suportar a dor ao ver em seus olhos indignação e repúdio".

Por que Rosa estava disposta a renunciar à sua identidade como sujeito em troca de conservar o reconhecimento de Javier?

Como disse a garota do conflito anterior, uma visão externa dos maus-tratos não é suficiente para ver a intensidade e diversidade de vivências que geram a violência, quando essa violência procede do companheiro. Rosa estava convencida de que Javier a amava. Suas discussões eram intensas e se resolviam com rajadas de paixão que acabavam sendo viciantes. "Quando você já provou a droga, quer mais e mais, embora depois saiba que vomitará e se sentirá mal e que está se matando", disse Rosa.

O texto de nossa protagonista é o resultado de um processo complicado no qual ela foi introduzindo fatores de índole diversa: os sentimentos amorosos, o ódio, a dependência, a paixão, a culpa, a crença nos problemas pessoais de Javier e a violência. A forma que teve de relacionar e organizar esses elementos reflete as trilhas tortuosas de um vínculo afetivo em que buscar a cooperação amorosa tomou o caminho de domínio e submissão.

57. Terceiro conflito: "Era como se ela não estivesse ali"

O paternalismo é uma forma disfarçada e encoberta de domínio. Sob formas aparentemente protetoras, a atitude paternalista de um despoja o outro da capacidade de participar na construção do vínculo como igual e distinto de seu par. Para apresentar o paternalismo como uma forma de violência psíquica, utilizaremos alguns fragmentos de um texto mais amplo no qual uma garota explicou sua reação diante do que ela viveu como um domínio disfarçado de paternalismo.

Primeira fase

Há quase dois anos, houve esse conflito com meu companheiro anterior. A princípio era como estar em um mundo fantástico, cheio de felicidade e alegria, você gosta de tudo da outra pessoa, está apaixonada e gosta de tudo o que a outra pessoa faz. Mas, quando fui conhecendo-o mais, cada vez suportava menos as situações em que ele demonstrava seu paternalismo.

Logo me dei conta de que ele se empenhava em pagar tudo. Quando íamos ao teatro ou ao cinema, ele comprava as entradas pela internet e evidentemente as pagava. Se íamos almoçar ou jantar, ele se encarregava de reservar a mesa em restaurantes caros e, naturalmente, ele pagava. Também pagava quando íamos a festas com seus amigos ou os meus. Supunha-se que eu devia ficar contente porque podia economizar, mas eu me sentia mal. Nunca gostei de depender de ninguém. Ele dizia que queria que eu fosse feliz e que gostava de fazer as coisas por mim. Enfim, por um lado eu devia estar agradecida a ele. Mas por outra parte eu não gostava de que ele decidisse por mim nem que me pagasse tudo. Eu também trabalho e podia me permitir alguns gostos, desde que não fossem tão caros como os dele.

Como elementos relevantes dessa narração sobressaem: a felicidade e alegria proporcionadas por sua paixão por um par no qual no início não viu nenhum defeito; o empenho do rapaz em pagar as entradas dos espetáculos, as idas a restaurantes e as saídas para festas; a diferença de recursos econômicos entre o casal; a preferência do rapaz por ir a restaurantes caros. Cada protagonista interpretou os dados à sua maneira; para Jorge, pagar era uma demonstração de que ele fazia as coisas para ela com prazer; no entanto, para Isabel esse mesmo fato tinha dois significados de signo distinto: por uma parte lhe produzia um sentimento de dependência e por outra parte lhe permitia economizar.

Em sua recordação, Isabel foi estabelecendo uma série de relações entre esses dados e significados que a levaram a contrapor as vivências que teve antes de perceber o empenho de Jorge em pagar e as que teve depois de saber que ele gostava de se comportar desse modo. Ou seja, ela foi organizando os elementos, os significados e as relações em uma comparação de diferentes vivências pessoais de sua própria relação e concluiu que cada vez suportava menos o paternalismo de Jorge.

O fragmento seguinte nos informará sobre a evolução de um conflito que Isabel contextualizou como paternalismo.

Segunda fase

A primeira vez que seus pais me convidaram para jantar me dei conta de que sua mãe era a empregada da casa, dependia dos gostos de seu marido. Ele era a voz cantante e ela a silenciosa, era como se ela não estivesse ali. Mais tarde lhe perguntei se ele achava que sua mãe se sentia feliz, se não lhe dava pena o modo como seu pai a tratava. Ele me respondeu que essa era a forma que seus pais tinham de viver e que sua mãe devia cumprir suas obrigações. Sua resposta me desagradou e nesse mesmo dia resolvi que não permitiria que ele continuasse dizendo aonde iríamos, nem que sempre pagaria meus gastos.

O jantar na casa de Jorge lhe deu oportunidade de observar o comportamento dos pais de seu companheiro. O impacto que esse comportamento lhe causou se reflete em um texto parco de elementos, acompanhados de um alto nível de significação. Da mãe, reteve que dependia dos gostos do marido e que não falava. Acerca do pai, limitou-se a expressar simbolicamente o significado que ela deu a seu comportamento, dizendo que "ele era a voz cantante e ela a silenciosa". A essa voz silenciosa, além disso, deu outros dois significados: a mãe era como uma empregada, era como se não estivesse ali. Outro dado importante do texto é a conversa que Jorge e Isabel tiveram em relação ao tratamento que o pai dava à mãe. De novo aparecem dois significados distintos em relação a um mesmo dado. Para ela era um fato penoso, enquanto para ele era o jeito de viver de seus pais e uma obrigação da mãe.

A diferença entre o significado que Isabel deu ao estilo de vida dos pais de Jorge e a que este lhe dava levou nossa protagonista a tentar modificar seu comportamento relacional.

No modelo dessa segunda etapa se acentuaram as diferenças de papéis masculinos e femininos, já presentes no modelo anterior, e a garota entrou na terceira etapa disposta a mudar sua anterior atitude relacional. Vamos conhecer o desfecho desse propósito.

Terceira fase

Minha nova maneira de ser causou muitos problemas. [...] A cada dia ele ficava mais nervoso e se aborrecia por qualquer coisa. Em uma discussão, me disse que eu não compreendia que ele era um homem e que tinha de se comportar como um homem. Eu lhe dizia que também gostava de colaborar nos gastos e propor aonde ir. Embora o desculpasse pela educação que havia recebido, não quis me adaptar ao seu machismo. Quando viu que já não podia me controlar da forma que queria, ficamos uns dias sem nos ver. Ele me ligava e me dizia que continuava apaixonado e que eu não o amava como ele amava a mim. No final decidiu procurar outra garota e eu fiquei muito mal.

Agora estou há meio ano saindo com meu atual companheiro, e já no primeiro dia lhe contei o problema que havia tido com meu namorado e ele me deu razão.

O modelo desse fragmento é formado por três elementos: a nova atitude de Isabel, as reações de Jorge à mudança e uma solicitação amorosa. A disparidade de significados que, já de entrada, o casal atribuiu a esses elementos marcou uma dinâmica na qual os significados de um dado atuavam depois como elementos que recebiam novos significados e assim sucessivamente. Com efeito, a mudança da garota significou para ele que sua companheira impunha limites à sua masculinidade e não a compreendia, o que lhe provocava um estado constante de nervosismo e aborrecimento. No entanto, para Isabel sua nova maneira de se situar era apenas uma consequência do interesse que tinha em manter uma relação mais equitativa, cujo índice externo se concretizava em seu interesse por participar nos gastos e no planejamento dos passeios. Essa disparidade de significados deu lugar a resistências do rapaz que ela interpretou como sequelas de uma educação sexista, o que fez o casal ficar alguns dias sem se ver. Nem essa separação momentânea levou Jorge a mudar de atitude, nem sua solicitação amorosa levou Isabel a aceitar a relação como ele a desenhou.

58. A violência nas relações amorosas

A dinâmica relacional dos conflitos que apresentamos neste capítulo demonstra alguns traços em comum. As três garotas viveram um período de insegurança diante do comportamento de seu companheiro, as três tentaram superar sua insegurança estabelecendo certa cumplicidade com seu agressor e, por último, acabaram repelindo, clara e energicamente, o abuso de poder ao qual seus companheiros as submetiam. Essas similaridades adquirem mais força caso se leve em consideração o que as diferenças que as acompanham envolvem, tanto em nível de gravidade das agressões das quais foram objeto quanto as formas que os comportamentos dominantes de seus companheiros adquiriram. Consideremos, embora brevemente, esse trajeto e perguntemos por que os rapazes necessitaram realizar contínuas exibições de poder, e por que custou tanto a elas se livrar da humilhação e do abuso.

A biologia pode, por si só, explicar de maneira satisfatória uma dinâmica relacional sustentada no domínio masculino e na submissão feminina? Os mitos e os rótulos culturais são suficientes para canalizar o comportamento de uns e outras em direção a uma bipolaridade genética? Para encontrar uma explicação satisfatória é necessário considerar a interação entre a cultura, a biologia e os processos psicológicos? Com essas perguntas em mente, avancemos para a compreensão das interações amorosas.

A prática de uma relação amorosa cria contextos intersubjetivos, dinâmicos e complexos que estimulam o intercâmbio de influências entre seus membros. O vínculo amoroso é uma obra na qual participam duas subjetividades. Cada uma projeta na outra uma parte de si mesma e é receptora das projeções desta; cada pessoa traz para a relação sua idiossincrasia pessoal e sua própria maneira de viver os pensamentos, sentimentos e ações de seu parceiro. Portanto, estamos falando de um intercâmbio contínuo e profundo de influências que não pode ser explicado com base na idiossincrasia de um único indivíduo, posto que cada parte responde às incitações da outra em função de sua idiossincrasia pessoal.

Se partirmos da ideia de que todo comportamento de um indivíduo expressa seu desejo de ser reconhecido como sujeito, devemos dirigir nosso olhar aos desejos subjacentes às ações de cada indivíduo. Os rapazes dos três conflitos acreditavam ter o direito de impor sua vontade, e resistiam a modificar sua conduta porque, mediante seu comportamento, esperavam realizar seu desejo de que suas companheiras os reconhecessem e valorizassem como sujeitos que tinham o poder de possuir a autoridade relacional. Para eles, o conflito não residia em sua violência, mas no comportamento "incorreto" de um casal que, pondo em dúvida sua autoridade, lhes privava do prazer de exercer e demonstrar seu poder.

Por seu lado, as garotas tinham desejos relacionais próprios e aspiravam a desempenhar um papel ativo em um projeto comum. A tomada de consciência de que seu companheiro queria despossuí-las de uma parte importante de sua subjetividade, em um primeiro momento, as levou a buscar uma cumplicidade com o agressor. Essa cumplicidade tinha para elas a vantagem de lhes permitir cumprir com alguns ideais que, agrupados sob a epígrafe do "amor", a cultura deposita nas mulheres. Entre esses ideais se encontram: ser objeto da paixão do outro, a garantia da conservação do vínculo, e sujeito cujo desejo de ajudar e apoiar seu par o leva a priorizar os interesses do parceiro acima dos próprios; sujeito que se sacrifica e minimiza a violência de que é objeto. Todos esses ideais são subterfúgios que a cultura oferece às mulheres para que se amparem na ilusão de que a hierarquia entre os sexos não lhes impede de participar na criação do vínculo, em igualdade com seus companheiros. O desejo de conservar uma relação amorosa com um companheiro agressivo parece se apoiar na ideia de que quem recebe os maus-tratos deve se sacrificar e se mostrar solidário com um parceiro que age dessa forma devido à sua problemática interna: insegurança, debilidade, incapacidade de autocontrole e/ou graves transtornos psicológicos etc. A ajuda ao agressor evidencia uma articulação confusa e desconexa entre o desejo de: a) situar o vínculo acima de tudo, inclusive da dignidade e do bem-estar da pessoa agredida; b) negar a conflitividade do parceiro projetando nele uma série de qualidades que não possui; c) minimizar a violência; d) fundir-se com a pessoa dominante e desse modo adquirir uma parte de seu poder etc. Ou seja, a cumplicidade com o agressor supõe um percurso por zonas pantanosas que impede tanto o desenvolvimento de si mesma(o) quanto o encontro de si e do(a) outro(a), como sujeitos iguais e soberanos.

O enfoque teórico de Jessica Benjamín (1995) nos oferece uma explicação psicológica das relações de domínio e submissão. Para ela, uma pessoa sente que "eu sou aquele que faz, eu sou o autor de meus atos", por estar com outra pessoa que reconhece seus atos, seus sentimentos, suas intenções, sua existência e sua independência.

A harmonia de um vínculo amoroso requer a construção de um equilíbrio baseado no reconhecimento de que o outro tem uma existência própria, de que existe por ele mesmo. Os casais que apresentamos neste capítulo encontraram obstáculos que impediram o rápido fluir do reconhecimento de sujeito a sujeito, em um caminho de ida e volta. Nenhum de seus personagens conseguiu o reconhecimento de seu parceiro. Os homens pretendiam alcançar o reconhecimento mediante um desdobramento de sua autoafirmação, o que os levou à perda do vínculo, ou seja, ao menosprezo do reconhecimento que desejavam. Elas, para alcançar o reconhecimento, transformaram a ideia de "executor de seus próprios atos", limitando-a à de "executor da aceitação dos atos do outro" e as respostas que receberam do outro as levou a tomar a iniciativa de romper a relação.

Quase todos nossos sujeitos dedicaram os primeiros parágrafos de seu texto à criação de uma imagem brilhante de seu parceiro e também quase todos os textos que acabam com a ruptura da relação detalham os processos que acabaram com suas esperanças. "A imagem brilhante do amado durante o período de paixão configura um forte contraste com a imagem negativa e opaca que surge com a desilusão" (Beck, 1990). O paradigma do amor romântico não dá lugar aos defeitos ou debilidades do outro. O deslumbramento diante desse outro idealizado costuma durar até que as dificuldades relacionais acabem com o resplendor de um sonho muito querido. Porém, nas relações em que ocorrem episódios de violência, o despertar do sonho, a passagem da satisfação à máxima insatisfação é enormemente doloroso. Os sofrimentos que as garotas dos dois primeiros conflitos deste capítulo suportaram não são comparáveis com os vividos por nenhum dos outros casais que apresentamos. Antes de se resignar a mudar a imagem desse outro, inicialmente idealizado, pela imagem de um maltratador, necessitaram chegar ao fundo do poço.

As estruturas sociais e as imagens culturais sexistas são parcialmente responsáveis pelos comportamentos que acabamos de comentar, mas nossos sujeitos foram totalmente responsáveis por perpetuar as diferenças de poder nas relações íntimas. Todos os setores encarregados da educação formal e informal da infância e da juventude têm responsabilidade de levar muito a sério como devem intervir para prevenir as atitudes que possibilitam tanto os maus-tratos quanto sua aceitação.

11
Cooperação e conflitos amorosos

> Tristes armas se não são as palavras.
>
> Miguel Hernández

59. Autoafirmação e reconhecimento

A relação de casal constitui um espaço privilegiado para o desenvolvimento de processos interativos entre duas pessoas envolvidas em uma complexa estrutura de ideias, pensamentos, opiniões e sentimentos. Nela se experimentam os sentimentos amorosos como um saber vinculado ao viver, como uma inteligência que é ao mesmo tempo emocional, relacional e cognoscitiva, como uma energia geradora de uma intimidade idônea ao exercício da cooperação.

Dar vida a uma história compartilhada requer o exercício de práticas relacionais que, de vez em quando, deem resposta às tensões nascidas entre duas subjetividades comprometidas na criação de uma história comum. A harmonia de uma relação sentimental pressupõe o desenvolvimento de uma estrutura interativa que inclua e respeite a idiossincrasia de seus membros. O paradigma do amor romântico elimina a singularidade dos indivíduos e os arrasta para um jogo de idealizações em que cada um vê no outro aquilo que deseja. A passagem da singularidade à pluralidade ocorre mediante um jogo de equilíbrios mutantes entre a escuta de si e a escuta da outra pessoa, entre a conservação e a mudança. Na concepção romântica do amor não se compartilha a experiência porque, ao idealizar a outra pessoa, não a reconhecemos como sujeito.

A criação de um vínculo de casal requer que cada sujeito reelabore o equilíbrio pessoal, que foi construindo desde o início da vida para, desse modo, poder compartilhar com seu parceiro a ampla variedade de experiências que vão configurando sua relação. É inevitável que neste caminho surjam desavenças, em cuja resolução pode acontecer que se abram a um intercâmbio mútuo de opiniões e influências ou que, pelo contrário, uma parte se empenhe em se impor à outra.

Jessica Benjamín explica a inter-relação entre o si mesmo e o outro significativo com estas palavras:

> Uma pessoa chega a sentir que "eu sou o executor de meus atos" por estar com outra pessoa que reconhece seus atos, seus sentimentos, suas intenções, sua existência, sua independência. O reconhecimento é a resposta essencial, a companhia constante da afirmação. O sujeito declara "eu sou, eu faço" e aguarda como resposta "você é, você faz". De modo que o reconhecimento é reflexo e não só inclui a resposta confirmatória do outro, mas o modo como nos encontramos nessa resposta.

Somos seres sociais e necessitamos que outras pessoas nos reconheçam como sujeitos criadores de nossas vidas. Justamente as necessidades de autoafirmação e reconhecimento são a vertente mais interna do desejo de abrir nossa subjetividade àquelas pessoas que ocupam um lugar relevante em nossa vida.

Jessica Benjamín situa no centro do desenvolvimento a constante realização de equilíbrios dinâmicos entre as necessidades de se autoafirmar e receber o reconhecimento do outro. No casal sentimental, ambas as necessidades estão presentes nos dois indivíduos, e cada um deles experimenta a necessidade de se autoafirmar e de que o outro o reconheça e valorize. O bem-estar pessoal e relacional depende do tipo de equilíbrio que estabeleçam entre essa estrutura de forças.

Nosso âmbito social exalta o amor romântico e diminui as oportunidades de mostrar o prazer resultante da manutenção de uma relação equitativa entre dois sujeitos que sabem que são iguais e diferentes. As experiências vividas e escritas por jovens de ambos os sexos ilustram suas dificuldades para se afastar do romantismo amoroso. Seus textos explicam como tomaram consciência de seus conflitos e como empreenderam uma busca de possíveis soluções. Em muitos de seus relatos detectamos dificuldades tanto para comunicar suas vivências pessoais como para praticar a escuta ativa de seu parceiro, e constatamos que, na maioria dos casos, tentavam suavizar esses problemas, ocultando sob a onipotência do "amor" aquilo que só podia ser resolvido com uma concepção mais ampla da relação amorosa. O percurso conjunto de um caminho que permita entrelaçar sonhos e realidade requer muito mais que as utopias de um amor descontextualizado e capaz, por si só, de superar as dificuldades vividas no cotidiano.

A cooperação no seio do casal sentimental dá lugar a uma ampla variedade de matizes e estilos relacionais. Depende da forma que cada pessoa tem de se posicionar na relação que o equilíbrio, sempre móvel, do casal se ampare na mútua confiança e no respeito às suas diferenças pessoais ou, pelo contrário, que se sustente em uma ordem hierárquica com o consequente predomínio de uma das partes.

Quando um membro de um casal se polariza em sua autoafirmação, só pode aspirar à ruptura da relação ou à submissão de seu par. Com a imposição, o máximo que pode alcançar é a obediência, mas não o reconhecimento. Portanto, o estratagema de recorrer ao amor para nele esconder o descomedimento da autoafirmação é um remendo que se mostra ineficaz para solucionar a problemática relacional. Sob outra perspectiva, podemos dizer que esse ardil é a concretização de um egocentrismo ético que trataremos no tópico seguinte.

O desequilíbrio entre a autoafirmação e o reconhecimento dá lugar a um amplo leque de manifestações de condutas. Umas adoecem de um excesso de autoafirmação, e em outras a demasia está na renúncia. Em nosso trabalho, constatamos que a primeira opção é mais frequente entre os rapazes que entre as garotas, e que na segunda opção ocorre o contrário. No tópico sobre a cultura de gêneros relacionaremos esses dois desequilíbrios com o sexismo e defenderemos a necessidade de proporcionar a garotas e rapazes uma formação que os prepare para atender o paradoxo do qual Jessica Benjamín fala:

> Talvez o paradoxo mais decisivo seja aquele baseado em nossas necessidades simultâneas de reconhecimento e independência: o fato de que o outro sujeito está fora de nosso controle e, no entanto, necessitarmos dele. Acolher esse paradoxo é o primeiro passo para desenredar as cadeias do amor. Isso não significa anular nossos laços com os outros, mas desemaranhá-los; que não sejam grilhões, mas circuitos de reconhecimento.

60. Ética e conflitos

A diversidade de paisagens humanas pelas quais transitamos nos incita a interagir com códigos éticos que se ajustam à função que cada âmbito desempenha no sistema social do qual faz parte. Sob o pano de fundo das experiências amorosas conflitivas, ou seja, dentro de um determinado âmbito social, nosso trabalho nos deu a possibilidade de identificar uma ética incorporada ao vínculo sentimental de casal.

Neste tópico, comentaremos brevemente duas características presentes na maior parte dos relatos que recompilamos ao longo de muitos anos. Mas antes queremos enfatizar que as pessoas que participaram desta pesquisa estavam cursando distintas universidades do Estado espanhol, ou seja, tinham um bom nível cultural e não apresentavam sinais de desequilíbrio emocional, portanto nos parece aceitável tirar algumas conclusões gerais sobre os aspectos comuns de suas narrações.

Cada conflito explica a experiência amorosa da pessoa que escreveu o texto. Em quase todos eles se descrevem os esforços que o relator ou a relatora fizeram para tentar mudar o outro, para modificá-lo, para convencê-lo de que a única atitude correta era a sua. Também, em quase todos se notam os corajosos esforços do parceiro para situar o injusto, o incorreto no outro lado da balança. Dito de outra maneira, a maioria dos protagonistas parte da crença de que a razão está do seu lado, de que é o outro quem deve mudar. Em nossa opinião, desse traço comum se pode tirar a conclusão de que, nas situações conflitivas, cada indivíduo tende a se atribuir a razão e a privar dela seu parceiro.

Se as pessoas costumam acreditar que ter razão é sinônimo de agir com justiça e usam a razão em defesa de seus interesses, parece-nos óbvio que estão fazendo uma leitura positiva não apenas de seu comportamento, mas também dos desejos e interesses que o motivam. Disso se deriva que, de maneira consciente ou não, estabeleçam uma ligação entre a ética e os desejos, necessidades e interesses que sustentam as estratégias utilizadas na resolução dos conflitos. O fato de que a autoavaliação positiva esteja acompanhada de um juízo negativo da conduta da outra pessoa nos inclina a pensar que vivem os conflitos não só como obstáculos para a consecução dos objetivos concretos em litígio, mas também como uma possível desestabilização dos princípios éticos nos quais fundamentam sua própria conduta. Em nossa opinião, lhes parece tão fundamental chegar a uma solução que não danifique sua imagem pessoal como alcançar os objetivos desejados.

Mas as similaridades entre os dois mil conflitos recompilados não terminam aqui. A maioria das garotas e dos rapazes, além de descrever uma arbitragem tendenciosa que lhes concede a razão e priva dela seu par, compartilha outro padrão que consiste em relembrar o início do vínculo amoroso como se ambos desejassem, sentissem e pensassem o mesmo. Esse paraíso idílico se desvanece quando, de maneira imprevista, tropeçam com um conflito que faz desmoronar sua suposta comunhão de interesses.

No início da paixão, cada sujeito vê no olhar do outro o reflexo de uma imagem de si altamente positiva e, por sua vez, age de espelho no qual o outro se encontra revestido de qualidades também positivas. O que ocorre com essa dupla possibilidade quando o espelho projetivo do casal se rompe? Cada protagonista se esforça em conservar uma autoimagem satisfatória e em atribuir as causas da situação ao egoísmo ou malevolência do outro. De onde surgem essas avaliações éticas tão negativas? Sem pretender negar a função que os hormônios têm na percepção da realidade, nós explicamos essa mudança de julgamento como uma consequência das diferenças existentes entre a representação, consciente e não consciente, da relação amorosa.

Já desde o início de sua paixão, os sujeitos protegem seu "amor" tratando de forma distinta os comportamentos que lhes desagradam daqueles de que gostam; enviam os primeiros às sombras do inconsciente e depositam os segundos no consciente. Desse modo, dão a si mesmos um período de latência durante o qual vão realizando uma escuta de vozes, inconscientemente silenciadas, que os prepara para assumir aqueles aspectos da relação que, a princípio, desejavam negar e/ou não se sentiam com forças para assumir.

A necessidade de um período de latência é facilmente compreensível se levarmos em consideração que, por uma parte, os sujeitos resistem a mudar suas primeiras representações do vínculo amoroso e que, por outra parte, o que denominamos consciente e inconsciente formam um contínuo pelo qual a mente do sujeito vai se deslocando nos dois sentidos. Para que os significados negativos alcancem uma maior permanência no consciente, é necessário que a gravidade ou a frequência das situações conflitivas tenham quebrado as resistências do sujeito a olhar aquilo que não deseja ver.

Greenberg e Paivio (2000) insistem na necessidade de não confundir sentimentos e conduta:

> Ao aceitar os sentimentos, é importante reconhecer que, embora melhorem a preparação para agir, não são condutas. Assim, sentir raiva ou vergonha não é o mesmo que se comportar de maneira agressiva ou se desculpar. Os sentimentos implicam que a pessoa experimenta com os sentidos e se organiza para ações concretas, enquanto resolver implica que a pessoa age no mundo. Os sentimentos constituem uma experiência subjetiva; as condutas são externas e estão sujeitas à regulação social. Os problemas surgem quando se confundem sentimentos e condutas.

Estendemos as palavras de Greenberg e Paivio a todos os elementos responsáveis pela atribuição de significado, ou seja, às diversas formas de cognição e afetividade com as quais atribuímos significado ao comportamento observável. Por isso dizemos, seguindo e ampliando o discurso dos autores mencionados, que quando as pessoas tentam levar seus estados internos – isto é, seus pensamentos, sentimentos e desejos, conscientes e não conscientes – a se conformar aos códigos sociais, começam a ficar envoltos em manipulações e coerções que não são saudáveis nem para si mesmas nem para seus pares.

Por meio de atalhos e com a vontade obstinada, a repressão pretende resolver contradições que só podem ser solucionadas mediante movimentos de modificação de si. A meta não é a repressão dos estados internos não saudáveis, mas sua transformação, e para isso é necessário tomar consciência dos pensamentos, sentimentos e desejos para, desse modo, poder refletir sobre as causas desses estados internos e tratar de incidir sobre elas.

A ética da qual falamos é a dos atos e significados que, dia a dia, vão configurando os trajetos da relação; é a ética da tomada de consciência dos significados que cada parceiro atribui a seus atos e aos atos do outro. É uma ética comprometida na comunicação de significados para, desse modo, ir avançando em direção à construção conjunta de uma história compartilhada.

Se considerarmos a ética formal como um dos sistemas explicativos da conduta humana – e se soubermos que nos momentos mais críticos da situação conflitiva cada membro do casal não somente acredita ter razão, mas, além disso, emite julgamentos moralmente negativos do outro – é lógico pensar que a perspectiva ética e a perspectiva psicológica dos conflitos são duas leituras distintas, mas fundamentalmente coincidentes, de uma mesma história.

E, posto que as vertentes psicológicas e éticas da conduta humana estão intimamente relacionadas, acreditamos que, no campo da resolução de conflitos amorosos, a neutralidade só é possível quando se trabalham os aspectos psicológicos sem deixar de lado a equidade entre os sexos.

61. Sexo/gênero e conflitos

> O que cada pessoa acredita ser seu próprio gênero pessoal cultural implica uma extensão da ideia de que o gênero não pode ser entendido independentemente da cultura.
>
> Nancy Chodorow

A clássica contraposição entre os conceitos de "indivíduo" e "sociedade" dificultou a compreensão da relação indissolúvel, permanente e simultânea entre ambos os conceitos. Sua união está no ponto de partida dos processos de significação com os quais dotamos de sentido nossa experiência pessoal. As representações socioculturais do sistema sexo/gênero, inclusive as daquelas que frequentemente se mantêm na penumbra, foram o primeiro nutriente de nossas elaborações identitárias e são companheiras inseparáveis de nossa subjetividade.

A cultura patriarcal estabeleceu diferenças hierárquicas entre as pessoas de diferentes sexo, raça, *status* econômico, religião ou âmbito geográfico, situando os homens em uma condição superior à que colocou as mulheres. Hoje em dia, na ordem contemporânea das sociedades pós-industriais, a construção psicossocial da subjetividade se dá em contextos heterogêneos, nos quais as tensões entre ideais igualitários e ideais patriarcais são frequentes (Ferguson, 2003). Essas tensões têm um papel importante na resolução dos conflitos de casais heterossexuais.

Desde muito cedo nos servimos de estruturas e imagens forjadas com o significado sociocultural associado ao sexo/ gênero. A interação indivíduo/sociedade preside o uso individual de construções sociais. Cada indivíduo, em cada momento de sua experiência e de acordo com sua idiossincrasia pessoal, desenvolve um processo criativo no qual usa as representações culturais para significar suas vivências pessoais; a pessoa ultrapassa os limites da bipolarização cultural de gênero e cria sua maneira singular, específica, de ser mulher e homem. Esses processos psicossociais dão lugar a uma ampla variedade de identidades de gênero que, por sua vez, passam a adensar os significados culturais vinculados ao sistema sexo/gênero.

Considerar essas ideias na análise dos relatos de conflitos amorosos nos permitiu identificar a diversidade de masculinidades e feminilidades das que fala Chodorow. Ao explicar seus conflitos, os sujeitos nos ofereceram um leque de comportamentos relacionais tão amplo que sua apresentação detalhada resulta praticamente impossível. No entanto, podemos comparar as distintas atitudes relacionais de seus protagonistas. A comparação dessas atitudes das figuras masculinas e femininas nos permitiu identificar os perfis que indicaremos em seguida.

A maioria dos protagonistas masculinos põe seus interesses pessoais acima dos de sua companheira e, quando estas persistem em defender suas opiniões e desejos, eles, convencidos de que a razão está ao seu lado, põem em dúvida a manutenção do relacionamento. A ameaça de ruptura é um recurso fácil para alguns rapazes que querem exibir uma fortaleza que acreditam ter, mas que não têm, posto que concluíram que era consubstancial à sua natureza masculina e não se esforçaram em refletir sobre ela. Quando, com seus alardes de domínio, conseguem inquietar suas companheiras, podem impor sua vontade e desse modo se reafirmam na crença de sua superioridade. Mas, quando suas ameaças não surtem os efeitos esperados, descobrem que não estão preparados para se relacionar com garotas que veem a si mesmas como sujeitos e não simplesmente objetos de desejo do outro.

Nas fases iniciais do conflito, a "fortaleza masculina" leva os rapazes a pensar que podem exigir que sua companheira acate seu desejo. Mas, quando elas não se dobram a seus caprichos, sentem-se perdidos e exibem sem pudor sua necessidade de domínio, sua insegurança, confusão, inconsciência, dependência, ciúme, falta de autocontrole ou amor. E então, com essa face que demanda cuidados, conseguem que suas companheiras aceitem o que a princípio haviam repudiado, já que essa mudança de imagem masculina ativa nas mulheres o desejo de cumprir uma das funções para as quais foram educadas e na qual sabem que são superiores a ele. Ninguém as supera em distribuir cuidados às pessoas que sofrem. Atender ao seu companheiro sofredor lhes permite sentir-se valorizadas, necessárias e úteis, portanto zelam pelas necessidades do outro acima das suas, sem levar em consideração que priorizar excessivamente o cuidado do outro, em detrimento do justo desenvolvimento das necessidades pessoais, abre o caminho para a perda do *status* de sujeito à conversão de objeto de desejo do outro (Velázquez, 2003).

Dentro da linha marcada pela imposição das figuras masculinas, há também um reduzido número de personagens femininos que preferem a ruptura a continuar aceitando as imposições de seu par. Essa atitude da figura feminina desconcerta seu companheiro e dá lugar a distintas respostas que, de forma esquemática, podemos reduzir a três: a) diante da possibilidade de perder seu par, a maioria dos protagonistas masculinos muda de atitude e aceita total ou parcialmente o ponto de vista de sua companheira; b) outros se separam e expressam seu pesar por não ter sabido evitar a separação; c) alguns poucos se reafirmam em sua postura inicial.

Além desses três perfis masculinos centrados em sua autoafirmação, há outros dois perfis de protagonistas masculinos que levam em conta a alteridade. Um deles se baseia em uma postura de reciprocidade e respeito em relação à companheira e foi descrito por um reduzido número de rapazes e garotas. O outro perfil, ainda mais minoritário que o anterior, tem um protagonista masculino que se adapta ao domínio de sua companheira.

A variedade de atitudes relacionais não é exclusiva das figuras masculinas, também as femininas apresentam diferentes padrões. Estas começam, também, defendendo suas posturas, mas ao longo do processo resolutivo vão se abrindo ao diálogo e buscando um equilíbrio mais justo entre seus interesses pessoais e os de seu companheiro. No entanto, cada vez que manifestam opiniões discordantes das de seus companheiros, estes dificultam o diálogo e ameaçam com a ruptura do vínculo. E isso faz que, de forma majoritária, as protagonistas femininas sigam um trajeto que vai da defesa de seus desejos e opiniões pessoais à sua renúncia. O eixo central desses conflitos não está nos pontos iniciais e finais do conflito, mas na variedade e riqueza de estratégias relacionais que essas protagonistas desenvolvem com a intenção de resistir à imposição masculina e, desse modo, ampliar suas parcelas de liberdade. Essas estratégias são os instrumentos que usam para defender suas identidades de gênero e para participar da construção de uma cultura não discriminatória.

Da mesma maneira que fizemos com os perfis masculinos, embora seja muito brevemente, também queremos mencionar outros dois perfis minoritários das figuras femininas. Um destaca a arbitrariedade e intransigência de uma protagonista feminina que tenta impor seus desejos e opiniões pessoais. Em outro, a garota expressa seu desejo de se livrar de um vínculo afetivo que limita o desenvolvimento de diversas facetas de sua personalidade e coloca a conveniência de se separar causando o menor dano possível ao seu companheiro.

Por último, queremos destacar a existência de figuras femininas e masculinas que resolvam suas tensões mediante uma prática relacional centrada na busca da reciprocidade.

Esses distintos perfis relacionais são resultado da interação indivíduo/sociedade. Os homens, ao olhar-se no espelho do patriarcado, veem em seu rosto a superioridade masculina e, dessa imagem hegemônica, concluem que as mulheres se adaptarão aos seus desejos. Se estas aceitam a hegemonia masculina, eles se reafirmam em sua atitude. Mas se, transgredindo a cultura dominante, as mulheres resistem a aceitar a suposta superioridade masculina, os homens a princípio se surpreendem e, depois de seu desconcerto inicial, ou optam por continuar se contemplando nos reflexos do patriarcado ou se inclinam por construir – com novos elementos, significados e relações – uma representação mais ampla da problemática, e começam a trabalhar as possibilidades de elaborar estratégias resolutivas que levem em conta seus interesses e os de sua companheira.

As mulheres também consultam o oráculo patriarcal e se veem nele como figuras cuidadoras a quem se delegou a tarefa de respeitar os privilégios reservados aos homens. Elas foram preparadas para representar um papel que não desejam, cada vez repelido com mais força, e empreendem o desenho de outros roteiros que lhes permitem visualizar-se como sujeitos ativos, iguais em direitos e diferentes dos homens.

Ou seja, o exame de conflitos nos permitiu identificar diferentes dinâmicas relacionais, umas são mais dependentes do significado patriarcal e outras são precursoras de uma nova ordem social. Em nosso modo de ver, essas distintas atitudes das figuras femininas e masculinas são marcadas dentro da riqueza e variedade de criações subjetivas que cada mulher e cada homem elaboram sobre a significação cultural do sistema sexo/gênero.

Não gostaríamos de terminar este tópico sem dirigir nosso pensamento a todas as garotas e todos os rapazes que, de acordo com seu relato, viveram em sua própria pele o desajuste entre seus ideais de igualdade e sua tendência a perpetuar a hierarquia patriarcal.

A escassa consideração que a influência da questão de gênero recebeu na resolução de conflitos nos inclina a insistir na ineludível necessidade de situar no centro da prática profissional – teórica, de intervenção sexual, educativa ou clínica – a estreita relação que existe entre a cultura e a construção da subjetividade. As pessoas sentem, pensam, falam e atuam dentro de um marco cultural que estabelece diferenças hierárquicas entre mulheres e homens. Essa hierarquia cria uma atmosfera social discriminatória que penetra sutilmente na vida do casal e que, na resolução de conflitos, conduz à desvalorização das propostas e interesses das mulheres e à valorização do ponto de vista dos homens.

Os processos de socialização nos oferecem a oportunidade de receber o mundo, de sentir e de compreender os significados genéricos construídos a partir de condicionamentos do passado, mas também nos dão a possibilidade de agir com, sobre e contra eles. É um processo dinâmico criativo, no qual o social e o individual aparecem intimamente ligados em ciclos de criação de significados com os quais cada mulher e cada homem constroem sua maneira singular de ser e participar na construção social da cultura.

Referências bibliográficas

AMORIM ARANTES, V. Afetividade, cognição e moralidade na perspectiva dos modelos organizadores do pensamento. In: AMORIM ARANTES, V.; GROPPA AQUINO, J. *Afetividade na escola*. São Paulo: Summus, 2003.

ANDERSON, B.; ZINSSER, J. P. *Historia de las mujeres:* una historia propia. Barcelona: Crítica, 1991.

ARANTES, V.; SASTRE, G. Moralidad, sentimientos y educación. *Educar*, n.31, p.47-66, 2003.

ARAÚJO, U. A dimensão afetiva da psique humana e a educação em valores. In: AMORIM ARANTES, V.; GROPPA AQUINO, J. *Afetividade na escola*. São Paulo: Summus, 2003.

ARMADA, A. *Dilemas morales, sentencias judiciales y modelos organizadores*. Barcelona, 2002. Tese (Doutorado em Psicologia Básica) – Universidade de Barcelona.

ARONS, A. B. *Evolución de los conceptos en física*. México: Trillas, 1970.

BENHABIB, S. Una revisión del debate sobre las mujeres y la teoría moral. *Isegoría*, n.6, p.37-63, 1992.

BENJAMÍN, J. *Los lazos del amor*. Barcelona: Paidós, 1996.

_____. *Sujetos iguales, objetos de amor*. Ensayos sobre el reconocimiento y la diferencia sexual. Barcelona: Paidós, 1997.

BRANDEN, N. *La psicología del amor romántico*. Barcelona: Paidós, 2000.

CAPRA, F. *La trama de la vida*. Barcelona: Anagrama, 2002.

CLÉMENT, P. Organización biológica y evolución. In: PRIGOGINE, I. (Org.). *El tiempo y el devenir (Coloquio de Cerisy)*. Barcelona: Gedisa, 1996.
COONTZ, S. *Historias del matrimonio*. Cómo el amor conquistó el matrimonio. Barcelona: Gedisa, 2006.
CORIA, C. *El amor no es como nos contaron*. Barcelona: Paidós, 1996.
DAMASIO, A. *El error de Descartes*. Barcelona: Crítica, 1996.
_____. *La sensación de lo que ocurre*. Madrid: Debate, 2001.
DE MIGUEL VALLEJO, M. J. La resolució de conflictes: un aprenentatge pendent. *Informa, Ensenyament Públic-Infantil i Primària*, Barcelona: CC. OO. Ensenyament, p.12-3, nov. 1999.
_____. Una experiència de resolució de conflictes en un aula de primàira. *Senderi, bulletí d'educació en valors*. Barcelona: Fundació Jaume Bofill, 2001.
DUBY, G.; PERROT, M. *Historia de las mujeres*. Madri: Taurus, 1991.
FERGUSON, A. *Sexual democracy*. Boulder, CO: Westview, 1991.
FRIED SCHNITMAN, D. (Org.). *Nuevos paradigmas, cultura y subjetividad*. Barcelona: Paidós, 1994.
GIDDENS, A. *La transformación de la intimidad*. Madri: Cátedra, 2000.
GREENBERG, L. S.; PAIVIO, S. C. *Trabajar con las emociones en psicoterapia*. Barcelona: Paidós, 2000.
GREENBERG, L. S.; RICE, N.; ELLIOT, R. *Facilitando el cambio emocional*. Barcelona: Paidós, 1996.
HARDING, S. *Whose science?* Whose knowledge? Ithaca, NY: Cornell University Press, 2001.
HARLOW, H. F. The Development of Affectional Paterns in Infant Monkeys. In: FOSS, B. M. (Ed.). *Determinants of Infant Behaviour*, v.I. Londres: Methuen; New York: Wiley, 1961.
HARLOW, H. F.; HARLOW, M. K. The Affectional Systems. In: SCHRIER, A. M.; HARLOW, H. F; STOLLNITZ, F. (Orgs.). *Behaviour of Nonhuman Primates*, v.2. New York, Londres: Academic Press, 1965.
HARLOW, H. F.; ZIMMERMANN, R. R. Affectional responses in the infant monkey. *Science*, n.130, p.421, 1959.
HUXLEY, A. *Dos o tres gracias*. Apolo: 1991.
INHELDER, B.; PIAGET, J. *De la lógica del niño a la lógica del adolescente*. Barcelona: Paidós, 1972.
JERNE, N. Sobre la inmunología y la belleza de la teoría. *Saber*, [s.n.], [s.l], [s.d.].
JOHNSON, M. *El cuerpo en la mente:* Fundamentos corporales del significado, la imaginación y la razón. Madri: Debate, 1991.

JOHNSON-LAIRD, P. M. *Mental models:* Towards a cognitive science of language, inference, and consciousness. Cambridge: Cambridge University Press, 1991.

KELLER, E. F. *Reflexiones sobre género y ciencia*. Valencia: Alfons el Magnànim, 1991.

_____. La paradoja de la subjetividad científica. In: SCHNITMAN, D. F. *Nuevos paradigmas, cultura y subjetividad*. Buenos Aires: Paidós, 1998.

KOHLBERG, L. Stage and Sequence: The Cognitive Development Approach to Socialization. In: GOSLIN, D. A. *Handbook of Socalization:* Theory and Research. Chicago: Rand-MacNally, 1969.

KUHN, T. S. *La estructura de las revoluciones científicas*. México: Fondo de Cultura Económica, 1975.

LAKOFF, G.; JOHNSON, M. *Metáforas de la vida cotidiana*. Madri: Cátedra, 1986.

LEAL, A. *Construcción de sistemas simbólicos:* la lengua escrita como creación. Barcelona: Gedisa, 1987.

LEAL, A.; NIETO, R. Características y paradojas de una relación de amor deseable: un estudio con adolescentes. In: FERRER, V. A.; BOSCH, E. *Los feminismos como herramientas de cambio social (II)*. Palma de Mallorca: Universitar de les Illes Balears, 2007.

LÓPEZ CARRETERO, A. La política de los vínculos. *Duoda*, n.350, p.69-80, 2005.

LOVELOCK, J. E. *Las edades de Gaia*. Barcelona: Tusquets, 1993.

MAIR, L. *Matrimonio*. Barcelona: Barral, 1974.

MALINOWSKI, B. *Sexe i repressió en les societats primitives*. Barcelona: Edicions 62, 1969.

MARGULIS, L; SAGAN, D. *Microcosmos*. Barcelona: Tusquets, 1995.

_____. *¿Qué es el sexo?* Barcelona: Tusquets, 1998.

_____. *Captando genomas*. Barcelona: Kairós, 2003.

MATURANA, H.; VARELA, F. *El árbol del conocimiento*. Madri: Debate, 1990.

MITCHELL, S. A. *Conceptos relacionales en psicoanálisis:* una integración. Madri: Siglo XXI, 1993.

MORALI-DANINOS, A. *Histoire des Relations Sexuelles*. Paris: PUF, 1963.

MORENO MARIMÓN, M. *Ciencia, aprendizaje y comunicación*. Barcelona: Laia, 1988.

_____. Educación y ciencia: Una doble encrucijada. *Del silencio a la palabra*. Madri: Instituto de la Mujer, 1992.

_____ et al. *Conocimiento y cambio*. Barcelona: Paidós, 1998.

MORENO MARIMÓN, M.; GONZÁLEZ, A.; ROS, M. Enamoramiento y violencia contra las mujeres. In: FERRER, V. A.; BOSCH, E. *Los feminismos como heramientas de cambio social (II)*. Palma de Mallorca: Universitat de les Illes Balears, 2007.

MORENO MARIMÓN, M.; SASTRE, G. *Aprendizaje y desarrollo intelectual*. Barcelona: Gedisa, 1980.

_____. Conflictos y emociones: un aprendizaje necesario. In: VINYAMATA, E. (Coord.). *Aprender del conflicto*. Barcelona: Graó, 2003.

_____. Androcentrism and violence. In: SOTELO, H. de. *New woman of Spain*. Hamburgo: Pearson, 2005.

MORENO MARIMÓN, M; SASTRE, G.; HERNÁNDEZ, J. Sumisión aprendida: un estudio sobre la violencia de género. *Anuario de Psicología*. 34-2, Barcelona: Paidós, jun. 2003.

MORIN, E. *Introducción al pensamiento complejo*. Barcelona: Gedisa, 1994.

MUGNY, G.; PÉREZ, J. A. *Le déni et la raison*. Friburgo: Delval, 1986.

NOAM, G. C.; FISHER, K. W. *Development and Vulnerability in Close Relationships*. Mahwah, NJ: Lawrence Erlbaum Associates, 1996.

PIAGET, J. *La formación del símbolo en el niño*. México: Fondo de Cultura Económica, 1966.

_____. *Biología y conocimiento*. Madri: Siglo XXI, 1969.

_____. *Essai de logique opératoire*. Paris: Dunod, 1972.

_____. *Introducción a la epistemología genética*: el pensamiento matemático. v.1. Buenos Aires: Paidós, 1975.

PIAGET, J.; INHELDER, B. *Mémoire et Intelligence*. Paris: PUF, 1968.

_____. *Genèse des structures logiques èlèmentaires*. 2.ed. Paris: Delachaux et Niestlé, 1967.

PIAGET, J.; SZEMINSKA, A. *La genèse du nombre chez l'enfant*. 4.ed. Paris: Delachaux et Niestlé, 1967.

POSTGATE, J. *Las fronteras de la vida*. Barcelona: Crítica, 2009.

PRIGOGINE, I. *La fin des certitudes*. Paris: Odile Jacob, 1996.

_____. *¿Tan sólo una ilusión?* Barcelona: Tusquets, 1983.

RISO, W. *Amores altamente perigosos*. Barcelona: Zenith, 2008.

_____. *Los límites del amor*. Barcelona: Granica, 2006.

RUIZ-DOMÈNECH, J. E. *La ambición del amor*: historia del matrimonio en Europa. Madri: Aguillar, 2003.

SASTRE, G; AMORIM, V.; GONZÁLEZ, A. Violencia contra las mujeres: significados cognitivos y afectivos en las representaciones mentales de adolescentes. *Infancia y Aprendizaje*. 30(2), p.197-221, 2007.

SASTRE, G.; GONZÁLEZ, A. La violencia del orden social. In: FERRER, V. A.; BOSCH, E. *Los feminismos como herramientas de cambio social (II)*. Palmas de Mallorca: Universitat de les Illes Balears, 2007.

SASTRE, G.; MORENO MARIMÓN, M. *Descubrimiento y construcción de conocimientos*. Barcelona: Gedisa, 1980.

_____. *Resolución de conflictos y aprendizaje emocional*. Barcelona: Gedisa, 2002.

_____. O significado afetivo e cognitivo das ações. In: AMORIM ARANTES, V.; GROPPA AQUINO, J. *Afetividade na escola*. São Paulo: Summus, 2003.

SASTRE, G.; MORENO MARIMÓN, M.; PAVÓN, T. La construcción del razonamiento moral: el sentimiento de culpa. *Anuario de psicologia*. 34-2, Barcelona: Paidós, jun. 2003.

SCHNEIDER, E. D.; SAGAN, D. *La termodinámica de la vida*. Barcelona: Tusquets, 2008.

SCHNITMAN, D. F. *Nuevos paradigmas, cultura y subjetividad*. Buenos Aires: Paidós, 1998.

SINATRA, E. *Nosotros los hombres*. Buenos Aires: Tres Haches, 2003.

SPITZ, R. *El primer año de vida del niño*. Buenos Aires: Fondo de Cultura Económica, 1980.

STENGERS, I.; SCHLANGER, J. *Les concepts scientifiques*. Paris: Gallimard, 1991.

STERNBERG, R. J. *El triángulo del amor*. Barcelona: Paidós, 1989.

VARELA, J. F.; THOMPSON, E.; ROSCH, E. *De cuerpo presente*. Barcelona: Gedisa, 1997.

VELÁZQUEZ, S. *Violencias cotidianas, violencias de género*. Barcelona: Paidós, 2003.

VERHAEGHE, P. *El amor en tiempos de soledad*. Barcelona: Paidós, 2003.

VINCENT DOUCET-BON, L. *Le mariage dans les civilisations anciennes*. Paris: Albin Michel, 1975.

WATZLAWICK, P. et al. *¿Es real la realidad?* Barcelona: Herder, 1981.

WATZLAWICK, P.; KRIEG, P. (Orgs.). *El ojo del observador*.

WESTHEIM, P. *Ideas fundamentales del arte prehispánico en México*. México: Fondo de Cultura Económica, 1991.

YELA GARCÍA, C. *El amor desde la psicología social*. Madri: Pirámide, 2002.

ZELDIN, T. *Historia íntima de la humanidad*. Madri: Alianza, 1996.

SOBRE O LIVRO

Formato: 14 x 21 cm
Mancha: 23 x 44 paicas
Tipologia: Iowan Old Style 10/14
Papel: Off-White 80 g/m² (miolo)
Cartão Supremo 250 g/m² (capa)
1ª edição: 2014

EQUIPE DE REALIZAÇÃO

Capa
Estúdio Bogari

Edição de texto
Nara Lasevicius / Tikinet (Copidesque)
Mauricio Santana (Revisão)

Editoração eletrônica
Sergio Gzeschnik (Diagramação)

Assistência editorial
Jennifer Rangel de Franca

Impressão e Acabamento
FARBE DRUCK
gráfica e editora ltda.